中国博士后科学基金（2018M643762）和西北政法大学陕西省理论经济学优势学科建设经费资助出版

中国农民工粮食需求水平与结构研究

李隆玲 著

中国财经出版传媒集团
经济科学出版社
Economic Science Press

图书在版编目（CIP）数据

中国农民工粮食需求水平与结构研究/李隆玲著．
—北京：经济科学出版社，2020.4
ISBN 978－7－5218－1523－8

Ⅰ.①中⋯　Ⅱ.①李⋯　Ⅲ.①民工-粮食-需求-研究-中国　Ⅳ.①F326.11

中国版本图书馆 CIP 数据核字（2020）第 068755 号

责任编辑：李晓杰
责任校对：杨　海
责任印制：李　鹏　范　艳

中国农民工粮食需求水平与结构研究

李隆玲　著

经济科学出版社出版、发行　新华书店经销
社址：北京市海淀区阜成路甲 28 号　邮编：100142
总编部电话：010－88191217　发行部电话：010－88191522
网址：www.esp.com.cn
电子邮件：esp@esp.com.cn
天猫网店：经济科学出版社旗舰店
网址：http://jjkxcbs.tmall.com
北京密兴印刷有限公司印装
710×1000　16 开　12.5 印张　210000 字
2020 年 7 月第 1 版　2020 年 7 月第 1 次印刷
ISBN 978－7－5218－1523－8　定价：58.00 元
(图书出现印装问题，本社负责调换。电话：010－88191510)
(版权所有　侵权必究　打击盗版　举报热线：010－88191661
QQ：2242791300　营销中心电话：010－88191537
电子邮箱：dbts@esp.com.cn)

摘　　要

随着我国工业化和城镇化的深入，国内粮食安全正面临新的挑战，粮食需求增长快于预期，粮食生产面临资源制约和气候变化风险，产需矛盾日益突出，对我国经济安全、农业发展和农民增收产生了不利影响。农民工群体占我国总人口的20%，其粮食需求与城镇户籍居民和农村居民之间都存在较大差异，因此，从包括城镇户籍居民、农民工和农村居民的"三元"人口结构新视角对我国粮食需求进行研究，深入分析农民工粮食需求水平和结构，对科学揭示我国粮食需求持续增长的内在机制及精准制定粮食安全政策具有重要意义。

本书主要利用2013年和2014年全国农民工抽样调查数据，对中国农民工粮食需求进行了深入系统研究，并从农民工粮食需求角度进一步探讨了我国粮食连年丰产的同时，进口量也不断增加的深层次原因。第一，从口粮需求、消费动物性产品引致的饲料粮需求以及粮食总需求三个方面对我国农民工的粮食需求水平和结构进行了测算。第二，建立口粮、消费动物性产品引致的饲料粮和粮食总需求模型，对农民工粮食需求的影响因素进行定量分析。第三，对农民工与城乡居民粮食需求差异进行研究，主要包括两个方面：一是对城乡居民的粮食需求水平和结构的变化趋势进行分析；二是对农民工与城乡居民的粮食消费水平和结构进行比较，并进一步分析城镇化对我国粮食需求的拉动作用和农民工粮食需求的低估程度。第四，对不同地区农民工粮食需求差异进行研究，首先对不同地区农民工的粮食需求水平和结构进行分析，其次建立不同地区农民工的口粮、消费动物性产品引致的饲料粮和粮食总需求模型，并对消费动物性产品引致的饲料粮需求差异进行重点分析，最后利用条件分布分解模型进行差异分解。第五，利用双对数模型对收入分布变化和不确定性对农民工粮食需求的影响进行实证分析。第六，分析了我国粮食产量、贸易量和需求量的变化趋势，从农民工粮食需求角度对我国粮食连年丰产的同时，进口量也不断增加的深层次原因进行了研究。

主要研究结论：第一，农民工年人均粮食需求量为455.00千克，其中口粮和消费动物性产品引致的饲料粮需求分别为238.96千克和216.04千克。无论是从性别结构、年龄结构，还是从行业结构来看，口粮需求和消费动物性产品引致的饲料粮需求基本上各占一半，而不同地区农民工的年人均粮食需求水平和结构的差异较大。第二，农民工口粮和消费动物性产品引致的饲料粮需求量均高于农村居民和城镇居民，需求结构介于二者之间。第三，从2013年和2014年的平均水平来看，农民工进城导致粮食需求增加2602.73万吨，约占我国同期粮食总产量的4.07%。全国粮食需求量被低估了4190.28万吨，相当于同期粮食产量的6.55%，高于我国当期谷物进口量。第四，东部比中西部农民工的年人均粮食需求量略多，前者口粮与消费动物性产品引致的饲料粮需求比例基本相当，后者口粮需求比例较大；随着分位点的升高，消费动物性产品引致的饲料粮需求的总差异和系数差异逐渐缩小，特征差异逐渐增大。第五，收入分布发生变化时，农民工各类食物消费支出额和消费量均发生较大变化。第六，收支不确定性对农民工消费和食物消费均有显著抑制作用，并且消费水平或收入水平越低，抑制作用越强。第七，超过中国20%人口的农民工对粮食需求的拉动，是我国粮食连年丰产的同时，进口量也不断增加的重要原因之一。

基于研究结论，笔者提出如下政策建议：第一，依靠国内市场，确保口粮绝对安全，从注重数量转变为数量与质量并重。第二，充分利用国际市场，饲料粮要实现多元化。第三，在制定粮食安全政策时，既要考虑农民工与城镇户籍居民和农村居民粮食需求的差异，也要充分考虑农民工收入分布格局的变化。第四，加强培训，合理引导农民工行业间和地区间转移。第五，推进农民工市民化工作，加快户籍制度改革，能够减少农民工面临的不确定性，进而提升农民工的消费预期，释放农民工的消费潜力，提高农民工的生活水平。

目录
contents

第1章　导论 …………………………………………………… 1
　　1.1　研究背景与意义 ……………………………………… 1
　　1.2　国内外研究现状 ……………………………………… 4
　　1.3　研究目标与内容 ……………………………………… 13
　　1.4　研究方法与思路 ……………………………………… 15
　　1.5　研究的创新说明 ……………………………………… 19

第2章　理论基础 ……………………………………………… 20
　　2.1　粮食与粮食需求 ……………………………………… 20
　　2.2　人口流动相关理论 …………………………………… 21
　　2.3　城镇化与农民工 ……………………………………… 23
　　2.4　城镇化对粮食安全的影响 …………………………… 26
　　2.5　消费理论 ……………………………………………… 30

第3章　农民工粮食需求测算 ………………………………… 33
　　3.1　农民工粮食需求调研说明 …………………………… 33
　　3.2　样本农民工基本情况统计分析 ……………………… 36
　　3.3　农民工粮食需求水平与结构分析 …………………… 41

3.4　本章小结 ………………………………………………………… 56

第4章　农民工粮食需求影响因素分析 ………………………………… 58
　　4.1　研究方法 ………………………………………………………… 58
　　4.2　农民工粮食需求影响因素的实证分析 ………………………… 65
　　4.3　本章小结 ………………………………………………………… 75

第5章　农民工与城镇居民和农村居民粮食需求差异分析 …………… 77
　　5.1　国家统计局关于城乡居民粮食消费调查的说明 ……………… 77
　　5.2　城乡居民粮食消费水平与结构变化 …………………………… 80
　　5.3　农民工与城乡居民的粮食消费比较 …………………………… 87
　　5.4　本章小结 ………………………………………………………… 93

第6章　不同地区农民工粮食需求差异分析 …………………………… 95
　　6.1　不同地区农民工粮食需求对比 ………………………………… 95
　　6.2　不同地区农民工粮食需求差异的分位数回归分析 …………… 110
　　6.3　不同地区农民工粮食需求差异的分位数分解 ………………… 118
　　6.4　本章小结 ………………………………………………………… 121

第7章　收入分布变化对农民工粮食需求的影响分析 ………………… 123
　　7.1　收入分布变化对食物消费影响的理论分析 …………………… 123
　　7.2　农民工食物消费支出影响因素分析 …………………………… 127
　　7.3　收入分布变化对农民工食物消费的影响 ……………………… 129
　　7.4　本章小结 ………………………………………………………… 132

第8章　不确定性对农民工粮食需求的影响分析 ……………………… 133
　　8.1　不确定性对食物消费影响的理论分析 ………………………… 133
　　8.2　不确定性对农民工食物消费影响的实证分析 ………………… 138
　　8.3　本章小结 ………………………………………………………… 142

第9章　基于农民工粮食需求视角的粮食贸易分析 …………………… 144
　　9.1　粮食产量变化分析 ……………………………………………… 144

9.2 粮食贸易量变化分析 …………………………………… 150
9.3 粮食产量与贸易量变化趋势分析 ……………………… 154
9.4 粮食需求变化分析 ……………………………………… 155
9.5 本章小结 ………………………………………………… 159

第10章 结论与展望 …………………………………………… 160
10.1 主要结论 ……………………………………………… 161
10.2 政策建议 ……………………………………………… 164
10.3 有待进一步研究的问题 ……………………………… 166

附录 ………………………………………………………………… 167
参考文献 …………………………………………………………… 173
后记 ………………………………………………………………… 190

第1章

导 论

1.1 研究背景与意义

1.1.1 研究背景

粮食是人类最基本的生活资料和关系国计民生的重要战略物资，粮食安全是实现经济发展、社会稳定和国家安全的重要基础，与金融安全和能源安全并称为"世界三大经济安全问题"。我国用占世界9%的耕地和6%的水资源解决了世界近20%人口的吃饭问题，实现了从饥饿到温饱，再到小康的历史性巨变。多年来，中国粮食经济面临需求增长的刚性和产量增加的约束性，确保国家粮食安全、把中国人的饭碗牢牢端在自己手中，始终是一个重大国家战略。联合国粮农组织（FAO）最新发布的《2019年世界粮食安全和营养状况报告》显示，全球目前挨饿人数逐年增多，截至2018年，全球面临食物不足困境的人数达8.216亿人。与此同时，新中国成立70多年来，中国农业发展取得了举世瞩目的历史性成就，不仅成功解决了近14亿人口的吃饭问题，居民生活质量和营养水平显著提升，也为全球粮食安全和促进世界农业发展做出了巨大贡献。然而，随着我国工业化和城镇化的不断深入，农村剩余劳动力向城市迁移，农业劳动力向非农产业转移，这势必会对我国粮食安全产生重要影响。

近年来，我国城镇化率持续增长。改革开放初期，我国城镇化率不足20%，1981年为20.16%，随后仅用15年、7年和8年时间，城镇化率分别突破了30%、40%和50%大关。国家统计局公布的《2019年国民经济和社会发展统计公报》显示，2019年末我国常住人口城镇化率为60.60%，户籍人口城镇化率为44.38%，分别比上一年提升了1.02个和1.01个百分点。城镇化的快速发展，必然伴随城乡社会阶层分化。国家统计局发布的《2019年全国农民工监测调查报告》显示，2019年末全国农民工总量达到2.91亿人，超过总人口的20%。当前，我国正处于快速城镇化时期，乡村人口以年均1.2%向城镇转移。"农民工"已成为一个非常重要的群体，我国不再是简单的城乡"二元"人口结构，而成为由城镇户籍人口、农民工和农村人口组成的"三元"人口结构，三者占总人口的比例分别为35%、20%和45%。农民工从农村到城市，将经历由传统生产生活方式向现代生产生活方式的转变，一方面导致农民工在务工城市的食物消费行为在保留原始消费习惯的同时，越来越接近城市居民的消费特征；另一方面导致农民工的粮食生产行为发生改变，进而造成我国粮食市场供给压力增大。

城镇化和工业化的发展导致我国粮食需求刚性增加，主要表现在以下几个方面：第一，农村劳动力流动及其就业行业特点，拉动粮食需求快速增加。随着城镇化的推进，转移到城市的农民工由原先的粮食生产者完全转变为粮食和其他食物的净购买者。同时，农民工进入城市后大多从事（重）体力劳动，能量消耗大，对粮食和副食品需求也多。第二，农村适龄劳动力（尤其是青壮年劳动力）的比例不断下降，从事农业生产的劳动力趋于老龄化，并且女性劳动力占比逐年增加，导致留守农村的人口以老年人和妇女儿童为主，大部分也成为粮食的净购买者。第三，城乡居民消费结构发生变化，消费水平不断升级。随着经济发展和收入水平不断提高，人们对动物性产品的需求增加，由此引致的饲料粮需求也快速增加。

已有研究表明，虽然我国粮食产量在不断增加，但始终赶不上实际需求的增长速度。根据国家发展改革委公布的《国家粮食安全中长期规划纲要（2008~2020年）》（下文简称《纲要》）的预测，2020年我国粮食总需求将达到5.725亿吨，但粮食需求的实际增长要快于这一预期。同时，在《纲要》中，政府提出力争2020年粮食综合生产能力稳定在5.4亿吨以上。实际上，2010年我国粮食产量已达到5.591亿吨，2019年更是达到6.638亿吨。这在一定程度上也是为了满足需求的拉动，反映了我国粮食需求的强劲增长。

以往关于粮食需求的预测主要是基于传统城乡"二元"视角，利用城乡居民人口数量与其各自的人均粮食消费量对全国粮食需求进行估计。但是，这种方法并没有考虑农民工这一中间群体与城乡居民粮食消费水平与结构的差异。实际上,农民工的消费特点和行为,既不同于纯粹的城市人口,也不同于纯粹的农村人口。农民工进城后主要从事制造业、建筑业和批发零售业,在这些行业(尤其是建筑行业)中,主要是(重)体力工种,能量消耗大。所以,农民工粮食需求应该既大于其进城务工前在农村时的消费量,也大于目前城镇户籍居民的粮食消费量。此外,随着农民工进城务工,其收入水平不断提高,对肉蛋奶等动物性产品的需求增大,由此引致的饲料粮需求也不断增加,从而对粮食需求形成更大压力。然而,农民工对粮食需求的拉动,并未受到应有重视。就粮食需求而言,国家统计局通过城乡住户调研,采集和公布我国城镇居民和农村居民的粮食和食品等需求,但是对于接近总人口 1/5 的农民工群体,其粮食需求却没有列入官方统计。

本书利用大样本的全国农民工抽样调查数据,分析农民工粮食需求水平与结构,实证检验影响农民工粮食需求的因素,探讨农民工与城乡居民、不同地区农民工的粮食需求差异,并进一步深入研究收入分布变化和不确定性对农民工粮食需求的影响。此外,本书提出从"城镇户籍居民+农民工+农村居民"的"三元"人口结构新视角,对我国粮食需求持续增长的内在机制进行研究,从农民工粮食需求视角探讨我国粮食连年丰产的同时,进口量也不断增加的深层次原因。

1.1.2 研究意义

本书的意义主要体现在以下三个方面:

第一,填补了目前我国农民工粮食需求研究的空白。本书从农民工粮食需求测算和影响因素两方面对农民工的粮食需求进行了深入系统的研究。考虑到农民工消费行为的特殊性,本书进一步从农民工与城乡居民的差异角度、地区差异角度、收入分布变化角度和不确定性角度对农民工粮食需求进行了深入研究。

第二,丰富了我国粮食需求方面的研究成果。城镇化的发展导致社会阶层的分化,需要从新的视角对我国粮食需求进行重新评估。农民工的粮食需求水平与结构均有别于城镇居民和农村居民,如果仍然基于传统城乡"二元"结构视角对我国粮食需求进行测算,会导致粮食需求估计量和粮食实际需求量之间出现较大偏差。因此,本书提出从"城镇户籍居民+农民工+农村居民"的"三元"人口结构新视角对我国粮食需求持续增长的内在机制进行研究,对丰富我国粮食需求的研究成果有一定现实意义。

第三，为国内外相关机构制定粮食政策提供了一定的参考。本书测算了农民工粮食需求水平和结构，估计了农民工粮食需求以及全国粮食需求被低估的程度，对于国内相关机构科学制定粮食生产和贸易政策有重要参考价值。另外，中国粮食需求的变化也将对全球粮食供求结构产生影响，对中国粮食需求变化进行科学判断，有助于国际社会准确把握全球粮食供求趋势并实施积极的政策措施。

1.2 国内外研究现状

关于粮食（食物）需求的研究主要集中在以下几个方面：我国粮食需求及预测、食物消费水平与结构、食物消费影响因素、城乡居民食物消费比较、食物消费的区域差异以及流动人口（包括农民工）食物消费。关于粮食生产和贸易主要梳理粮食增产和进口增加原因方面的研究。本书将对这几个方面进行梳理总结。

1.2.1 粮食（食物）需求相关研究

1. 我国粮食需求及预测研究

粮食需求预测有多种方法，归纳起来有以下四种：第一，以国际食物政策研究所开发的 IMPACT 模型（Rosegrant，1995）、美国农业部经济研究局的 CPPA 模型（USDA，1997）以及日本海外经济合作基金会的 OECF 模型（OECF，1995）等为代表的综合系统模型法；第二，以林毅夫等（1995）、韩俊（2005）、国务院发展研究中心课题组（2009）和李国祥（2014）等为代表的趋势推算法；第三，通过预测人口变化和人均粮食消费量，得到粮食消费量的总量分析法；第四，从粮食用途、品种及区域等角度对粮食需求进行分类研究的分类分析法（黄佩民和俞家宝，1997；陈永福，2004；丁晨芳，2007；王洋和余志刚，2015；等等）。

学者从不同角度对我国粮食需求总量进行了预测：第一，从供求平衡角度的研究有：布朗（Brown，1995）、罗斯格兰特（Rosegrant，1995）、美国农业部（1997）、日本海外经济合作基金会（1995）等；第二，仅从需求角度的研究有：程国强和陈良彪（1998）、廖永松和黄季焜（2004）、张玉梅等（2012）、闫琰等（2013）、张燕林（2010）、向晶和钟甫宁（2013）和辛良杰等（2015）等。大多研究表明，2020年我国粮食需求的预测值在6亿吨左右，2030年在6亿~8亿吨，并呈波动性下降趋势。

国内很多学者从粮食需求的用途角度对粮食需求进行预测。代表性的研究有：陆伟国（1996）、程国强和陈良彪（1998）、骆建忠（2008）、张玉梅等（2012）、贾伟和秦富（2013）、李国祥（2014）以及王洋和余志刚（2015）等。大多研究表明，我国粮食需求呈刚性增长；口粮需求降低空间大、趋势减缓；饲料粮需求快速增加，是粮食需求增长的主要动力；种子用粮基本不变；加工用粮小幅波动。长期来看，我国粮食需求刚性增长（Sheng, 2019）。

还有学者对我国粮食需求分区域和分品种进行预测。分区域的代表性研究有：黄佩民和俞家宝（1997）、陆文聪和黄祖辉（2004）、王川和李志强（2007）、丁晨芳（2007）以及陆文聪等（2011）等。分品种的代表性研究有：罗斯格兰特（Rosegrant, 2002）、廖永松和黄季焜（2004）、陈永福（2004, 2005）、吴乐（2011）、李志强等（2012）以及尹靖华和顾国达（2015）等。大多研究表明，2020年稻谷的需求量为1.7亿~1.9亿吨、小麦的需求量为1亿吨左右、玉米和稻谷的需求量为1.5亿~2.8亿吨、大豆的需求量小于1亿吨。2030年的粮食需求量高于2020年，主要是玉米的需求量增加较多，大概在2.3亿吨左右。

2. 食物消费水平与结构研究

国内外学者对食物消费水平和结构已经做过很多研究。赫特尔等（Hertel et al., 1998）利用国际比较项目（International Comparisons Project, ICP）数据集，对全球食物需求结构的变化进行了研究，结果表明，总的食物、粮食和畜产品的消费份额均随收入提高而降低；畜产品的支出份额随收入提高逐渐提高，而粮食支出份额恰恰相反。鲁等（Roux et al., 2000）发现法国低收入居民的食物消费结构不平衡，淀粉和甜食需求较多，水果和蔬菜需求较低。雷格米（Regmi, 2001）比较了不同收入水平国家的食物消费结构，研究发现低收入国家的居民食物消费中粮食所占支出份额较高，而高收入国家的居民食物消费中肉类所占支出份额较高。庄和阿博特（Zhuang & Abbott, 2007）、姜百臣（2007）运用家庭总消费支出、食物消费支出和价格来研究农村居民家庭食物消费结构。弗尼吉（Ferng, 2009）对台湾居民食物消费结构的变化进行了分析，结果表明，肉类人均需求量随经济增长而不断增长，而谷物人均需求量却快速下降。尼克拉斯等（Nicklas et al.，2012）研究了牛肉消费者和非牛肉消费者的食物摄入量情况，研究发现，与牛肉消费者群体相比，非牛肉消费者摄入碳水化合物和酒精较多，摄入蛋白质和油脂较少。韩俊在2014第三届中国国际农商高峰论坛指出，农村居民适应城市食物消费结构后，每天直接和间接消费的粮食将增加20%。钱克明也指出，居民膳食结构升级将使每年的粮食、肉类和食用油需求分别增加1000万吨、80万吨和40万吨[①]。李国景等（2019）认为随着中国经济的持续增长和城镇化进程的加快，居民收入水平继续提高，食物消费向富含蛋白质的动物性食物方向转型升级。张雯丽等（2016）认为随着居民对膳食营养知识的认识逐步加深，居民饮食向安全和营养方向转变，推动食物消费需求的多样化发展。从需求形势看，随着经济社会发展，人均口粮消费将稳中略降，饲料和工业转化用粮消费继续增加，粮食消费总量刚性增长，粮食消费结构不断升级[②]。

3. 食物消费影响因素研究

食物消费既要讲究营养、卫生，又要讲究科学、合理。对消费者而言，平衡膳食是从膳食中获得合理营养的最佳选择；对一个国家来说，国民的饮食结构是食物消费的核心问题。而食物的消费又有自身的发展规律，并且受到多种因素的影响，它不仅与社会经济、农业生产、食品工业的发展水平有密切关系，而且与饮食文化、受教育程度、营养科学意识、人均国民收入等因素有密切的联系。食品消费的研究，除了要重点研究食物结构和平衡膳食之外，还要研究食物的消费规律和影响食物消费的各种因素。

学者从不同视角对食物消费的影响因素进行了研究并取得了丰富的研究成果。雷格米（Regmi，2001）对食物消费结构变动的影响因素从国际视角进行了分析，并且还对上述影响因素对不同收入水平国家食物消费结构的影响进行了分析。巴比等（Babu et al.，2014）研究了发展中国家食物消费方式的转变，认为经济增长、灌溉土地加速使用、食物价格长期下降以及食物进口量扩大是影响发展中国家食物消费增长的主要因素。阿博拉德（Abolade，2012）分析了气候变化对尼日利亚西南地区农户食物消费结构的影响，研究发现气候

---

① 韩俊. 中国城镇化将使粮食食物消费量增20% [EB/OL]. http：//stock. caijing. com. cn/2014 - 05 - 26/114211842. html，2014 - 05 - 26/2014 - 05 - 27.
② 《中国的粮食安全》白皮书，国务院新闻办公室网站 http：//www. scio. gov. cn，2019 - 10 - 14.

变化对农户食物消费结构的影响显著。有学者（Dreger & Reimers，2006）强调财富效应在研究消费行为时的重要性。另一些学者（Timmer et al.，1983；Manrique & Jensen，1998；黄季焜，1999；Insik et al.，2004；Bai et al.，2010；Abler，2010 and Jiang L. et al.，2015）认为收入是影响居民（食物）消费的主要因素。此外，收入水平也是外出就餐的一个重要决定因素（Prochaska & Schrimper，1973；McCracken & Brandt，1987；Yen，1993；郑志浩和赵殷钰，2012；Liu H. et al.，2015）。也有学者（Pollak，1981；Kelley，1981；Ma et al.，2006；Dong，2006；Yu，2009；Zheng & Henneberry，2009，2010，2011，2015；Hovhannisvan et al.，2011；Min，2015）研究了家庭收入、人口结构、户主年龄与受教育程度以及地区虚拟变量对食物消费水平与结构的影响。尼科拉乌等（Nicolaou et al.，2009）认为好客的传统、宗教、生活方式的变化、祖国身份的认同和文化渗透等对食物消费有影响。有学者（Karamba et al.，2011；Nguyen & Winters，2011）认为流动就业对食物消费有影响，并且外出就业的时间长短也影响食物消费。有研究表明收入水平高低会对食物消费水平和结构以及消费方式（就餐地点）产生直接影响（黎东升和查金祥，2003；郑志浩和赵殷钰，2012）。也有研究发现性别差异对食物消费水平和结构有显著影响（唐振柱等，2005；朱旭红，2012）。有学者发现受教育程度会影响个体的食物消费（赵丽云等，2016；王茵和何秀荣，2015）。有学者研究表明健康风险可以通过医疗保险来缓解，从而减小对收入的冲击，以便确保居民营养摄入（何兴强和史卫，2014；白重恩等，2012；马双等，2011）。也有学者发现家庭人口结构变化（包括老龄化、少儿抚养比、老年抚养比等）对消费有影响，但研究结论不尽相同（李通屏等，2006；李文星等，2008；李春琦等，2009；王宇鹏，2011）。还有学者发现食物消费观念也会影响消费（王恩涛，2007；郭新华，2009）。钟甫宁和向晶（2012）基于热量视角研究了城镇化对粮食需求的影响，认为动物性产品消费的增加是我国粮食需求增长的主要原因。郭新华和夏瑞洁（2009）认为消费观念和消费制度等因素显著影响城镇居民的食物消费行为。马双等（2011）、白重恩等（2012）、何兴强和史卫（2014）发现医疗保险能够缓解健康风险对收入的冲击，进而能够保证居民的营养摄入。王恩涛（2007）认为不完善的社保和教育制度会使农村居民缩减食物消费支出，并认为合理膳食观念的缺乏也会影响消费。黎东升和查金祥（2003）、唐振柱等（2005）、刘华和钟甫宁（2009）、刘伟（2011）、朱旭红（2012）、孔祥利和粟娟（2013）、钱文荣和李宝值（2013）、秦晓娟（2014）、王茵和何秀荣（2015）以及赵丽云等（2016）认为家庭收入、性别、年龄与受教育程度对食物消费有重要影响。

4. 城乡居民食物消费对比研究

国内外学者对我国城乡居民食物消费问题进行了广泛研究。部分学者对城镇居民的食物消费进行了研究。有学者（Wang & Chern，1992）探讨了住房供给、燃料和粮食配给对中国城镇居民消费行为的影响，研究发现，住房和粮食配给对消费行为有显著影响。也有学者（Gale & Huang，2007）通过估计中国城镇居民家庭食物的支出和需求弹性间的偏差来分离食物需求者的质量弹性，研究表明随着收入水平的提高，城镇居民家庭的质量需求水平也在提高。董国新（2006）对我国沿海地区城镇居民食物需求情况进行了分析，发现其外出就餐、瓜果和奶及制品的需求增大，而其他食物需求减少。王吉春（2006）分析了我国城镇居民的食物消费偏好，研究发现收入水平提高对蛋白质和营养品的摄入比例有明显促进作用。刘华和钟甫宁（2009）运用微观调查数据研究了城镇居民的食物消费行为，估算了各类食物的需求收入弹性和需求价格弹性的变化趋势。郭新华（2009）发现影响城镇居民食物消费行为的因素包括可支配收入、食物消费观念和消费制度等。李通屏和李建民（2006）、李文星等（2008）认为人口结构变化会对消费产生影响，但结论有所不同。王宇鹏（2011）认为老龄化对城镇居民消费行为有影响，老年抚养比越高，平均消费倾向越高。郑志浩和高颖（2015）对城镇居民食物消费模式进行了研究，重点分析了收入增长对消费模式的影响。

部分学者对农村居民的食物消费进行了研究。阿尔布雷特等（Halbrendt et al.，1994）发现广东省农村居民的食物消费缺乏弹性，当收入增加时肉类消费会增加。周津春（2006）认为农村居民在粮食、肉类和蔬菜上的消费支出较大，粮食的价格弹性很小而副食的价格弹性很大，并且地区间收入差异对农村居民食物消费的影响显著。王恩涛（2007）认为不完善的社保和教育制度，以及合理膳食观念的缺乏都会对农村居民的消费产生影响。姜百臣（2007）认为农村居民食物平均消费倾向较低主要是由于收入不稳定。李春琦等（2009）发现少儿抚养和老年抚养比例提高会对农村居民的最终消费产生负面影响。徐鑫（2011）分析了2000～2010年的农村居民食物消费和营养水平，结果表明，食物消费水平上升，恩格尔系数下降。

也有一些学者对城乡居民的食物消费进行了对比研究。路易斯和安德鲁斯

(Lewis & Andrews，1989）分别对中国城镇居民和农村居民的需求弹性进行研究，研究发现，城乡居民收入增加时，食物消费支出增加份额相对比较低。郭旭光等（Guo et al.，2000）利用中国3800个家庭的调查数据，研究了收入对食物消费结构变化的影响。另有学者（Min et al.，2004）研究了1992年和1998年城市住户外出就餐的影响因素，研究表明，收入水平和家庭人口规模是两个重要因素。古尔德和维拉里尔（Gould & Villarreal，2006）研究山东、江苏等五省份城市家庭食物消费时得出了相似的结论。马恒运等（Ma et al.，2006）的研究表明外出就餐在样本城市仍属于奢侈消费品。李哲敏（2006，2007）、孟繁盈等（2010）和赵丽云等（2016）发现，与城市居民相比，农村居民的食物消费水平和结构均较落后。陆文聪等（2008）研究发现随着收入增加城乡居民的畜产品消费结构会改变。贺晓丽（2001）认为城镇居民的副食消费支出比例大，而农村居民的主食消费支出比例大；城镇居民的肉类消费趋于多元化，而农村还以猪肉消费为主；城乡居民的恩格尔系数将会进一步扩大。朱高林（2006）研究认为，城市居民已过渡进入高层次（高级副食消费）的食物消费阶段，而农村居民尚处于低层次（生存消费）向中层次（低级副食消费）过渡的食物消费阶段。张蕾（2010）对城乡居民的粮食和畜禽产品的消费量和外出就餐的情况进行了对比分析，认为城乡居民的外出就餐情况具有显著差异。钟甫宁和向晶（2012）认为食物消费结构中动物产品的增长是我国粮食需求增长的主要原因，并且农村居民最终粮食消费总量低于城市居民。

5. 食物消费的区域差异研究

一些学者致力于研究地区间的食物消费差异。刘成玉（1989）从地区经济发展水平的角度，分析了食物消费的地区差异，认为地区经济发展不平衡是造成食物消费差异的主要原因，中国农业科学院"中国中长期食物发展战略研究"课题组（1991）把中国分为东北、华北、长江中下游、华南、西南和西部六大食物发展区，说明了这些区域存在明显的食物消费差异。许世卫（2001）从食物资源系统、生产系统、膳食营养系统和环境支持系统等研究了中国食物消费的区域发展类型。马骥（2002）从食物消费边际倾向和食物消费弹性等对我国城镇居民的食物消费结构进行了区域差异分析，结果表明，我国东部、中部和西部地区的城镇居民消费结构有共同点，也有不同点，但并没有进一步对消费差异的成因进行分析。唐华俊等（2003）对山东省和贵州省的食物消费情况进行了对比研究，结果表明，山东省主要食物消费数量比贵州省低，但食物消费质量比贵州省高，并认为造成差异的原因是资源条件、经济实力和生产结构等。中国营养学会（1982，1992，2002）在第四次全国居民营养与健康状况调查中，根据行政区域和经济收入水平将中国居民划分为城乡不同区域，并对其食物消费与营养水平进行分析。

6. 流动人口（包括农民工）粮食（食物）需求研究

国际上研究较多的是流动人口家庭的食物消费情况，特别是流动就业对食物消费的影响方面，而较少研究流动人口个人的食物消费情况。埃文斯和菲尔茨（Evans & Fields, 1998）对流动农场工人的营养消费状况进行了研究，并分别对其中的成年女性和成年男性与本地的成年女性和成年男性的营养摄入状况进行比较。尼科拉乌等（Nicolaou et al., 2009）研究了文化和社会因素对从土耳其和摩洛哥迁入荷兰的居民食物消费的影响，主要分析了身份认同、生活方式、文化传统和渗透以及宗教信仰几个方面的影响。卡兰巴等（Karamba et al., 2011）研究发现流动就业显著影响食物消费结构，具体表现在谷物、油脂、坚果、蛋、奶的需求增加，肉、鱼、蔬菜、水果以及外出就餐需求减少。此外，分别分析了流动就业对城市居民家庭和农村居民家庭食物消费结构的影响。阮和温特斯（Nguyen & Winters, 2011）分析了流动就业与食物消费结构的关系，研究发现，短期外出就业显著正向影响人均食物消费支出、能量摄入和食物的多样性，长期外出就业的正向影响作用不明显。

而国内对于流动人口粮食（食物）需求的相关研究很少，尤其是运用大样本的全国农民工抽样调研数据进行的定量研究更少。一些研究对农民工总消费情况进行了分析（李晓峰等，2008；陈斌开等，2010；张伟进等，2014；廖直东和宗振利，2014；明娟和曾湘泉，2014；王韬和毛建新，2015；赵婉男等，2016），但缺乏针对农民工食物消费的深入研究。到目前为止，仅有计晗（2013）、徐上（2014）、王燕青和武拉平（2014）、李军等（2015）对农民工粮食（食物）需求进行了研究。然而，计晗（2013）仅对北京市 82 个进城农民工调研样本的食物消费现状和结构进行了简单分析；徐上（2014）仅对2013 年农民工在主食和畜禽产品消费的特征方面进行了分析，未从粮食原粮（口粮和饲料粮）角度对农民工粮食需求进行深入系统研究；王燕青（2014）仅对北京市农民工的食物消费变化情况、影响因素和变动趋势进行了描述性统计分析；李军等（2015）仅对山东省农民工的肉类消费现状及影响因素进行了研究。这些研究均属于对农民工食物消费特征的考察分析，缺乏全国范围内农民工粮食需求情况，尤其是粮食需求水平与结构的整体性、系统化研究，难以对我国粮食需求和贸易变化进行评估，难以解释我国粮食连年丰产的同时，进口量也不断增加的深层次原因。

1.2.2 粮食生产相关研究

近年来我国粮食产量连年增加，很多学者对其进行了研究。从国内生产来看，我国人均耕地少、水资源短缺、人均农业资源匮乏。同时，在传统粮食生产中，为了追求粮食产量，化肥和农药使用量大，造成环境污染、耕地退化和水土流失等一系列问题。此外，工业化和城镇化的快速推进也导致耕地急剧流失和水资源日益受到污染的威胁，这都将制约国内粮食供给能力的增长（Long，2018；唐华俊，2014；陈永福等，2016）。单产水平的提高是中国粮食产量增加的直接推动力，对粮食增产的贡献最大，也更能提升粮食增产潜力（林毅夫，1995；朱晶等，2013；高云等，2013；田甜等，2015）。从1961~2017年，我国谷物单产提高了3.98倍，远高于世界同期水平。粮食产量变化的影响因素还有农业机械化水平（彭代彦，2005；张利痒等，2008）、种粮补贴（黄季焜，2011）、技术进步（魏丹和王雅鹏，2012）、人口老龄化（席利卿等，2014）、耕地集约利用（徐国鑫等，2012）、灌溉效率（Cao，2018）等。粮食单产提高的影响因素有机械化程度提高、化肥投入增大、有效灌溉面积比例提高以及财政支农力度加大等（谢彦明和高淑桃，2005；星焱和胡小平，2013；田甜等，2015），而大部分研究主要从区域层面分析粮食单产水平提高的原因（何秀丽等，2006；王美青等，2006；金京淑和刘妍，2010；陈祺琪等，2012）。此外，气候变化也是影响粮食单产的重要因素之一（殷培红等，2010；麻吉亮等，2012）。长期来看，我国粮食供给依然面临紧平衡趋势（黎东升、曾靖，2015；倪国华、郑风田，2012）。从生产形势来看，农业生产成本仍在攀升，资源环境承载能力趋紧，农业基础设施相对薄弱，抗灾减灾能力有待提升，在确保绿色发展和资源永续利用的同时，稳定发展粮食生产压力较大①。

1.2.3 粮食贸易相关研究

近年来我国的粮食贸易量不断扩大，粮食贸易格局的变化也得到广泛关

---

① 《中国的粮食安全》白皮书，国务院新闻办公室网站，http://www.scio.gov.cn，2019-10-14。

注。20世纪90年代中后期，由于市场机制的作用，我国粮食由净进口转变为净出口（于浩淼，2010）。2001~2010年我国粮食进口规模不断扩大，但存在很多问题，比如进口结构不平衡、进口来源集中（李艳君，2012）。从2009年起，中国谷物不具有国际竞争力，贸易格局由净出口转为净进口（孙致陆等，2014）。我国未来对玉米的进口需求较大（魏斌，2014）。需求和资源的矛盾、小规模生产的制约以及粮食安全目标的转变是造成我国粮食贸易发生变化的主要因素（刘泽莹，2014）。陈永福等（2007）、徐春春（2012）、张金艳等（2013）和马建蕾等（2013）对我国大米贸易及其影响因素进行了研究。王宁（2008）、曹慧等（2010）和张庆萍等（2016）对我国小麦贸易及其影响因素进行了研究。结果表明，国内外价格差、弥补国内产需缺口以及世界小麦出口格局的动态变化会对我国小麦进口产生影响。高颖等（2012）和郭天宝等（2013）对我国大豆贸易及其影响因素进行了研究。结果表明，影响我国大豆进口的主要因素包括国内生产总值提高、需求增加、单产水平低及汇率变动等。李艳君（2011）和韩昕儒（2016）对我国玉米贸易及其影响因素进行了研究。结果表明，未来中国玉米净进口或成常态，但是进口规模会受到制约。

1.2.4　研究评述

梳理、分析和总结国内外相关研究后发现，我国粮食需求、生产和贸易方面的定性和定量研究较多，但仍然存在以下几个方面的不足：

首先，对于粮食需求的研究，从人口结构角度，国内外学者更多地是对我国城镇居民和农村居民的粮食需求进行研究，而专门针对农民工的粮食需求研究很少，尤其缺乏利用大样本的全国农民工抽样调查数据对农民工粮食需求水平和结构进行的系统性研究。到目前为止，仅有计晗（2013）、徐上（2014）、王燕青和武拉平（2014）、李军等（2015）对农民工粮食（食物）需求进行了研究。然而，这些研究均属于对农民工食物消费特征的考察分析，缺乏全国范围内农民工粮食需求情况尤其是粮食需求水平与结构的整体性、系统化研究。

其次，对于粮食需求水平的研究，已有研究几乎都是基于城乡"二元"结构视角，这种粮食需求估计方法不能准确反映目前我国粮食的实际需求情况。城乡"二元"结构视角粮食需求估计方法将农民工的人均粮食需求量等同于城镇居民的人均粮食需求量，这导致农民工粮食需求被低估，进而导致全国粮食需求预测偏低。

最后，对于我国粮食产量和贸易量变化的原因，国内外学者进行了很多研究，但缺乏对近年来我国粮食产量与进口量均不断增加的原因的系统性分析。特别地，没有从农民工粮食需求角度来分析我国粮食产量不断增加的情况下，进口量仍连年攀升的相关研究。

1.3 研究目标与内容

1.3.1 研究目标

本书的主要目标是对农民工粮食需求水平与结构进行深入、系统的分析，从农民工粮食需求角度探讨我国粮食连年丰产的同时，进口量也不断增加的深层次原因，并提出相应的政策建议，为科学评估我国粮食需求和贸易变化以及制定相关粮食安全政策提供参考依据。以上总目标可以细分为以下三个子目标：

第一，农民工粮食需求测算和影响因素的实证分析。首先，从主食消费引起的口粮需求、动物性产品消费引致的饲料粮需求以及粮食总需求三个方面对我国农民工的粮食需求水平和结构进行测算。其次，建立口粮需求模型、消费动物性产品引致的饲料粮需求模型和粮食总需求模型，对农民工粮食需求的影响因素进行定量分析。

第二，农民工粮食需求差异分析。首先，研究农民工与城镇居民和农村居民的粮食需求差异，确定城镇化对我国粮食需求的拉动作用和农民工粮食需求被低估的程度。其次，研究东部和中西部农民工的粮食需求差异，对不同地区农民工粮食需求的影响因素进行实证分析，并进一步对差异进行分位数分解。

第三，研究收入分布变化和不确定性对农民工粮食需求的影响，揭示农民工粮食需求的特点。进一步从农民工粮食需求角度分析我国粮食连年丰产的同时，进口量也不断增加的深层次原因。

1.3.2 研究内容

本书共分为10章。每章主要内容如下：

第1章　导论。阐述研究背景意义，综述国内外研究现状，阐明本书研究目标和内容，及创新点。

第 2 章　理论基础。对粮食和粮食需求概念进行界定，对人口流动相关理论、城镇化与农民工、城镇化对粮食安全的影响以及消费理论进行了梳理总结。

第 3 章　农民工粮食需求测算。分别将主食和动物性产品折算成原粮（口粮和饲料粮），从主食消费引起的口粮需求、动物性产品消费引致的饲料粮需求以及粮食总需求三个方面对我国农民工的粮食需求水平和结构进行测算。

第 4 章　农民工粮食需求影响因素分析。建立口粮需求模型、消费动物性产品引致的饲料粮需求模型和粮食总需求模型，对农民工粮食需求的影响因素进行定量分析。

第 5 章　农民工与城镇居民和农村居民粮食需求差异分析。首先，对城镇居民和农村居民的口粮需求、消费动物性产品引致的饲料粮需求和粮食总需求水平与结构的变化趋势进行分析。其次，对农民工与城镇居民和农村居民的粮食消费水平与结构的差异进行对比研究。最后，进一步分析城镇化对我国粮食需求的拉动作用和农民工粮食需求被低估的程度。

第 6 章　不同地区农民工粮食需求差异分析。首先，对东部和中西部农民工的口粮需求、消费动物性产品引致的饲料粮需求和粮食总需求的水平与结构进行对比分析。其次，建立不同地区农民工的口粮、消费动物性产品引致的饲料粮和粮食总需求模型，并对消费动物性产品引致的饲料粮需求差异进行重点分析。最后，利用分位数分解方法对东部和中西部农民工消费动物性产品引致的饲料粮需求差异进行分解。

第 7 章　收入分布变化对农民工粮食需求的影响分析。对高、中、低三个收入组农民工食物消费的收入弹性进行估计，设定四种收入分布情景模式，模拟食物消费总支出和各类食物消费量的变化情况。

第 8 章　不确定性对农民工粮食需求的影响分析。运用不确定性理论，实证分析收入不确定性、医疗支出不确定性和子女教育支出不确定性对农民工消费和食物消费的影响。

第 9 章　基于农民工粮食需求视角的粮食贸易分析。对粮食需求量与产量和净进口量的变化趋势进行对比分析，基于传统城乡"二元"结构视角的粮食需求导致我国粮食需求被低估，从"城镇户籍居民＋农民工＋农村居民"的"三元"人口结构新视角对我国粮食需求持续增长的内在机制进行研究，分析了我国粮食连年丰产的同时进口量也不断增加的深层次原因。

第 10 章　结论与展望。对本书的主要结论进行了总结，提供了政策建议，并指出了有待进一步研究的问题。

1.4 研究方法与思路

1.4.1 研究方法

1. 比较分析法

本书在进行对比分析和趋势分析时，多次利用比较分析法进行横向和纵向的比较。在对农民工粮食需求水平与结构进行测算时，对比分析不同性别、不同年龄、不同行业以及不同地区农民工的粮食需求水平与结构；在分析农民工与城乡居民粮食需求差异时，对比分析城镇居民、农村居民和农民工的粮食需求水平与结构；在分析不同地区农民工粮食需求差异时，对比分析东部和中西部地区农民工的粮食需求水平与结构。

2. 分位数回归方法

本书在分析农民工粮食需求影响因素时，分别建立了口粮需求、饲料粮需求和粮食总需求的分位数回归（quantile regression）模型对其影响因素进行实证分析。在研究不同地区农民工粮食需求差异时，也分别建立了东部和中西部农民工的口粮、饲料粮和粮食总需求分位数回归模型，对其粮食需求差异的影响因素进行分析。在研究不确定性对农民工粮食需求影响时，也使用了分位数回归方法。

分位数回归方法由凯恩克（Koenker）和巴西特（Bassett）于1978年提出。这种估计方法强调条件分位数的变化，是一种估计一组回归变量 X 与因变量 Y 的分位数之间线性关系的建模方法。分位数可以指定分布中的任何一个位置，第 p 个百分位数表示因变量的数值低于这一百分位数的个数占总体的 $p\%$。

分位数回归估计的优点很多。首先，分位数回归估计在数据出现尖峰或厚尾的分布、存在显著异方差时，估计结果具有优良性和稳健性，而此时最小二乘估计缺乏稳健性。其次，最小二乘估计对误差项的假设条件很强，而分位数回归则不需要。最后，分位数回归估计能够精确地描述自变量对于因变量的变化范围以及条件分布形状的影响，而最小二乘估计并不能全面描述因变量条件

分布的全貌。分位数回归方法的原理如下:

假设随机变量 Y 的分布函数为:

$$Y = F(y) = Prob(Y \leqslant y) \tag{1-1}$$

Y 的 τ 分位数的定义为:

$$Q(\tau) = \inf\{y : F(y) \geqslant \tau\}, 0 < \tau < 1 \tag{1-2}$$

式 (1-2) 中,$Q(\tau)$ 为 Y 的 τ ($0 < \tau < 1$) 分位数,$Q(\tau)$ 满足 $F(y) \geqslant \tau$ 的最小 y 值。分位数回归分析的基本思想是使样本值与拟合值之间的距离最短,对于 Y 的一组随机样本,样本分位数回归是使加权误差绝对值之和最小,即:

$$\min_{\beta} \left| \sum_{i:Y_i \geqslant X_i\beta} \tau |Y_i - X_i\beta| + \sum_{i:Y_i < X_i\beta} (1-\tau)|Y_i - X_i\beta| \right| \tag{1-3}$$

其中,X_i 表示自变量,Y_i 表示因变量,τ ($0 < \tau < 1$) 是所取分位数的值,β 是在各分位点上的系数估计向量。

由此得到目标函数,即分位数回归模型可表示如下:

$$Q_\tau(Y|X) = X'\beta(\tau) \tag{1-4}$$

式 (1-4) 中,Y 为因变量,X 为自变量,$Q_\tau(Y|X)$ 为给定自变量 X 的情况下因变量 Y 在第 τ 分位数上的值,$\beta(\tau)$ 为 Y 在第 τ 分位数上的回归系数。通常采用 bootstrap 密集算法技术对 $\beta(\tau)$ 进行估计,即采用有放回抽样的办法来获得样本的置信区间,从而进行系数推断(高梦滔和姚洋,2006)。

3. 条件分布分解方法(conditional distribution decomposition)

本书在分析不同地区农民工饲料粮需求差异时,利用条件分布分解模型中的梅利(Melly,2006)分解方法对差异进行分解。

在分布分解中,基于条件分位数回归的分解模型主要有 MM 分解(Machado & Mata,2005)、梅利分解(Melly,2005)、梅利分解(Melly,2006)。分布分解可以将被解释变量划分为不同的层次,并能够细致刻画各个层次的差异状况及其原因,相较于均值分解具有明显优势。梅利分解(2006)改进了 MM 分解(2005)中变换概率积分后不一定保证条件分位函数估计和总体分位函数估计的一致性的缺陷,是一种更为有效的差异分解方法。通过构造反事实分

布函数 $\hat{q}_c$，梅利分解（2006）将θ分位数上的因变量差异做如下分解：

$$\hat{q}_1(X_1'\hat{\beta}_1(\theta)) - \hat{q}_0(X_0'\hat{\beta}_0(\theta))$$
$$= [\hat{q}_1(X_1'\hat{\beta}_1(\theta)) - \hat{q}_c(X_0'\hat{\beta}_1(\theta))] + [\hat{q}_c(X_0'\hat{\beta}_1(\theta)) - \hat{q}_0(X_0'\hat{\beta}_0(\theta))]$$

(1-5)

式（1-5）中，$\hat{q}_1(X_1'\hat{\beta}_1(\theta))$ 和 $\hat{q}_0(X_0'\hat{\beta}_0(\theta))$ 分别表示东部和中西部农民工的粮食需求分布。$\hat{q}_c(X_0'\hat{\beta}_1(\theta))$ 为反事实粮食需求分布，表示当中西部农民工在东部务工时的粮食需求分布。式（1-5）左边代表"总差异"；右边第一项代表θ分位数上由个体差异导致的粮食需求差异，被称为"特征差异"；右边第二项代表θ分位数上由地域不同造成的粮食需求差异，被称为"系数差异"。

1.4.2 研究思路

本书首先对我国农民工粮食需求水平与结构及其影响因素进行分析，其次对农民工粮食需求的差异进行分析，再次研究收入分布变化和不确定性对农民工粮食需求的影响，最后探讨我国粮食产量和进口量同时增加的原因。

第一，农民工粮食需求水平与结构及其影响因素研究包括两部分：（1）从主食消费引起的口粮需求和动物性产品消费引致的饲料粮需求两个方面，对农民工粮食需求水平与结构进行测算；（2）建立口粮、消费动物性产品引致的饲料粮和粮食总需求模型，对农民工粮食需求影响因素进行实证分析。

第二，农民工粮食需求差异研究包括两部分：（1）对农民工与城乡居民的粮食需求差异进行分析，在分析城乡居民粮食需求水平与结构变化的基础上，对农民工与城乡居民粮食需求进行对比分析，并进一步研究城镇化对我国粮食需求的拉动作用和农民工粮食需求的低估程度；（2）对不同地区农民工粮食需求差异进行分析，通过对东部和中西部农民工粮食需求的对比分析发现，粮食需求结构差异较大，基于此本书重点分析了东部和中西部农民工消费动物性产品引致的饲料粮需求差异，并进一步进行差异分解。

第三，收入分布变化和不确定性对农民工粮食需求的影响研究包括两部分：（1）实证研究收入分布变化对农民工粮食需求的影响；（2）实证研究不确定性对农民工粮食需求的影响。

第四，基于农民工粮食需求视角对中国粮食连年丰产的同时，进口量也不断增加的深层次原因进行分析。技术路线图显示了详细研究思路（见图1-1）。

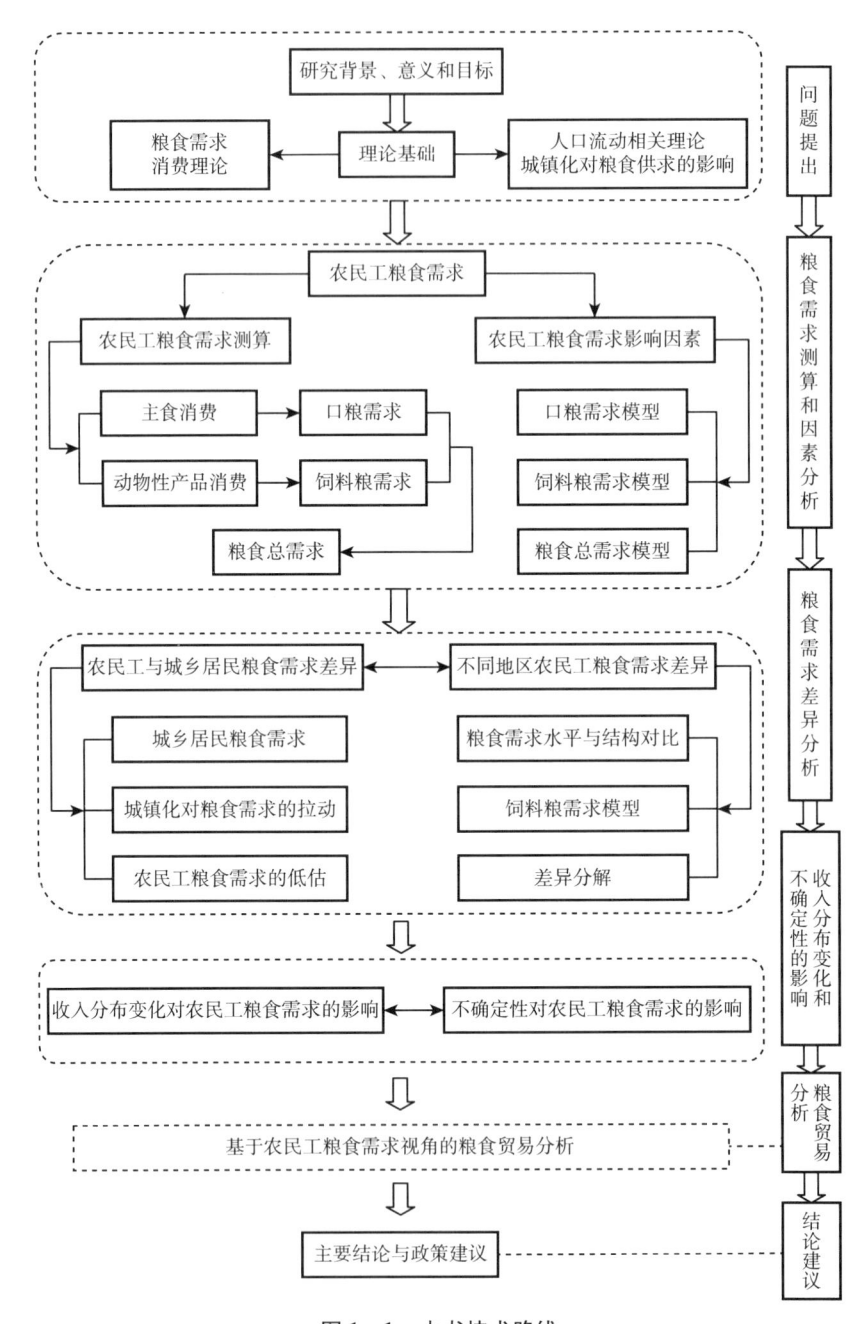

图 1-1 本书技术路线

第1章 导　　论

1.5　研究的创新说明

农民工粮食需求研究的相关学术文献非常少。本书利用全国农民工抽样调查数据，对农民工粮食需求水平与结构进行深入系统研究。创新点主要包括以下三个方面。

第一，就研究角度而言，从"城镇户籍居民＋农民工＋农村居民"的"三元"人口结构新视角对我国粮食需求持续增长的内在机制进行研究，并从粮食需求角度探讨我国粮食连年丰产的同时，进口量也不断增加的深层次原因。农民工的粮食需求水平与结构既不同于纯粹的农村居民，也不同于纯粹的城镇居民。基于传统城乡"二元"结构视角的粮食需求估计方法导致农民工粮食需求被低估，进而导致全国粮食需求预测偏低。

第二，就研究内容而言，利用大样本的全国农民工抽样调查数据对农民工粮食需求进行深入系统研究在国内尚属首次。本书测算了农民工粮食需求水平与结构，定量分析农民工粮食需求的影响因素，比较分析了农民工与城乡居民粮食需求差异以及不同地区农民工粮食需求差异，并深入研究了收入分布变化和收支不确定性对农民工粮食需求的影响。

第三，就研究方法而言，利用分位数回归方法定量分析农民工粮食需求的影响因素，利用分位数分解方法对不同地区农民工粮食需求差异进行分解，并利用情景模拟方法研究收入分布变化对农民工粮食需求的影响。

第 2 章

理论基础

2.1 粮食与粮食需求

粮食一般有狭义和广义之分。我们通常所说的谷物即为狭义的粮食,指禾本科作物的种子。谷物、豆科植物的种子和薯类等可供食用的根或茎统称为广义的粮食。

国内外不同机构对粮食的定义也不尽相同。联合国粮农组织(FAO)界定的粮食包括小麦、稻谷、玉米、高粱、大麦、黑麦、燕麦、小米、荞麦、藜麦、黑小麦、根茎类作物、草种子、杂粮和其他15种谷物[1]。美国农业部(USDA)界定的粮食主要包括水稻、玉米、小米、小麦、黑麦、燕麦、大麦、高粱及混合粮食等[2]。中国将供食用的谷物、豆类和薯类统称为粮食。国家统计局将谷物(不包括油菜籽)、豆类、薯类(仅指马铃薯和甘薯)和其他杂粮统称为粮食。其中,薯类的粮食转化率为5:1,其他粮食一律按脱粒后的原粮计算。

由此可见,国际国内的粮食口径略有差异。我国传统的粮食口径包括谷物和豆类,不包括薯类。而国际的粮食口径包括谷物和薯类,不包括豆类。为了与国际接轨,我国于2013年也将薯类纳入粮食统计中。目前,我国的粮食口径包括谷物、豆类和薯类。在粮食总产量结构中,豆类和薯类所占比例很小,

---

[1] 参见联合国粮农组织对商品的界定和分类(Definition and Classification of Commodities): http://www.fao.org/es/faodef/fdef01e.htm.

[2] 参见美国农业部(PSD)数据库: http://apps.fas.usda.gov/psdonline/psdHome.aspx.

2014年二者占比分别仅为2.68%和5.50%。所以，在以下分析中，除特殊说明外，粮食中不包括豆类和薯类（中国农业大学国家农业农村发展研究院和中国农业大学经济管理学院粮食经济研究团队，2017）。

FAO将粮食需求分为口粮、饲料粮、种子用粮、加工用粮和其他需求五大类。已有研究表明，不同粮食品种的需求结构存在较大差异（田甜，2017）。其中，稻谷以口粮需求为主；小麦以口粮需求和饲料粮需求为主，且口粮需求最大；玉米以饲料粮需求为主。据估计，目前我国口粮需求和饲料粮需求两项约占粮食总需求的85%，本书重点分析这两项粮食需求。

2.2 人口流动相关理论

人口流动理论是发展经济学最重要的理论贡献之一。相关研究主要包括：刘易斯二元经济及其劳动力转移模型、拉尼斯—费景汉劳动力转移模型、托达罗城乡劳动力转移"预期"模型、推拉理论、成本收益分析理论以及新劳动力迁移经济学理论等。

农村劳动力流动最直接的理论是二元经济理论。1954年，阿瑟·刘易斯（Arthur Lewis）发表了题为《无限劳动供给下的经济发展》的论文，提出了关于劳动力迁移的刘易斯模型（Lewis，1954）。他认为传统农业部门和现代工业部门共存的"二元经济结构"普遍存在于各国的经济发展初期。一方面，农业部门的边际生产率由于农村剩余劳动力的大量涌现而降低；另一方面，工业部门的劳动生产率由于工业化和技术进步而得到很大提高。由于工业部门的劳动生产率高于农业部门，促使农业人口不断流向城市，导致工业部门劳动生产率不断下降，农业部门劳动生产率不断提高，直至工业部门吸纳全部农村剩余劳动力为止。该理论试图解释一个依赖传统农业的经济体如何转变成为一个富有活力的现代城市化的经济体。在这个过程中，除了资本的积累之外，农村和城市之间劳动力的流动也扮演了重要的角色。刘易斯假设农业中存在一定数量的剩余劳动力，他们的边际产值几乎为零，也就是说，虽然他们从事农业生产，但是他们的报酬低下，相当于处在隐性失业的状态。因此，农村能够为城市的发展提供充足而廉价的劳动力，直到农村的剩余劳动力被充分吸收，农村的隐性失业完全消失。

拉尼斯和费景汉的观点认为，刘易斯二元经济及其劳动力转移模型存在两点缺陷：工业增长中的农业促进作用没有被重视；农业生产率的提高没有被重视。为了克服这两点缺陷，拉尼斯和费景汉提出了拉尼斯—费景汉劳动力转移模型，即农业和工业均衡增长的动态二元结构理论。该模型将二元经济结构的演变过程分为三个阶段：农业部门存在着显性失业，劳动力供给弹性无限大，农业边际生产率等于零；农业部门存在着隐性失业，农业部门边际生产率大于零并小于不变制度工资；农业部门已不存在剩余劳动力，农业边际生产率大于不变制度工资。农业边际生产率和市场共同决定了农业劳动者的收入水平。此时，农业部门与工业部门达到平衡，农业剩余劳动力消失。

二元经济理论从宏观经济角度为分析农村人口向城市迁移的动因提供了一个有力的框架，指出了农村人口的迁移取决于农村与城市劳动力报酬的差距，很好地契合了中国以往城市化的经验。但二元经济理论，并没有区分农民的迁移是暂时还是长期，没有讨论农村人口迁移到城市以后，如何长期立足、如何融入城市并真正成为市民的过程。

与刘易斯的研究视角不同，米切尔·托达罗（Michael P. Todaro）依据发展中国家的经济现实，在对刘易斯模型批评的基础上，创建了城乡劳动力转移"预期"模型（Todaro，1969）。托达罗模型重点分析了农村人口的迁移与城市失业率的动态均衡。该模型假设个体的迁移决策取决于城乡之间的预期收入流的差距、迁移成本和在城市受雇的可能性。在城市劳动力的需求稳定增长的情况下，劳动力供给的增长速度会接近于需求增长的速度，导致城市失业率稳定在一定的水平。基于此分析，政府增加劳动力岗位的措施反而会导致城市失业率增加，因为它会刺激农村劳动力过度地向城市迁移，这就是著名的托达罗悖论。托达罗理论为分析农村人口流动的动态过程以及带来的结果奠定了基础。农民市民化的过程取决于在城市是否有稳定的收入来源，但是托达罗理论警醒政府，促进就业的一些举措可能反而会提高失业率，给城市人口造成额外的负担。

除了刘易斯模型、拉尼斯—费景汉模型、托达罗模型之外，"推力—拉力"理论（简称推拉理论）也是具有广泛影响的劳动力流动理论。"推拉理论"最早由巴格内（D. J. Bagne）提出，该理论认为人口流动的目的是改善生活条件，流入地有利于改善生活条件的因素为"拉力"，而流出地不利的生活条件是"推力"。人口流动就由这两股力量前拉后推所决定的。此后，迈德尔（G. Mydal）、索瓦尼（Sovani）、贝斯（Base）、特里瓦撒（Trewartha）都对此理论作了有关拓展。李（E. S. Lee）在巴格内理论基础上，补充了第三方面的因素，即中间障碍，这主要包括距离远近、物质障碍、语言文化差异以及流动人口对于这些因素的价值判断。人口流动就是推力、拉力和障碍因素这三个方面综合作用决定的。

成本收益分析理论，也是劳动力流动理论中比较有影响力的。迁移的这一成本收益分析思想，最早由肖斯塔（Sjaastad，1962）提出。该理论认为，劳动者的迁移决策是在对迁移的经济和非经济成本和收益进行比较之后而做出的。如果迁移所能获得的收益超过了与之相联系的货币成本和心理成本的总和，那么劳动者就会决定迁移；否则，劳动者就不会迁移。在劳动力迁移的过程中，个人和家庭最大化了自己的收益，劳动力资源获得了有效配置。该理论将迁移视为提高人力资源生产率的投资，迁移的规模和强度取决于成本和收益的对比，有效解释了地区间工资差距为什么没有随迁移而趋同以及迁移方向问题。

新迁移经济学（new economics of labor migration，NELM）理论是在传统迁移理论的基础上不断扩展而产生的，但与传统理论又有明显的不同。新迁移经济学，强调迁移行为不是单个迁移者决策的结果，而是迁移者家庭的集体决策。迁移的目的不仅是获得个体预期收入最大化，也是为了使家庭收入风险最小化；对于家庭而言，迁移行为是一种控制生产风险、增加资本来源的重要途径（Stark & Bloom，1985）。新迁移经济学将个人和家庭的迁移决策分析，从自主安排推进到互利的契约安排。从而，迁移者的劳动力市场行为也在很大程度上依赖于迁移者家庭的偏好和家庭的约束。此外，迁移也是为了家庭风险最小化。农村劳动力迁移的主要目标不仅是预期收入最大化，同时也是为了家庭风险最小化。比如，假如农产品歉收，家庭的农业收入大幅下降，家庭还可以从迁移者那里获得工资性收入以补偿农业歉收的损失。近年来，新劳动力迁移经济学的一些学术成果建立了更加复杂的模型，从更加微观的角度回答迁移动因，讨论了更加丰富的问题，主要包括谁迁移、什么时候迁移、如何迁移，以及劳动力迁移对农村发展的影响。

2.3 城镇化与农民工

城镇化也称为城市化，是指人类生产与生活方式由于生产力发展、科技进步和产业结构调整，由传统农村型（以农业为主）逐渐转变为现代城市型

（以工业和服务业等非农产业为主）的过程，主要表现为农村人口转化为城市人口及城市的不断完善（韩长赋，2006）。城镇化的三大标志是劳动力从第一产业向第二、第三产业转移，城市人口在全国总人口中的比例上升，以及城市用地规模不断扩大。新中国成立以来我国城镇化进程经历了四个阶段：起步发展时期（1949～1957年）→不稳定发展时期（1958～1965年）→停滞发展时期（1966～1978年）→稳定快速发展时期（1978年至今）。近年来，我国城镇化率不断增长，城镇化水平不断提高。改革开放初期，我国城镇化率不足20%。1996年我国城镇化率突破30%，2003年突破40%，2011年突破50%。2018年我国城镇化率进一步上升到59.58%。

新中国成立初期，就有农村劳动力向城市流动，为了计划经济和社会稳定发展，1952年政务院劳动就业委员会提出要"克服农民盲目地流向城市"。1958年《中华人民共和国户口管理登记条例》的颁布，意味着中国城乡"二元"体制的真正建立，这一制度成为阻挡农村劳动力向城市和非农产业流动的一道藩篱。1978年农村实行家庭联产承包责任制以后，农村开始出现农业劳动力剩余现象，与此同时，乡镇企业的出现为农民在乡村"离土不离乡"的就地就业创造了条件，尤其是沿海经济发达地区的乡镇企业发展极为快速，不但吸收了大量的本地劳动力，而且还吸纳了大量周边欠发达地区的农村剩余劳动力。20世纪90年代至21世纪初我国实行粮食"双轨制"，由于粮食生产效率的提高，释放出了农村的一部分劳动力，农村劳动力从农村向城市转移。2000年以前中央和地方政府出台相关政策限制农村劳动力跨区流动，从2000年下半年开始，随着各地区逐步取消了农民进城就业的限制，农村劳动力转移进入新的时期。2001年开始实行粮食流通体制的市场化改革，取消了农民的粮食定购任务，减少了劳动力对粮食生产的投入，对于意愿外流的农村劳动力的直接限制有了巨大放松，农民从业可以根据比较利益自由选择。农村劳动力中的青壮年劳动力（尤其是男性劳动力）更多地选择进城务工或者从事非粮生产。伴随我国工业化和城镇化的快速发展，亿万农民离开乡土涌入到城市务工经商，为中国经济的持续高速增长源源不断地注入活力并做出了巨大贡献。

近年来，我国农民工和城镇户籍人口逐渐增加，农村人口不断减少。如图2-1所示，2000年以来，我国农民工和城镇户籍人口的数量逐年不断增加，农村人口数量逐年逐渐下降，并且农村劳动力非农转移比例持续不断增加。农村人口由2000年的8.08亿，下降为2008年的7.04亿，2015年进一步降低至6.03亿，2018年仅为5.64亿。城镇户籍人口2000年仅为3.16亿，

2009年突破4亿，达到4.15亿，2016年突破5亿，增长到5.11亿，2018年达到5.43亿。农民工由2000年的1.42亿，增长到2005年的2.01亿，2011年达到2.53亿，2018年进一步增长到2.88亿。农村劳动力非农转移比例由2000年的14.99%增长到2005年的20.91%，随后2014年增长到30.69%，2018年进一步增长到33.83%。

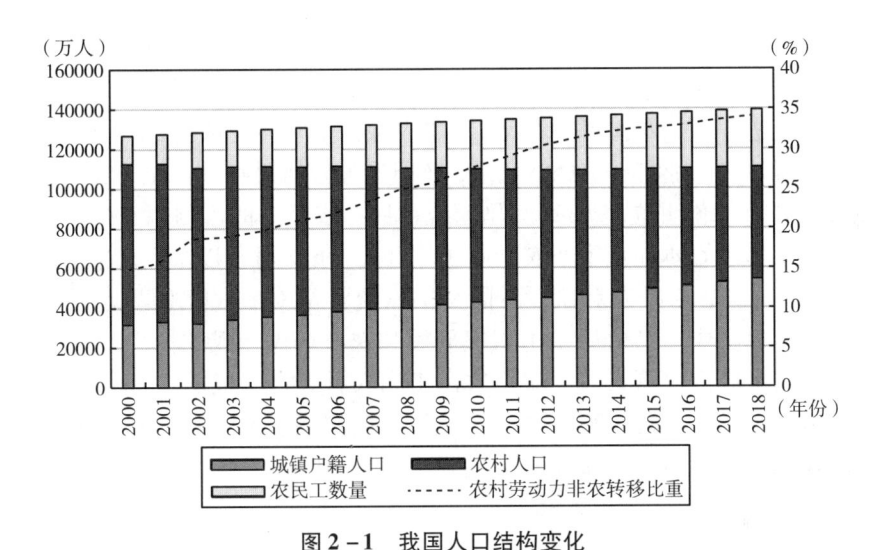

图2-1 我国人口结构变化

资料来源："全国农民工监测调查报告"（历年）、《中国发展报告》和《中国统计年鉴2019》。

随着城镇化的进一步发展，未来农村人口会进一步减少，农村劳动力无论从数量上还是质量上都在不断下降。从年龄结构来看，我国农村适龄劳动力的比例不断下降，尤其是青壮年劳动力的比例下降较快。0~14岁的农村人口比例由1990年的28.67%下降至2000年的25.51%，2010年进一步下降至19.16%。15~44岁的农村人口比例由1990年的51.21%下降至2000年的47.63%，2010年进一步下降至45.44%。45~64岁的农村人口比例由1990年的14.63增长至2000年的19.38%，2010年增加至25.35%。65岁以上的农村人口比例由1990年的5.49%上升至2000年的7.48%，至2010年上升到10.06%。从性别结构来看，女性劳动力从事农业劳动的比例逐年增加，男性劳动力从事农业劳动的比例逐年下降。1990年农村女性劳动力的比例为48.42%，农村男性劳动力的比例为51.58%。2010年农村女性劳动力的比例上升至49.19%，农村男性劳动力的比例下降至50.81%。

1978年以来，我国经济实力持续增长，但是城乡发展严重不平衡。农村人多地少并且从事农业生产的收益较低，为了追求更高的收益，越来越多的农村人口向城镇迁移，农业劳动力向非农产业转移。但是，受制于我国城乡"二元"体制，除了少部分农村人口直接转为城镇户籍之外，大部分成为在城镇从事非农产业的劳动者，即农民工。在《国务院关于解决农民工问题的若干意见》中，对农民工进行了界定和描述，指出农民工户籍仍在农村，流动性强，有的农忙时在家务农、农闲时外出打工，有的长期在城市务工，是城镇化和工业化进程中的主力军。农民工主要从事非农业生产或经营、以工资收入为主要来源，与农业有一定经济联系，不具有城镇居民身份，介于农村居民和城市居民之间（蒋明慧，2012）。国家统计局在农民工的监测调查报告中，将农民工定义为"在本地从事非农产业或外出从业6个月及以上，户籍仍在农村的劳动者"。本书的研究对象，指的是国家统计局对农民工的界定范围。目前，我国人口实质上已由原来由城镇居民和农村居民构成的城乡"二元"结构，转变为由城市户籍人口、城市农民工和农村人口构成的"三元"人口结构。国家统计局发布的《2019年全国农民工监测调查报告》显示，2019年末全国农民工总量达到2.91亿人，超过总人口的20%。

2.4 城镇化对粮食安全的影响

2.4.1 "劳动力城镇化"对粮食安全的影响

粮食种植结构发生改变，由用工多的品种转向用工少的品种。在城镇化的过程中，由于农村青壮年劳动力不断转移到城市，进入非农领域就业，导致我国粮食的种植结构发生较大变化。由于小麦和水稻的种植要比玉米费时费力，因而在一些地区出现玉米替代小麦和水稻的现象。近年来，我国小麦和稻谷的种植比例有所下降，而玉米的种植比例在不断提高。粮食生产结构的这一变化在一定程度上掩盖了我国粮食安全的紧迫程度，因为虽然高产的玉米生产增加使粮食总量得到保证，但小麦和水稻生产的增速相对缓慢，使我国的"口粮"安全问题被隐藏起来。虽然，这种粮食种植结构的变化与粮食之间的比价有关，但根本原因是农村青壮年劳动力的流出，农民更愿意种植用工较少的玉米。

农业生产成本提高，农民收益下降，影响种粮积极性。改革开放以来，我国农村出现了非农化的浪潮，土地非农化、劳动力非农化、资本非农化，在这些公共要素非农化、价格不断上升的同时，特定要素（即农业专用要素，例如种子、化肥、农药等）的价格也在提高，我国农业进入了高成本时代，其中由城镇化引发的人工成本和土地成本的增加是直接导火索。农村劳动力的非农转移推动农村劳动力成本持续上涨。土地成本的提高主要是由于城市化和工业化的发展拉动了对土地的需求，致使优质耕地数量逐年下降。尽管粮食的价格也在不断提高，但种粮农民的收益却没有提高。此外，种粮农民成本的提高还包括种粮机会成本的提高。随着城镇化和工业化的推进，城乡居民人均可支配收入差距先增大后减小，1990 年前者是后者的 2.2 倍，2010 年达到最大为 3.2 倍，2010 年以后二者差距逐渐减小，2019 年减小至 2.6 倍。随着农民在城镇就业机会的增加，在城镇的工资水平高于种粮收益，会进一步加快农村劳动力的非农转移，尤其是年轻力壮的劳动力，这必然影响到农村劳动力的质量。农民为了提高收入，会选择收益较高的经济作物替代粮食作物。粮食生产的复种指数下降，很多农户将双季改为单季，这也将影响我国的粮食安全。

粮食生产的规模化和机械化水平提高。农村劳动力非农转移也具有正面效应：一是有效转移了农村剩余劳动力，有利于农业规模化经营程度的提高。已有研究表明，水稻种植户的种粮收入会随着规模的扩大而增加，当水稻种植收益超过外出务工的工资收入，这时农户会选择在家种粮。二是劳动力投入的减少也会促进机械化的发展，推进我国的农业现代化进程。目前，我国小麦生产已经基本实现了机械化，稻谷和玉米的机械化程度也在逐步提高，机械取代人力和畜力，提高了粮食的生产效率，也在一定程度上缓解了粮食产业的萎缩。此外，将农村剩余劳动力转移到非农产业，还可以进一步带动我国城镇化和工业化的发展，加速先进科学技术的推广和应用。

2.4.2 "土地城镇化" 对粮食安全的影响

城镇化导致耕地资源减少，引起粮食"隐性"减产。我国土地面积广大，但耕地面积很少，优质的耕地面积更少，而且可供开发的后备耕地匮乏，开发难度较大。城镇化的重要特征之一是城市面积的扩张，城市居住人口的增加带动了对交通、住宅、商场等建设的需求，城市建设面积不断扩大。近年来，批准建设用地面积增加，批准建设用地占用耕地面积也在增加，但批准建设用地占用耕地面积的比例有所下降，这主要源于国家严格的耕地保护制度。耕地面积的保障是实现粮食安全的基础。然而，近年来，我国耕地面积总体呈下降趋势。《2016 中国国土资源公报》统计数据显示，2011 年全国耕地面积为 20.29 亿亩，2012 年和 2013 年下降至 20.27 亿亩，2014 年下降至 20.26 亿亩，2015 年下降至 20.25 亿亩。虽然我国粮食产量实现了"十六连丰"，但增产的主要原因是单产的不断增加、耕地被占用而导致相应粮食播种面积减少，最终引起粮食"隐性"减产。耕地资源减少，不仅体现在面积的减少，而且也反映在质量的下降。我国经济发展存在着区域间不平衡的特点，东部沿海地区经济发展快，西北部内陆地区经济发展滞后。东部沿海地区地势低平、水资源充足、土壤肥沃，是传统意义上的粮食主产区。研究表明，一些城市的平均海拔正在下降，说明城市的扩张多发生在低海拔的区域，往往是良田集中的地区，而复垦的耕地多集中在坡地，或者是质量较差的盐碱地、滩涂等西部地区，因此通过占补平衡维持的 18 亿亩耕地的总体质量在不断下降。

  土壤污染造成粮食减产和粮食质量安全问题。城镇化中土地非农化以后往往被用来修建工厂、道路、住宅区等，容易对周围的土壤造成污染，进而引起粮食减产和粮食质量安全问题。首先，在城镇化进程中伴随着大量工厂的兴建和投入生产，工矿企业生产经营活动中排放的废气、废水、废渣是造成其周边土壤污染的主要原因。其次，城镇化伴随着城市人口的增加，城市每天产生的生活垃圾也越来越多。由于城市固体废弃物的处理能力有限，大多数废弃物都是以露天堆放的方式处理，一方面垃圾的堆放占用了相当面积的土地，另一方面暴露的垃圾中污染物渗入土壤，并在雨水的冲刷作用下扩散开来。大面积的土壤因为污染受到永久的损害，无法生长植物。再次，农业生产活动本身也是造成耕地土壤污染的重要原因。城镇化中人们对农产品的消费需求也不断增加，而中国耕地资源匮乏、土壤贫瘠，为了增加单产，大量使用化肥和农药，导致耕地土壤污染。

  后备耕地资源日益短缺，给未来粮食供给造成压力。《2016 中国国土资源公报》统计数据显示，2015 年我国因建设占用、灾毁、生态退耕、农业结构调整等原因减少耕地面积 30.17 万公顷，通过土地整治、农业结构调整等增加耕地面积 24.23 万公顷。耕地面积的减少量大于增加量，土地开发依赖的是后备的耕地资源，而后备耕地资源是十分有限的。首先，我国地貌多样，但由于人口众多，在漫长的历史中适合耕种的土地已经得到了充分利用，可供继续开发的地块数量很少而且分布零散。其次，开发新的耕地可能会打破该地域的生态平衡。全国大范围的耕地开发，会削弱整体的生态调节能力，给日益恶化的生态环境增加压力。最后，后备耕地资源即使被转化成耕地，在质量上也无法与耕耘多年的耕地相媲美，很难达到原有耕地的产出水平。因此，后备耕地资源的短缺和日益稀缺制约着我国的粮食生产可能性边界，面对我国日益增长的粮食需求，粮食生产将面临更大的压力。

2.4.3 城镇化从供求两方面对粮食市场形成压力

城镇化一方面促进了工业化、现代化和信息化的发展，另一方面占用耕地、吸引农民离开农业进城务工，给粮食安全带来挑战。城镇化主要包括"劳动力城镇化"和"土地城镇化"，而这两个变化使我国农村地区的两大重要资源——劳动力和土地向非农部门转移，这一资源的重新配置，从供给和需求两个方面对粮食市场形成压力。

从粮食供给角度看，我国粮食的种植结构发生了较大的变化，粮食市场供给压力增大。首先，根本原因在于农村青壮年劳动力转移到城市、进入非农领域就业，导致费时费力的小麦和水稻种植面积减少，而相对省时省力的玉米种植面积增加。粮食种植结构的变化，虽然使粮食总量得到保证，但粮食结构矛盾却日益突出。我国的口粮安全问题被潜在地隐藏起来，这在一定程度上掩盖了我国粮食安全的紧迫程度。其次，城镇化和工业化的发展直接导致了人工成本和土地成本的增加，推动农业生产成本提高，农民的收益下降，种粮积极性也因此而降低。再次，农民为了增加收入会选择高收益的经济作物，放弃种植粮食作物。农户选择种植单季粮食作物，复种指数不断下降，这也将对我国粮食安全产生影响。最后，城镇化导致耕地被大量占用，耕地面积减少，耕地质量下降，从而导致粮食"隐性"减产。

从需求的角度来看，城镇化和工业化的发展，致使我国粮食需求呈现刚性增加的趋势，而且需求的增长往往快于预期。影响粮食需求快速增长的因素是多方面的。首先，城乡居民收入提高，对动物性产品等富含蛋白质的食物的需求增加，由此加速了对消费动物性产品而引致的饲料粮需求的增加。其次，农村劳动力的流动和就业行业的特点，也拉动粮食需求的增加。一方面，随着城镇化的推进，农民工以前在农村是粮食和食物的生产者，现在进城务工后是粮食和食物的购买者,由生产者变成了净购买者;另一方面,农民工进入城市后主要从事体力消耗较大的行业,对粮食和副食品需求也较多。最后,农村适龄劳动力(尤其是青壮年劳动力)的比例不断下降,从事农业生产的劳动力趋于老龄化,并且女性劳动力占比逐年增加,导致留守农村的人口以老年人和妇女儿童为主,大部分也成为粮食的净购买者。

2.5 消费理论

从宏观层面看,消费与投资、出口并称为拉动 GDP 增长的"三驾马车",居民消费是国家总消费的主要部分,也是一国经济增长的动力源泉。从微观层面来看,居民消费水平决定了每个家庭的福利水平,同时也影响家庭的幸福感(方福前,2014)。凯恩斯以来,消费理论经历了从短期、个人完全理性、确定性条件到长期、个人有限理性、非确定性条件的发展历程,大致经历了以下四个阶段:(1)确定性条件下的消费理论,包括凯恩斯的绝对收入假说和杜森贝利(J. S. Duesenberry)的相对收入假说,主要研究当期的静态消费;(2)以持久收入理论和生命周期理论为代表,主要研究动态的跨期消费;(3)不确定性条件下的消费理论,以预防性理论为代表,在不确定性条件下研究消费者行为;(4)重视个人行为和心理特征变化对消费决策的影响。以下分别展开叙述前三个阶段的消费理论。

2.5.1 绝对收入理论和相对收入理论

传统凯恩斯主义消费理论假设,消费水平决定于当期的可支配收入。关于收入和消费的关系,凯恩斯认为消费随收入增加而增加,但收入的增加多于消费的增加。收入决定消费,并且二者具有稳定的函数关系。随着绝对收入提高,用于储蓄的收入比例也会提高。这一理论在相当长时期内占据着消费研究领域的核心。直到库兹涅茨(Simon Smith Kuznets)研究发现美国居民的消费并没有随收入的增加而增加,而是具有很强的稳定性。他还发现凯恩斯消费理论对于经济大萧条以后收入的判断存在很大的偏差。自此,凯恩斯的消费理论开始受到质疑。

杜森贝利(J. S. Duesenberry)提出了相对收入假说。他认为消费是相对决定的，消费者的消费行为会受到以前消费习惯和周围人们消费水平的影响。杜森贝利理论的核心是消费容易随收入的提高而增加，但不易随收入降低而减少，即易升高不易降低，这被称为"棘轮效应"。消费者在做消费决策时，受到以前消费习惯的影响，当期消费决定于当期的收入水平和以前的消费水平。同时，周围人们的消费行为和消费水准也会影响消费者的消费决策行为，这被称为"示范效应"。比如，若甲的收入增加了，甲周围的人或与甲同一收入阶层的人的收入水平也以相同的比例在增加，则甲的消费占收入的比例不会发生变化；而若甲周围的人或与甲同一收入阶层的人的收入水平增加了，甲的收入却没有增加，但为了顾及面子和社会地位，他也会提高消费水平。在消费存在粘性的前提下，库兹涅茨提出的储蓄率稳定性仍不能得到很好的解释。相对收入理论比凯恩斯的绝对收入理论有了很大改进，因为相对收入假说开始重视消费者的行为，但其解释能力相对比较有限。

2.5.2 生命周期理论和持久收入理论

莫迪利安尼（F. Modigliani）提出了生命周期消费理论。凯恩斯消费理论认为一定时期的消费水平与一定时期的可支配收入相关，而生命周期理论认为人们的消费水平并不是取决于该时期的收入水平，而是取决于更长时期的收入水平，从而达到生命周期的最佳消费配置。通常情况下，青年阶段的收入水平不高，这时的收入水平可能满足不了消费水平。进入中年阶段时，收入水平会不断提高，这时的收入水平大于消费水平，一方面偿还年轻时的债务，另一方面进行储蓄用来养老。等到年老退休时，消费水平又会超过收入水平，形成负储蓄，消费中年和壮年积累的积蓄。生命周期理论的主要观点是消费者是理性的，在总资源的约束条件下，他们追求一生的平滑消费。消费-年龄曲线的形状与各个时期的收入水平没有关系，只与消费者偏好、时间偏好以及利率有关系，它的位置由生命周期内的总资源决定。生命周期模型认为经济增长速度和储蓄率存在正向因果关系（Deaton，1992）。

弗里德曼（M. Friedman）提出了持久收入消费理论。该理论认为，消费者的消费支出与其可以预料的永久收入有关，并不是与其现期收入有主要关系。与生命周期理论不同的是，永久收入理论重点分析了未来收入如何预期的问题，而生命周期理论侧重于分析储蓄动机，并给出了财富是消费函数变量的解释。但两个理论都体现了一个基本思想：单个消费者是前向预期决策者。

2.5.3 预防性理论

预防性理论认为，当收入不确定性增大时，消费者并不是按照随机游走来进行消费，而是根据当期收入水平来进行消费决策。未来的不确定性越大，消费者越会更多地进行预防性储蓄。确定性条件下消费的边际效用小于不确定性条件下消费的边际效用。消费者预期未来风险增大，未来消费的边际效用也增大，预防性储蓄动机也增强，便会积累更多的财富用于未来的消费。因此，在不确定性条件下，当收入水平提高时，预防性储蓄会减少，消费支出水平会提高；当收入水平下降时，预防性储蓄会增加，消费支出水平会降低。并且，不确定性越大，这种相关关系越强。即预防性储蓄理论认为消费有敏感性的特点。

在城镇化快速发展的进程中，大量农民工不断涌入城市，成为中国经济增长的强大动力。但是因为各种因素被排除在城市的主流社会和福利体制之外，游离在城市与乡村之间，长期处于"半城镇化"状态。由于农民工收入水平普遍比较低，并且缺乏相应的社会保障，农民工面临的不确定性较大，他们对消费具有很强的敏感性，更倾向于多储蓄、少消费，其消费行为受到收支不确定性的严重制约。

根据消费理论，消费者的消费水平受到收入水平、受教育程度、财富因素和社会保障制度等社会经济效应的影响。凯恩斯的绝对收入理论认为，消费水平与可支配收入水平呈正相关关系；杜森贝利的相对收入理论认为，消费者的消费行为会受到以前的消费习惯和周围人们消费水平的影响；莫迪利安尼的生命周期消费理论认为，人们的消费水平取决于更长时期的收入水平；弗里德曼的持久收入消费理论认为，消费者的消费支出与其可以预期的永久收入有关；预防性理论认为，消费具有敏感性。因此，就农民工粮食需求而言，在消费理论的基础上需要充分考虑现实社会发展状况，从个体特征、家庭特征、工作特征、时间与籍贯等控制因素几个方面来对农民工粮食需求的影响因素进行定量分析。

第 3 章

农民工粮食需求测算

农民工的粮食需求量究竟有多大？主食和动物性产品的消费比例各占多少？口粮和消费动物性产品引致的饲料粮的需求比例各占多少？不同性别、年龄、行业和地区间农民工的粮食需求水平和结构相同吗？本章利用我国城镇外来务工人员就业和消费需求调查项目的数据，将农民工最近24小时内摄入的主食（米及制品、面及制品、其他谷类制品）和动物性产品（肉禽及制品、蛋及制品、奶及制品、水产品）折算成原粮（口粮和消费动物性产品引致的饲料粮），并分性别、年龄、行业和地区进行分类测算，分析不同类别农民工粮食需求水平和结构的异同点。本章主要内容包括：（1）对农民工粮食需求调研进行相关说明；（2）对样本农民工的个体特征和工作特征情况进行统计分析；（3）对农民工粮食需求水平与结构进行描述性统计分析。

3.1 农民工粮食需求调研说明

3.1.1 国家统计局对于农民工的调研

2008年底，中国国家统计局建立了农民工统计监测调查制度[①]。农民工统计监测调查包括：摸底、季度监测、月度监测和举家外出4项调查。其中，摸底（一次性）调查主要对农民工的外出就业情况进行统计，季度监测调查主

---

① 参见"2009年农民工监测调查报告"。

要对本地农民工的非农务工情况和自营情况进行统计，月度监测主要对农民工的返乡情况和流动情况进行统计，举家外出调查主要对举家外出农民工的数量变化情况进行统计。农民工统计监测调查按季度采用入户访问调查的形式在农民工输出地开展，调查样本是31个省份①的1527个调查县（区）抽选的8930个村和23.5万名农村劳动力。

国家统计局自2009年起公开发布历年"全国农民工监测调查报告"，报告内容主要包括以下几个方面：基本情况、流向分布、就业、收入、消费、居住、权益保障和新生代农民工等。但对于农民工消费方面的统计，仅对生活消费支出和居住支出的金额进行了统计，并没有对粮食和食物的消费情况进行统计。

2013年以前，我国并没有大规模的关于农民工粮食和食物消费的系统统计。为了系统调查农民工的粮食和食物消费等情况，中国农业大学农业农村发展研究院和中国农业大学经济管理学院粮食经济研究团队设计和组织了我国城镇外来务工人员就业和消费需求调查项目，并于2013年和2014年分别进行了两轮调研。

3.1.2 农民工粮食需求调研样本选择与相关说明

国家统计局发布的"2012年全国农民工监测调查报告"对农民工在输入地与输出地的分布进行了分析②。按照农民工在输入地的分布比例进行排序，排在前10位的省份分别为广东、浙江、江苏、山东、河南、四川、河北、福建、安徽、北京。考虑到区域的代表性，2013年选取广东、浙江、山东、河南、四川和北京作为样本点，2014年选取广东、浙江、山东、四川和北京作为样本点，这六个省份流入的农民工总数量为1.27亿人，占全国农民工数量总数的48.58%。而且，无论是经济发展水平，还是居民饮食文化和习惯，这六个省份具有明显的差异性，说明了样本具有一定的代表性，在一定程度上能够代表全国农民工的粮食需求特点。

---

① 东部地区包括北京、天津、河北、辽宁、上海、江苏、浙江、福建、山东、广东、海南11个省份；中部地区包括山西、吉林、黑龙江、安徽、江西、河南、湖北、湖南8个省份；西部地区包括内蒙古、广西、重庆、四川、贵州、云南、西藏、陕西、甘肃、青海、宁夏、新疆12个省份。

② 截至目前，仅"2012年全国农民工监测调查报告"对农民工在各省的分布情况进行了报告。

第3章 农民工粮食需求测算

统计调查利用分层和随机抽样相结合的方法来确保有效的样本选择。第一步，在每个省份选取两个市（县）：省会城市和流入农民工较多的地（县）级市。第二步，按照2012年国家统计局发布的"全国农民工监测调查报告"中的农民工务工行业结构，在每个市（县）确定各行业调查样本的数量。如图3-1所示，从事制造业的农民工数量最多，建筑业次之，二者之和超过农民工总数的一半。2013年以前，从事居民服务业的农民工数量比从事批发零售业的农民工数量多。自2013年起，从事批发零售业的农民工数量超过从事居民服务业的农民工数量。从事交通运输、仓储和邮政业、住宿餐饮业的农民工数量和比例变化不大。

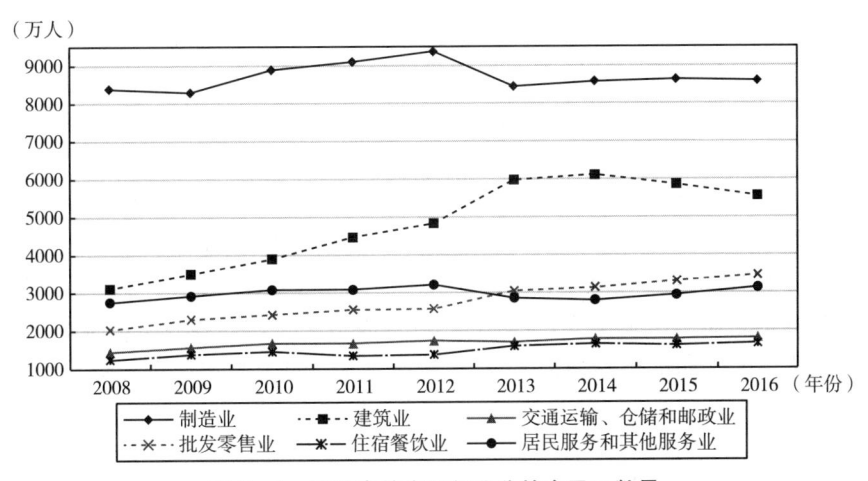

图3-1 按从事的主要行业分的农民工数量

资料来源："农民工监测调查报告"（历年），中国信息报（网络版），http://www.zgxxb.com.cn/。

在对每个行业的农民工个体进行抽样时，根据行业特点采取两种不同方式。一是对于工作和生活相对集中的建筑业、制造业和部分批发零售业的农民工，采取调研员分组统一到单位进行调查的方法，由单位负责人提供名单随机选取，平均每个单位调查10~20名农民工。二是对于工作和生活相对分散的交通运输、仓储和邮政业、住宿餐饮业和居民服务业等行业的农民工，由学生自行到农民工工作场地或居住地进行调研。

本调研的内容主要包括以下几个方面：被访者基本情况、家庭资源和生产情况、外出务工时间和居住情况、在工作地的日常消费情况（最近1个月）、最近 24 小时内用餐情况（早餐、午餐、晚餐、加餐和零食）等。为了能够对农民工的粮食消费进行准确估计，本课题组还进行了三套系数的调研：（1）主副食折算系数，即主食（米及制品、面及制品、其他谷类制品）和副食（炒菜等）与稻谷、面粉、其他谷类和动物性产品（肉禽及制品、蛋及制品、奶及制品、水产品）的转换系数；（2）成品粮原粮转换系数，即稻谷、面粉、其他谷类与水稻、小麦、杂粮的转换系数；（3）动物性产品耗粮系数，即动物性产品（肉禽及制品、蛋及制品、奶及制品、水产品）与饲料粮的转换系数（见附表2和附表3）。

本调研的食物消费部分采用的是"最近24小时内用餐"法，这一方法存在的最大问题是用最近24小时内用餐情况来估计全年粮食消费可能会由于季节性而导致偏差。因此，我们采用了两种方法进行校正，一是在问卷中设置了一个问题，要求其回答本次调研的食物消费水平，与其全年平均水平相比是高还是低，并填写高或低的比例；二是在2014年专门增加了电话调研，并在不同季节对其食物消费进行跟踪调研，这样可以获取农民工不同季节的"最近24小时内用餐"的情况，从而提高对农民工全年粮食消费估计的准确性。同时，笔者在进行数据统计时，按照调查时间（星期一至星期日）分行业对被调查者最近24小时食物消费情况进行统计，发现每个行业农民工一周七天（星期一至星期日）的面及制品、米及制品、肉禽及制品、奶及制品和水产品的消费量差异很小，进一步说明了本调研数据具有较好的代表性。

3.2 样本农民工基本情况统计分析

2013年的样本点为广东、浙江、山东、河南、四川和北京六省份，2014年的样本点为广东、浙江、山东、四川和北京五省份。两年共收回问卷7495份，其中2013年和2014年分别为3502份和3993份。下面对样本农民工的基本情况进行统计分析。

3.2.1 个体特征情况

从性别结构来看，男性农民工4625人，女性农民工2870人，占比分别为

61.71%和38.29%。其中，2013年和2014年的男性比例有所下降，分别为66.68%和57.35%；女性比例有所提高，分别为33.32%和42.65%（见表3-1）。

表3-1　　　　　　　　样本农民工的性别比例　　　　　　　单位：人，%

性别	2013年		2014年		两年合计	
	人数	比例	人数	比例	人数	比例
男	2335	66.68	2290	57.35	4625	61.71
女	1167	33.32	1703	42.65	2870	38.29
合计	3502	100.00	3993	100.00	7495	100.00

资料来源：作者依据调研数据整理。

从年龄结构来看，农民工主要以青壮年为主，年龄集中在21~50岁。其中，21~30岁的占比为38.83%，31~40岁的占比为21.19%，41~50岁的占比为23.86%。而年轻和老年农民工相对较少，二者比例合计为16.12%。就性别差异来看，相比男性农民工，女性农民工更加年轻化（见表3-2）。

表3-2　　　　　　　　样本农民工的年龄分布　　　　　　　单位：人，%

年龄	全体		男		女	
	人数	比例	人数	比例	人数	比例
20岁及以下	493	6.57	278	6.02	215	7.59
21~30岁	2888	38.83	1694	36.64	1194	42.02
31~40岁	1597	21.19	938	20.33	659	22.71
41~50岁	1789	23.86	1138	24.65	651	22.68
50岁以上	718	9.55	570	12.35	148	5.01
合计	7485	100.00	4618	100.00	2867	100.00

资料来源：作者依据调研数据整理。

从婚姻状况来看，男性农民工未婚人数为1471人，占比为31.85%；女性农民工未婚人数为847人，占比为29.53%。男性未婚比例从2013年的34.56%下降为2014年的29.08%，女性未婚比例从2013年的35.51%下降为2014年的25.44%。此外，我们发现农民工的离异等其他情况却增多了，男性由2013年的0.81%增加为2014年的2.67%，女性由2013年的0.51%增加为2014年的2.23%（见表3-3）。

表3-3　　　　　　　　　　样本农民工的婚姻状况　　　　　　　　单位：人，%

婚姻状况		2013年		2014年		两年合计	
		男性	女性	男性	女性	男性	女性
人数	未婚	806	414	665	433	1471	847
	已婚	1507	746	1561	1231	3068	1977
	其他	19	6	61	38	80	44
	合计	2332	1166	2287	1702	4619	2868
比例	未婚	34.56	35.51	29.08	25.44	31.85	29.53
	已婚	64.62	63.98	68.26	72.33	66.42	68.93
	其他	0.81	0.51	2.67	2.23	1.73	1.53
	合计	100.00	100.00	100.00	100.00	100.00	100.00

注：其他主要指离异等特殊情况。
资料来源：作者依据调研数据整理。

从受教育程度来看，样本农民工的文化水平以初中居多，人数为3133人，占比为41.82%。高中文化水平次之，人数为1790人，占比为23.90%。就性别差异来看，男性农民工的文化水平总体高于女性。另外，大专及以上文化水平的农民工有1217人，占比为16.25%（见表3-4）。

表3-4　　　　　　　　　样本农民工的受教育程度　　　　　　　　单位：人，%

受教育程度	男性		女性		合计	
	人数	比例	人数	比例	人数	比例
不识字或识字很少	134	2.90	124	4.32	258	3.44
小学	660	14.28	433	15.10	1093	14.59
初中	1989	43.02	1144	39.89	3133	41.82
高中	1111	24.03	679	23.68	1790	23.90
大专	469	10.14	319	11.12	788	10.52
本科	260	5.62	169	5.89	429	5.73
合计	4623	100.00	2868	100.00	7491	100.00

资料来源：作者依据调研数据整理。

从工资水平来看，2013年农民工的平均月工资水平为2840元，2014年农民工的平均月工资水平为3009元，两年合计的平均月工资水平为2924元。同时，不同个体间的收入水平差异较大。接近60%农民工的月工资水平在3000元以下，平均工资为2388元/月。30%农民工的月工资水平在3000～5000元之间。月工资水平在5000元以上的农民工比例不足10%（见表3-5）。

表3-5　　　　　　　　　样本农民工的工资水平　　　　　　　　单位：人，元

收入	2013年		2014年		两年合计	
	人数	平均工资	人数	平均工资	人数	平均工资
3000元及以下	2113	2382	2278	2394	4391	2388
3001～4000元	722	3706	806	3724	1528	3715
4001～5000元	356	4801	410	4834	766	4818
5000元以上	295	7408	376	8468	671	7938
合计	3486	2840	3870	3009	7356	2924

资料来源：作者依据调研数据整理。

3.2.2　工作特征情况

从务工区域来看，接近一半的农民工在其他省份务工，人数为3676人，占比为49.18%。30.17%的农民工在本省其他县市务工，12.27%的农民工在本县其他乡镇务工，仅有8.38%的农民工在本乡镇内从事非农活动。从2013年和2014年的数据可以看出，在本乡镇内从事非农活动的本地农民工的数量有所增加，从2013年的3.62%增加到2014年的12.54%。本县其他乡镇的农民工数量和比例也有所增加，分别从2013年的389人和11.17%增加到2014年的528人和13.24%。而本省其他县市和其他省份的农民工数量和比例均有所下降（见表3-6）。

从农民工的行业结构分布来看，农民工主要集中于制造业和建筑业，制造业农民工的占比为32.21%，建筑业农民工的占比为26.36%，二者合计58.57%。居民服务业和住宿餐饮业农民工数量次之，占比分别为14.27%和9.06%。从行业分布的性别差异来看，建筑业农民工的性别比例严重不平衡，男性农民工占比为91.51%，女性农民工占比仅为8.49%，这主要是由建筑业的行业性质决定的。制造业农民工的男性和女性比例分别为48.66%和51.34%，男

性略低于女性。住宿餐饮业农民工的男性和女性比例分别为42.86%和57.14%，男性农民工的比例也低于女性农民工的比例（见表3-7）。

表3-6　　　　　　　　　样本农民工的务工区域　　　　　　　　单位：人，%

务工区域	2013年 人数	2013年 比例	2014年 人数	2014年 比例	两年合计 人数	两年合计 比例
本乡镇内	126	3.62	500	12.54	626	8.38
本县其他乡镇	389	11.17	528	13.24	917	12.27
本省其他县市	1158	33.24	1096	27.48	2254	30.17
其他省份	1811	51.98	1864	46.74	3676	49.18
合计	3484	100.00	3988	100.00	7473	100.00

资料来源：作者依据调研数据整理。

表3-7　　　　　　　　　样本农民工的行业分布　　　　　　　　单位：人，%

行业	人数	比例	其中	2013年 人数	2013年 比例	2014年 人数	2014年 比例	两年合计 人数	两年合计 比例
制造业	2390	32.21	男性	534	58.49	629	42.59	1163	48.66
			女性	379	41.51	848	57.41	1227	51.34
建筑业	1956	26.36	男性	877	91.45	913	91.57	1790	91.51
			女性	82	8.55	84	8.43	166	8.49
批发零售	529	7.13	男性	193	50.26	109	75.17	302	57.09
			女性	191	49.74	36	24.83	227	42.91
交通运输	628	8.46	男性	176	79.28	141	34.73	317	50.48
			女性	46	20.72	265	65.27	311	49.52
住宿餐饮	672	9.06	男性	145	47.85	143	38.75	288	42.86
			女性	158	52.15	226	61.25	384	57.14
居民服务	1059	14.27	男性	368	55.93	237	59.10	605	57.13
			女性	290	44.07	164	40.90	454	42.87
其他行业	186	2.51	男性	15	62.50	94	58.02	109	58.60
			女性	9	37.50	68	41.98	77	41.40
合计	7420	100		3463	—	3957	—	7420	—

资料来源：作者依据调研数据整理。

第3章 农民工粮食需求测算

从农民工的工种分布来看，从事极轻体力活农民工的数量和比例分别为1299人和17.51%，从事轻体力活农民工的数量和比例分别为2331人和31.42%，二者人数合计3630人，占比合计48.93%。因而，还有一半以上的农民工从事中度以上体力活，其中，从事中度体力活农民工的数量和占比分别为1817人和24.49%，从事重体力活和极重体力活农民工的人数分别为1139人和832人，占比分别为15.35%和11.22%（见表3-8）。

表3-8　　　　　　　　　样本农民工的工种分布　　　　　　　　单位：人，%

工种	2013年 人数	2013年 比例	2014年 人数	2014年 比例	两年合计 人数	两年合计 比例
极轻体力活	633	18.37	666	16.77	1299	17.51
轻体力活	1012	29.37	1319	33.21	2331	31.42
中度体力活	891	25.86	926	23.31	1817	24.49
重体力活	503	14.60	636	16.01	1139	15.35
极重体力	407	11.81	425	10.70	832	11.22
合计	3446	100.00	3972	100.00	7418	100.00

注：极轻体力活，比如坐着工作（办公室职员、修表工等）；轻体力活，比如站着工作（如售货员、实验室技术人员、教师等）；中度体力活，比如学生、司机、电工等；重体力活，比如农业生产、舞蹈演员、钢铁工人、运动员等；极重体力活，比如装卸工、伐木工、矿工、石匠等。

资料来源：作者依据调研数据整理。

3.3　农民工粮食需求水平与结构分析

我国城镇外来务工人员就业和消费需求调查项目对被调查者最近24小时内摄入的各种食物（早餐、中餐、晚餐、加餐和零食）进行了详细记录，具体包括就餐类型、饮食菜单、数量、重量和支出等。剔除关键信息缺失、回答前后矛盾的样本后，共获得适用于本书的有效样本7299份，其中，北京1366份，广东1329份，浙江1506份，山东1346份，河南586份，四川1166份。

3.3.1 农民工主食消费

整体而言，农民工年人均主食消费量为 190.11 千克，其中，面及制品和米及制品的年人均消费量相当，分别为 78.34 千克和 74.35 千克，分别占主食消费量的 41.21% 和 39.11%。而其他谷类制品的年人均消费量为 37.41 千克，占主食消费量的比例为 19.68%。

从性别结构来看，女性农民工消费面及制品和米及制品的数量比男性农民工少，女性农民工和男性农民工消费其他谷类制品的数量差不多，而女性农民工和男性农民工对于三种主食的消费比例略有差异。如表 3-9 所示，女性农民工的年人均主食消费量为 168.39 千克，其中，面及制品、米及制品、其他谷类制品的年人均消费量分别为 63.17 千克、67.06 千克和 38.16 千克，占比分别为 37.51%、39.82% 和 22.66%。男性农民工的年人均主食消费量为 203.99 千克，其中，面及制品、米及制品、其他谷类制品的年人均消费量分别为 88.67 千克、78.29 千克和 37.03 千克，占比分别为 43.47%、38.38% 和 18.15%。

从年龄结构来看，随着年龄的增长，主食消费量逐渐增加，并且不同年龄段农民工的三种主食消费比例基本一致。如表 3-9 所示，20 岁及以下农民工的年人均主食消费量为 170.63 千克，其中，面及制品、米及制品、其他谷类制品的年人均消费量分别为 69.67 千克、70.36 千克和 30.60 千克，占比分别为 40.83%、41.24% 和 17.93%。21~30 岁农民工的年人均主食消费量为 185.05 千克，其中，面及制品、米及制品、其他谷类制品的年人均消费量分别为 72.87 千克、72.83 千克和 39.34 千克，占比分别为 39.38%、39.36% 和 21.26%。31~40 岁农民工的年人均主食消费量为 191.39 千克，其中，面及制品、米及制品、其他谷类制品的年人均消费量分别为 77.84 千克、77.36 千克和 36.19 千克，占比分别为 40.67%、40.42% 和 18.91%。41~50 岁农民工的年人均主食消费量为 193.37 千克，其中，面及制品、米及制品、其他谷类制品的年人均消费量分别为 82.96 千克、72.83 千克和 37.58 千克，占比分别为 42.90%、37.66% 和 19.44%。50 岁以上农民工的年人均主食消费量为 203.29 千克，其中，面及制品、米及制品、其他谷类制品的年人均消费量分别为 95.06 千克、69.16 千克和 39.07 千克，占比分别为 46.76%、34.02% 和 19.22%。

表 3-9　　　　　　　农民工人均主食（成品）消费量　　　单位：千克/年,%

类别	面及制品 数量	面及制品 比重	米及制品 数量	米及制品 比重	其他谷类制品 数量	其他谷类制品 比重	合计
女	63.17	37.51	67.06	39.82	38.16	22.66	168.39
男	88.67	43.47	78.29	38.38	37.03	18.15	203.99
20岁及以下	69.67	40.83	70.36	41.24	30.60	17.93	170.63
21~30岁	72.87	39.38	72.83	39.36	39.34	21.26	185.05
31~40岁	77.84	40.67	77.36	40.42	36.19	18.91	191.39
41~50岁	82.96	42.90	72.83	37.66	37.58	19.44	193.37
50岁以上	95.06	46.76	69.16	34.02	39.07	19.22	203.29
制造业	59.54	32.42	84.27	45.89	39.83	21.69	183.64
建筑业	106.11	50.18	67.43	31.89	37.92	17.93	211.46
批发零售	71.43	42.04	66.94	39.40	31.52	18.56	169.89
交通运输	86.46	46.65	66.15	35.69	32.72	17.65	185.33
住宿餐饮	61.08	35.14	75.12	43.22	37.62	21.64	173.82
居民服务	80.14	42.90	67.43	36.09	39.26	21.01	186.83
其他行业	67.27	40.65	62.13	37.54	36.10	21.81	165.50
总体平均	78.34	41.21	74.35	39.11	37.41	19.68	190.11

资料来源：作者依据调研数据整理。

从行业结构来看，建筑业农民工的主食消费量最多，其他行业农民工的主食消费量在165千克至191千克之间，不同行业农民工的三种主食消费比例变化较大。如表3-9所示，从事制造业的农民工的年人均主食消费量为183.64千克，其中，面及制品、米及制品、其他谷类制品的年人均消费量分别为59.54千克、84.27千克和39.83千克，占比分别为32.42%、45.89%和21.69%。从事建筑业的农民工的年人均主食消费量为211.46千克，其中，面及制品、米及制品、其他谷类制品的年人均消费量分别为106.11千克、67.43千克和37.92千克，占比分别为50.18%、31.89%和17.93%。从事批发零售业的农民工的年人均主食消费量为169.89千克，其中，面及制品、米及制品、其他谷类制品的年人均消费量分别为71.43千克、66.94千克和31.52千克，占比分别为42.04%、39.40%和18.56%。从事交通运输和仓储邮政业的农民工的年人均主食消费量为185.33千克,其中,面及制品、米及制品、其他谷类制品的年人均消费量分别为86.46千克、66.15千克和32.72千克,占比分别为46.65%、35.69%和17.65%。从事住宿餐饮业的农民工的年人均主食消费量为173.82千克,其中,面及制品、米及制品、其他谷类制品的年人均消费量分别为61.08千克、75.12千克和37.62千克,占比分别为35.14%、43.22%和21.64%。从事居民服务业的农民工的年人均主食消费量为186.83千克,其中,面及制品、米及制品、其他谷类制品的年人均消费量分别为80.14千克、67.43千克和39.26千克,占比分别为42.90%、36.09%和21.01%。从事其他行业的农民工的年人均主食消费量为165.50千克,其中,面及制品、米及制品、其他谷类制品的年人均消费量分别为67.27千克、62.13千克和36.10千克,占比分别为40.65%、37.54%和21.81%。

分地区来看,如表3-10所示,河南农民工的年人均主食消费量最多,为307.40千克,其中,面及制品的消费量超过一半,米及制品占比为19.27%,其他谷类制品占比为25.69%。山东农民工的年人均主食消费量次之,为199.11千克。其中,面及制品、米及制品和其他谷类制品的消费量分别为128.14千克、32.96千克和38.01千克,所占比例分别为64.36%、16.56%和19.09%。北京和浙江农民工的年人均主食消费量差不多,分别为180.28千克和188.42千克。其中,北京农民工的年人均面及制品、米及制品和其他谷类制品的消费量分别为96.64千克、57.74千克和25.90千克,所占比例分别为53.60%、32.03%和14.37%。浙江农民工的年人均面及制品、米及制品和其他谷类制品的消费量分别为47.09千克、89.49千克和51.84千克,所占比例分别为24.99%、47.50%和27.51%。广东农民工的年人均主食消费量为176.38千克。其中,面及制品、米及制品和其他谷类制品的消费量分别为34.44千克、114.46千克和27.48千克,所占比例分别为19.53%、64.89%和15.58%。四川农民工的年人均主食消费量最少,为150.44千克。其中,面及制品、米及制品和其他谷类制品的消费量分别为43.85千克、84.43千克和22.16千克,所占比例分别为29.15%、56.12%和14.73%。由此可见,河南和山东农民工的主食以面食为主,浙江、广东、四川农民工的主食以米及制品为主,北京农民工消费的面食比米及制品多一些,这与各地粮食作物的种植结构和居民饮食消费习惯有关。

表 3-10　　　　　　样本省份农民工人均主食（成品）消费量　　　单位：千克/年，%

类别	面及制品 数量	面及制品 比重	米及制品 数量	米及制品 比重	其他谷类制品 数量	其他谷类制品 比重	合计
北京	96.64	53.60	57.74	32.03	25.90	14.37	180.28
山东	128.14	64.36	32.96	16.56	38.01	19.09	199.11
浙江	47.09	24.99	89.49	47.50	51.84	27.51	188.42
河南	169.20	55.04	59.23	19.27	78.96	25.69	307.40
广东	34.44	19.53	114.46	64.89	27.48	15.58	176.38
四川	43.85	29.15	84.43	56.12	22.16	14.73	150.44
总体平均	78.34	41.21	74.35	39.11	37.41	19.68	190.11

资料来源：作者依据调研数据整理。

从表 3-10 统计数据直观来看，河南比山东农民工的年人均主食消费大约多 100 千克，这里需要说明的是：第一，河南的样本点是郑州和安阳，山东的样本点是济南和青岛，因而尽管河南和山东相邻，但两个省选取的样本点距离较远，居民的饮食习惯和结构存在差异；第二，河南样本中从事建筑行业农民工的比例较高，这在一定程度上推升了主食消费量的平均水平；第三，此处山东的数据是 2013 年和 2014 年的平均值，而河南仅是 2013 年的数据，考虑到河南样本中建筑行业农民工比例较高，河南的统计数据可能偏高，相对来说，山东的数据更具有代表性。

就主食消费量而言，农民工在性别结构、行业结构和不同地区的差异较大，在年龄结构上的差异较小。就主食消费结构而言，农民工在性别结构和年龄结构上基本类似，在行业结构和不同地区的三种主食消费比例差异大。

3.3.2　农民工动物性产品消费

整体而言，农民工年人均动物性产品消费量为 73.60 千克，其中，肉禽及制品的消费量最多，为 50.19 千克；蛋及制品次之，为 10.25 千克；奶及制品和水产品分别为 6.15 千克和 7.01 千克。肉禽及制品、蛋及制品、奶及制品和水产品消费量的占比分别为 68.19%、13.93%、8.36% 和 9.52%。

从性别结构来看，女性农民工和男性农民工在动物性产品的消费数量上没有明显差异，在消费结构上略有差异。如表 3-11 所示，女性农民工的年人均动物性产品消费量为67.46千克,其中,肉禽及制品、蛋及制品、奶及制品、水产品的年人均消费量分别为42.69千克、10.11千克、7.28千克、7.38千克,占比分别为63.28%、14.98%、10.80%、10.93%。男性农民工的年人均动物性产品消费量为77.31千克,其中,肉禽及制品、蛋及制品、奶及制品、水产品的年人均消费量分别为54.22千克、10.73千克、5.55千克、6.82千克,占比分别为70.13%、13.87%、7.18%、8.82%。

表3-11　　　　　农民工人均动物性产品(成品)消费量　　　单位:千克/年,%

类别	肉禽及制品 数量	肉禽及制品 比例	蛋及制品 数量	蛋及制品 比例	奶及制品 数量	奶及制品 比例	水产品 数量	水产品 比例	合计
女	42.69	63.28	10.11	14.98	7.28	10.80	7.38	10.93	67.46
男	54.22	70.13	10.73	13.87	5.55	7.18	6.82	8.82	77.31
20岁及以下	46.97	67.21	9.18	13.14	9.88	14.14	3.85	5.51	69.89
21~30岁	51.40	65.34	11.85	15.06	7.48	9.51	7.94	10.09	78.66
31~40岁	49.97	65.39	10.60	13.87	6.44	8.43	9.40	12.30	76.42
41~50岁	49.69	71.69	9.47	13.66	3.84	5.54	6.31	9.11	69.31
50岁以上	46.49	75.64	8.42	13.71	3.41	5.55	3.14	5.11	61.47
制造业	50.84	65.97	9.95	12.91	8.03	10.42	8.25	10.70	77.07
建筑业	54.72	71.71	11.93	15.63	3.22	4.22	6.43	8.43	76.31
批发零售	51.98	68.09	11.98	15.70	6.68	8.75	5.70	7.46	76.35
交通运输	44.26	67.71	10.98	16.80	6.00	9.17	4.13	6.32	65.36
住宿餐饮	47.12	66.27	11.18	15.72	7.11	10.01	5.69	8.00	71.10
居民服务	41.56	65.32	11.53	18.12	5.12	8.04	5.42	8.51	63.63
其他行业	45.63	63.85	9.26	12.96	11.67	16.33	4.90	6.86	71.46
总体平均	50.19	68.19	10.25	13.93	6.15	8.36	7.01	9.52	73.60

资料来源:作者依据调研数据整理。

从年龄结构来看,随着年龄的增长,动物性产品消费量先增加后减小,21~30岁农民工的动物性产品消费量最大,不同年龄段农民工的动物性产品消费比例差异较小。如表3-11所示,20岁及以下农民工的年人均动物性产品消费量为69.89千克,其中,肉禽及制品、蛋及制品、奶及制品、水产品的年人均消费量分别为46.97千克、9.18千克、9.88千克、3.85千克,占比分别为

67.21%、13.14%、14.14%、5.51%。21~30 岁农民工的年人均动物性产品消费量为 78.66 千克，其中，肉禽及制品、蛋及制品、奶及制品、水产品的年人均消费量分别为 51.40 千克、11.85 千克、7.48 千克、7.94 千克，占比分别为 65.34%、15.06%、9.51%、10.09%。31~40 岁农民工的年人均动物性产品消费量为 76.42 千克，其中，肉禽及制品、蛋及制品、奶及制品、水产品的年人均消费量分别为 49.97 千克、10.60 千克、6.44 千克、9.40 千克，占比分别为 65.39%、13.87%、8.43%、12.30%。41~50 岁农民工的年人均动物性产品消费量为 69.31 千克，其中，肉禽及制品、蛋及制品、奶及制品、水产品的年人均消费量分别为 49.69 千克、9.47 千克、3.84 千克、6.31 千克，占比分别为 71.69%、13.66%、5.54%、9.11%。50 岁以上农民工的年人均动物性产品消费量为 61.47 千克，其中，肉禽及制品、蛋及制品、奶及制品、水产品的年人均消费量分别为 46.49 千克、8.42 千克、3.41 千克、3.14 千克，占比分别为 75.64%、13.71%、5.55%、5.11%。

从行业结构来看，制造业农民工的动物性产品消费量最多，其他行业农民工的动物性产品消费量在 63 千克至 76 千克之间，不同行业农民工的动物性产品消费比例差异较小。如表 3-11 所示，从事制造业的农民工的年人均动物性产品消费量为 77.07 千克，其中，肉禽及制品、蛋及制品、奶及制品、水产品的年人均消费量分别为 50.84 千克、9.95 千克、8.03 千克、8.25 千克，占比分别为 65.97%、12.91%、10.42%、10.70%。从事建筑业的农民工的年人均动物性产品消费量为 76.31 千克，其中，肉禽及制品、蛋及制品、奶及制品、水产品的年人均消费量分别为 54.72 千克、11.93 千克、3.22 千克、6.43 千克，占比分别为 71.71%、15.63%、4.22%、8.43%。从事批发零售业的农民工的年人均动物性产品消费量为 76.35 千克，其中，肉禽及制品、蛋及制品、奶及制品、水产品的年人均消费量分别为 51.98 千克、11.98 千克、6.68 千克、5.70 千克，占比分别为 68.09%、15.70%、8.75%、7.46%。从事交通运输和仓储邮政业的农民工的年人均动物性产品消费量为 65.36 千克，其中，肉禽及制品、蛋及制品、奶及制品、水产品的年人均消费量分别为 44.26 千克、10.98 千克、6.00 千克、4.13 千克，占比分别为 67.71%、16.80%、9.17%、6.32%。从事住宿餐饮业的农民工的年人均动物性产品消费量为 71.10 千克，其中，肉禽及制品、蛋及制品、奶及制品、水产品的年人均消费量分别为 47.12 千克、11.18 千克、7.11 千克、5.69 千克，占比分别为 66.27%、15.72%、10.01%、8.00%。从事居民服务业的农民工的年人均动物性产品消费量为63.63千克,肉禽及制品、蛋及制品、奶及制品、水产品的年人均消费量分别为41.56千克、11.53千克、5.12千克、5.42千克,占比分别为65.32%、18.12%、8.04%、8.51%。从事其他行业的农民工的年人均动物性产品消费量为71.46千克,其中,肉禽及制品、蛋及制品、奶及制品、水产品的年人均消费量分别为45.63千克、9.26千克、11.67千克、4.90千克,占比分别为63.85%、12.96%、16.33%、6.86%。

分地区来看,如表3-12所示,广东农民工的年人均动物性产品消费量最多,为97.49千克,其中,肉禽及制品的消费量超过67%,蛋及制品、奶及制品和水产品的消费比例相当,均处于9%~14%。浙江农民工的年人均动物性产品消费量次之,为87.90千克,其中,肉禽及制品、蛋及制品、奶及制品和水产品的消费量分别为53.35千克、13.35千克、7.79千克和13.41千克,所占比例分别为60.69%、15.18%、8.86%和15.26%。四川农民工的年人均动物性产品消费量为81.89千克,其中,肉禽及制品、蛋及制品、奶及制品和水产品的消费量分别为62.86千克、8.40千克、7.74千克和2.89千克,所占比例分别为76.77%、10.26%、9.45%和3.53%。北京和山东农民工的年人均动物性产品消费量差不多,分别为58.69千克和58.61千克。其中,北京农民工的年人均肉禽及制品、蛋及制品、奶及制品和水产品的消费量分别为37.15千克、13.38千克、5.49千克和2.67千克,所占比例分别为63.30%、22.80%、9.35%和4.55%。山东农民工的年人均肉禽及制品、蛋及制品、奶及制品和水产品的消费量分别为38.23千克、12.95千克、3.08千克和4.36千克,所占比例分别为65.22%、22.09%、5.26%和7.43%。河南农民工的年人均动物性产品消费量最少,为33.11千克,其中,肉禽及制品、蛋及制品、奶及制品和水产品的消费量分别为18.96千克、11.35千克、1.38千克和1.43千克,所占比例分别为57.25%、34.27%、4.17%和4.31%。由此可见,广东、浙江和四川农民工消费的动物性产品较多,北京和山东农民工消费的动物性产品差不多,河南农民工消费的动物性产品最少,这主要与各地的经济发展水平和居民的饮食消费习惯有关。此外,河南农民工消费的动物性产品最少与其主食消费量大有关。

就动物性产品消费量而言,农民工在年龄结构、行业结构和不同地区的差异较大,在性别结构上差异较小。就动物性产品消费结构而言,农民工在性别结构、年龄结构和行业结构的动物性产品消费比例差异较小,而不同地区农民工的动物性产品消费比例差异较大。

表 3-12　样本省份农民工人均动物性产品（成品）消费量　　单位：千克/年,%

地区	肉禽及制品 数量	肉禽及制品 比例	蛋及制品 数量	蛋及制品 比例	奶及制品 数量	奶及制品 比例	水产品 数量	水产品 比例	合计
北京	37.15	63.30	13.38	22.80	5.49	9.35	2.67	4.55	58.69
山东	38.23	65.22	12.95	22.09	3.08	5.26	4.36	7.43	58.61
浙江	53.35	60.69	13.35	15.18	7.79	8.86	13.41	15.26	87.90
河南	18.96	57.25	11.35	34.27	1.38	4.17	1.43	4.31	33.11
广东	65.87	67.57	9.90	10.15	8.81	9.03	12.91	13.24	97.49
四川	62.86	76.77	8.40	10.26	7.74	9.45	2.89	3.53	81.89
总体平均	50.19	68.19	10.25	13.93	6.15	8.36	7.01	9.52	73.60

资料来源：作者依据调研数据整理。

3.3.3　农民工粮食总需求

1. 口粮需求

按照小麦的出粉率（标准粉）平均为82%，水稻的出米率平均为73%，杂粮的折算率平均为90%，将面及制品、米及制品、其他谷类制品折算为原粮，即口粮。如表3-13所示，总体来看，农民工的年人均口粮消费量为238.96千克，其中，小麦、水稻和杂粮的年人均消费量分别为95.54千克、101.85千克和41.56千克。

表 3-13　　　　　　　农民工人均口粮（原粮）消费量　　　单位：千克/年,%

类别	小麦 数量	小麦 比例	水稻 数量	水稻 比例	杂粮 数量	杂粮 比例	合计
女	77.04	36.46	91.86	43.47	42.40	20.07	211.30
男	108.13	42.15	107.25	41.81	41.15	16.04	256.52
20岁及以下	84.96	39.45	96.39	44.76	34.00	15.79	215.34
21~30岁	88.87	38.25	99.77	42.94	43.71	18.81	232.35
31~40岁	94.93	39.37	105.97	43.95	40.21	16.68	241.11

续表

类别	小麦 数量	小麦 比例	水稻 数量	水稻 比例	杂粮 数量	杂粮 比例	合计
41~50岁	101.17	41.69	99.76	41.11	41.76	17.21	242.69
50岁以上	115.92	45.63	94.74	37.29	43.42	17.09	254.07
制造业	72.61	31.26	115.44	49.69	44.25	19.05	232.30
建筑业	129.40	49.03	92.37	35.00	42.13	15.97	263.91
批发零售	87.10	40.74	91.70	42.88	35.03	16.38	213.83
交通运输	105.44	45.37	90.62	38.99	36.36	15.64	232.41
住宿餐饮	74.49	33.98	102.91	46.95	41.80	19.07	219.19
居民服务	97.74	41.82	92.37	39.52	43.62	18.66	233.72
其他行业	82.04	39.58	85.11	41.06	40.11	19.35	207.26
总体平均	95.54	39.98	101.85	42.62	41.56	17.39	238.96

注：小麦的出粉率（标准粉）平均为82%，水稻的出米率平均为73%，杂粮的折算率平均为90%。

资料来源：作者依据调研数据整理。

从性别结构来看，男性农民工比女性农民工的口粮消费多。其中，女性农民工和男性农民工的杂粮消费量差不多，而男性消费的水稻和小麦的数量比女性多。从年龄结构来看，口粮消费量随年龄的增长逐渐增加。从行业结构来看，建筑业农民工的口粮消费量最多，为263.91千克。居民服务业次之，为233.72千克。其他行业相对较少，为207.26千克。

分地区来看，如表3-14所示，河南农民工的年人均口粮消费量最多，为375.22千克，其中，小麦的消费量超过一半，水稻和杂粮的消费比例相当，分别为21.62%和23.38%。山东农民工的年人均口粮消费量次之，为243.66千克，其中，小麦、水稻和杂粮分别为156.27千克、45.16千克和42.23千克，所占比例分别为64.14%、18.53%和17.33%。北京和浙江农民工的年人均口粮消费量差不多，分别为225.73千克和237.62千克。其中，北京农民工的年人均小麦、水稻和杂粮的消费量分别为117.85千克、79.10千克和28.78千克，所占比例分别为52.21%、35.04%和12.75%。浙江农民工的年人均小麦、水稻和杂粮的消费量分别为57.42千克、122.59千克和57.60千克，所占比例分别为24.17%、51.59%和24.24%。广东和四川农民工的年人均口粮消费量较少，分别为229.32千克和193.75千克。其中，广东农民工的年人均小麦、水稻和杂粮的消费量分别为42.00千克、156.79千克和30.53千克,所占比例分别为18.31%、68.37%和13.31%。四川农民工的年人均小麦、水稻和杂粮的消费量分别为53.48千克、115.65千克和24.62千克,所占比例分别为27.60%、59.69%和12.71%。

表3-14 样本省份农民工人均口粮(原粮)消费量 单位:千克/年,%

地区	小麦 数量	小麦 比例	水稻 数量	水稻 比例	杂粮 数量	杂粮 比例	合计
北京	117.85	52.21	79.10	35.04	28.78	12.75	225.73
山东	156.27	64.14	45.16	18.53	42.23	17.33	243.66
浙江	57.42	24.17	122.59	51.59	57.60	24.24	237.62
河南	206.35	54.99	81.14	21.62	87.74	23.38	375.22
广东	42.00	18.31	156.79	68.37	30.53	13.31	229.32
四川	53.48	27.60	115.65	59.69	24.62	12.71	193.75
总体平均	95.54	39.98	101.85	42.62	41.56	17.39	238.96

注:小麦的出粉率(标准粉)平均为82%,水稻的出米率平均为73%,杂粮的折算率平均为90%。

资料来源:作者依据调研数据整理。

就口粮消费量而言,农民工在性别结构、行业结构和不同地区的差异较大,在年龄结构上的差异较小。就口粮消费结构而言,农民工在性别结构和年龄结构上基本类似,在行业结构和不同地区的三种粮食消费比例差异大。

2. 消费动物性产品引致的饲料粮需求

将肉禽及制品、蛋及制品、奶及制品和水产品分别按照1:3.57、1:2.37、1:0.45和1:1.40的粮食转化率折算为原粮,即消费动物性产品引致的饲料粮。如表3-15所示,总体来看,农民工消费动物性产品引致的饲料粮需求每年人均为216.04千克。其中,肉禽及制品耗粮为179.17千克,蛋及制品耗粮为24.29千克,水产品和奶及制品耗粮较少,分别为9.81千克和2.77千克。

从性别结构来看,女性农民工消费动物性产品引致的饲料粮需求少于男性农民工。从年龄结构来看,不同年龄段农民工消费动物性产品引致的饲料粮需求存在差异,青壮年农民工消费动物性产品引致的饲料粮需求较大。从行业结构来看,制造业、建筑业、批发零售业和住宿餐饮业农民工消费动物性产品引致的饲料粮需求较大,居民服务业农民工消费动物性产品引致的饲料粮需求较小。

表 3-15　　　　农民工人均动物性产品(原粮)消费量　　　单位:千克/年,%

类别	肉禽及制品 数量	肉禽及制品 比例	蛋及制品 数量	蛋及制品 比例	奶及制品 数量	奶及制品 比例	水产品 数量	水产品 比例	合计
女	152.41	80.23	23.96	12.61	3.28	1.73	10.33	5.44	189.97
男	193.55	83.78	25.42	11.00	2.50	1.08	9.54	4.13	231.01
20岁及以下	167.70	84.14	21.76	10.92	4.45	2.23	5.39	2.71	199.29
21~30岁	183.49	81.17	28.08	12.42	3.37	1.49	11.12	4.92	226.04
31~40岁	178.40	81.24	25.12	11.44	2.90	1.32	13.16	5.99	219.58
41~50岁	177.38	84.31	22.44	10.67	1.73	0.82	8.84	4.20	210.39
50岁以上	165.99	86.50	19.97	10.41	1.53	0.80	4.40	2.29	191.89
制造业	181.51	82.41	23.57	10.70	3.62	1.64	11.55	5.24	220.25
建筑业	195.35	83.45	28.27	12.08	1.45	0.62	9.01	3.85	234.08
批发零售	185.58	82.49	28.40	12.62	3.01	1.34	7.98	3.55	224.97
交通运输	157.99	82.08	26.02	13.52	2.70	1.40	5.78	3.00	192.49
住宿餐饮	168.22	81.71	26.49	12.87	3.20	1.55	7.96	3.87	205.88
居民服务	148.38	79.95	27.33	14.73	2.30	1.24	7.59	4.09	185.60
其他行业	162.89	82.70	21.95	11.14	5.25	2.67	6.86	3.48	196.96
总体平均	179.17	82.93	24.29	11.24	2.77	1.28	9.81	4.54	216.04

注:肉禽及制品、蛋及制品、奶及制品和水产品分别按照1:3.57、1:2.37、1:0.45和1:1.40的粮食转化率折算为原粮。

资料来源:作者依据调研数据整理。

分地区来看,如表3-16所示,广东农民工消费动物性产品引致的饲料粮需求最大,为280.65千克,其中消费肉禽及制品、蛋及制品、奶及制品和水产品耗用的饲料粮分别为235.15千克、23.46千克、3.96千克和18.08千克。四川和浙江农民工消费动物性产品引致的饲料粮需求次之,分别为251.86千克和244.37千克。其中,四川农民工消费肉禽及制品、蛋及制品、奶及制品和水产品耗用的饲料粮分别为224.42千克、19.91千克、3.48千克和4.05千克。浙江农民工消费肉禽及制品、蛋及制品、奶及制品和水产品耗用的饲料粮分别为190.45千克、31.63千克、3.50千克和18.78千克。山东和北京农民工消费动物性产品引致的饲料粮需求差不多，分别为174.64千克和170.54千克。其中，山东农民工消费肉禽及制品、蛋及制品、奶及制品和水产品耗用的饲料粮分别为136.47千克、30.68千克、1.39千克和6.10千克。北京农民工消费肉禽及制品、蛋及制品、奶及制品和水产品耗用的饲料粮分别为132.62千克、31.71千克、2.47千克和3.74千克。河南农民工消费动物性产品引致的饲料粮需求最小，为97.19千克。其中，消费肉禽及制品、蛋及制品、奶及制品和水产品耗用的饲料粮分别为67.67千克、26.89千克、0.62千克和2.00千克。

表3-16 样本省份农民工人均动物性产品（原粮）消费量　　　　单位：千克/年，%

地区	肉禽及制品 数量	肉禽及制品 比例	蛋及制品 数量	蛋及制品 比例	奶及制品 数量	奶及制品 比例	水产品 数量	水产品 比例	合计
北京	132.62	77.76	31.71	18.59	2.47	1.45	3.74	2.19	170.54
山东	136.47	78.14	30.68	17.57	1.39	0.79	6.10	3.49	174.64
浙江	190.45	77.94	31.63	12.94	3.50	1.43	18.78	7.69	244.37
河南	67.67	69.63	26.89	27.67	0.62	0.64	2.00	2.06	97.19
广东	235.15	83.79	23.46	8.36	3.96	1.41	18.08	6.44	280.65
四川	224.42	89.11	19.91	7.90	3.48	1.38	4.05	1.61	251.86
总体平均	179.17	82.93	24.29	11.24	2.77	1.28	9.81	4.54	216.04

注：肉禽及制品、蛋及制品、奶及制品和水产品分别按照1:3.57、1:2.37、1:0.45和1:1.40的粮食转化率折算为原粮。

资料来源：作者依据调研数据整理。

就消费动物性产品引致的饲料粮需求量而言，不同地区农民工的差异较大，而在性别结构、年龄结构和行业结构上差别较小。就消费动物性产品引致的饲料粮需求结构而言，农民工在性别结构、年龄结构和行业结构的动物性产品消费比例略有差异，不同地区间的动物性产品消费比例差异较大。

3. 粮食总需求

综合口粮消费和动物性产品消费引致的饲料粮需求，可以得到农民工的粮食（原粮）总需求。如表 3-17 所示，总体来看，农民工的年人均粮食需求量为 455.00 千克，其中，口粮消费量为 238.96 千克，由动物性产品消费引致的饲料粮需求量为 216.04 千克，占比分别为 52.52% 和 47.48%。无论是从性别结构、年龄结构还是行业结构来看，农民工口粮消费和消费动物性产品引致的饲料粮需求基本上各占一半。

表 3-17　　　　　农民工人均粮食（原粮）需求量　　　　单位：千克/年，%

类别	口粮 数量	口粮 比例	饲料粮 数量	饲料粮 比例	合计
女	211.30	52.66	189.97	47.34	401.27
男	256.52	52.62	231.01	47.38	487.54
20 岁及以下	215.34	51.94	199.29	48.06	414.64
21~30 岁	232.35	50.69	226.04	49.31	458.40
31~40 岁	241.11	52.34	219.58	47.66	460.69
41~50 岁	242.69	53.57	210.39	46.43	453.08
50 岁以上	254.07	56.97	191.89	43.03	445.96
制造业	232.30	51.33	220.25	48.67	452.55
建筑业	263.91	52.99	234.08	47.01	497.99
批发零售	213.83	48.73	224.97	51.27	438.80
交通运输	232.41	54.70	192.49	45.30	424.90
住宿餐饮	219.19	51.57	205.88	48.43	425.07
居民服务	233.72	55.74	185.60	44.26	419.33
其他行业	207.26	51.27	196.96	48.73	404.22
总体平均	238.96	52.52	216.04	47.48	455.00

资料来源：作者依据调研数据整理。

分地区来看，如表 3-18 所示，不同地区农民工的年人均粮食需求量差异较大。广东农民工的年人均粮食需求量最大，为 509.98 千克，口粮和消费动物性产品引致的饲料粮占比分别为 44.97% 和 55.03%。浙江和河南农民工的年人均粮食需求量次之，分别为 481.99 千克和 472.41 千克。但两省农民工消费的口粮和消费动物性产品引致的饲料粮占比差异较大，浙江农民工口粮消费和消费动物性产品引致的饲料粮需求基本上各占一半，而河南农民工口粮消费占将近80%，消费动物性产品引致的饲料粮需求仅占20%。四川农民工的年人均粮食需求量为445.61千克，口粮和消费动物性产品引致的饲料粮占比分别为43.48%和56.52%。山东农民工的年人均粮食需求量为418.30千克，口粮和消费动物性产品引致的饲料粮占比分别为58.25%和41.75%。北京农民工的年人均粮食需求量最小，为396.27千克，口粮和消费动物性产品引致的饲料粮占比分别为56.96%和43.04%。

表3-18　　　　样本省份农民工人均粮食（原粮）需求量　　　　单位：千克/年，%

地区	口粮 数量	口粮 比例	饲料粮 数量	饲料粮 比例	合计
北京	225.73	56.96	170.54	43.04	396.27
山东	243.66	58.25	174.64	41.75	418.30
浙江	237.62	49.30	244.37	50.70	481.99
河南	375.22	79.43	97.19	20.57	472.41
广东	229.32	44.97	280.65	55.03	509.98
四川	193.75	43.48	251.86	56.52	445.61
总体平均	238.96	52.52	216.04	47.48	455.00

资料来源：作者依据调研数据整理。

从粮食需求总量来看，男性农民工比女性农民工的粮食需求量多，平均每人年均需求量多86.27千克。随着年龄增长，农民工的粮食需求量先增加后减小，31~40岁这个年龄段的农民工的粮食需求量最多。不同行业农民工的粮食需求量差异较大，从事建筑业农民工的粮食需求量最大为497.99千克，从事制造业农民工的粮食需求量次之为452.55千克，从事其他行业农民工的粮食需求量在404千克至438千克之间。不同地区农民工的年人均粮食需求量差异较大。广东农民工的年人均粮食需求量最大为509.98千克，浙江农民工的年人均粮食需求量次之为481.99千克，北京农民工的年人均粮食需求量最小为396.27千克。农民工在性别结构、年龄结构和行业结构的口粮和由动物性产品引致的饲料粮消费比例基本各占50%左右。而不同地区间的口粮和由动物性产品引致的饲料粮消费比例差异较大，北京和山东农民工的口粮消费和消费动物性产品引致的饲料粮需求的占比约为60%和40%，浙江农民工的口粮消费和消费动物性产品引致的饲料粮需求基本各占50%左右，广东和四川农民工的口粮消费和消费动物性产品引致的饲料粮需求的占比约为45%和55%，河南农民工的口粮消费和消费动物性产品引致的饲料粮需求的占比约为80%和20%。这可能与不同地区农民工的收入水平和消费习惯有关。

这里需要说明的是：第一，上述研究是按照一年365天计算的人均年消费量。实际上，部分农民工在春节期间要返乡过节，因此需要调查其每年过节的时间，此处并没有考虑这一点，这将导致估计结果偏高。如果按照回家过节时间为半个月至一个月计算，则粮食需求被高估了4.11%~8.33%；第二，农民工粮食消费中，除了米、面、杂粮、肉禽、蛋、奶和水产品以外，统计中还有被漏掉的部分，比如酒类等的消费，这又将导致估计结果偏低。所以，综合考虑上述分析，我们认为这两者基本上可以相互抵消。

3.4 本章小结

本章首先对国家统计局关于农民工的调研以及中国农业大学农业农村发展研究院和中国农业大学经济管理学院粮食经济研究团队关于农民工粮食需求的调研进行了详细说明，然后对样本农民工的基本情况进行了描述性统计分析，最后从口粮需求、消费动物性产品引致的饲料粮需求和粮食总需求三个方面对农民工的粮食需求水平和结构进行了描述性统计分析。主要得出以下研究结论：

（1）农民工年人均主食消费量为190.11千克，其中，面及制品和米及制品的年人均消费量相当，分别占主食消费量的41.21%和39.11%，而其他谷类制品占主食消费量的比例为19.68%。就主食消费量而言，农民工在性别结构、行业结构和不同地区的差异较大，在年龄结构上的差异较小。就主食消费结构而言，农民工在性别结构和年龄结构上基本类似，在行业结构和不同地区的三种主食消费比例差异大。

（2）农民工年人均动物性产品消费量为73.60千克，其中，肉禽及制品的消费量最多，蛋及制品次之，肉禽及制品、蛋及制品、奶及制品和水产品消费量的占比分别为68.19%、13.93%、8.36%和9.52%。就动物性产品消费量而言，农民工在年龄结构、行业结构和不同地区的差异较大，在性别结构上差异较小。就动物性产品消费结构而言，农民工在性别结构、年龄结构和行业结构的动物性产品消费比例差异较小，而不同地区农民工的动物性产品消费比例差异较大。

（3）农民工年人均粮食需求量为455.00千克，其中，口粮消费量为238.96千克，由动物性产品消费引致的饲料粮需求量为216.04千克，占比分别为52.52%和47.48%。无论是从性别结构、年龄结构还是行业结构来看，农民工口粮消费和消费动物性产品引致的饲料粮需求基本上各占一半。而不同地区农民工的年人均粮食需求量和需求结构的差异较大。广东农民工年人均粮食需求量最大，浙江和河南次之，北京最小。对于口粮和消费动物性产品引致的饲料粮需求二者的比例，北京和山东农民工占比约为60%和40%，浙江农民工基本各占50%左右，广东和四川农民工占比约为45%和55%，河南农民工占比约为80%和20%。这可能与不同地区农民工的收入水平和消费习惯有关。

第 4 章

农民工粮食需求影响因素分析

随着经济的高速发展，人们生活水平的提高和生活节奏的加快，食物已不仅是维持生存的必需品，人们也更加注重膳食结构和营养健康。农民工进城以后，对食物需求的多元化和营养品质有了更高要求。农民工的主食和动物性产品消费水平和结构，以及口粮和消费动物性产品引致的饲料粮需求水平和结构在性别、年龄、行业及地区间存在差异。那么，影响农民工口粮、消费动物性产品引致的饲料粮以及粮食总需求的因素有哪些？各个因素的作用程度有多大？本章运用我国城镇外来务工人员就业和消费需求调查项目的数据，分别建立口粮需求、消费动物性产品引致的饲料粮需求和粮食总需求的分位数回归模型对其影响因素进行实证分析。

4.1 研究方法

4.1.1 数据来源与说明

本书使用的数据均来自中国农业大学农业农村发展研究院和中国农业大学经济管理学院粮食经济研究团队合作开展的调查项目——我国城镇外来务工人员就业和消费需求调查项目的数据。该调查于2013年和2014年分别进行了调研，采用分层抽样和随机抽样相结合的方式，共获得适用于本书的有效样本7299份，其中，北京1366份，广东1329份，浙江1506份，山东1346份，河南586份，四川1166份。调查收集了个人和家庭的社会经济特征、家庭资源和生产情况、外出务工时间和居住情况、在工作地的日常消费情况（最近1个月)、最近24小时内用餐情况(早餐、午餐、晚餐、加餐和零食)等。需要说明的是农民工最近24小时内消费各种食物的具体情况在调查中均有详细记录,这为本书提供了重要的数据保障。

4.1.2 变量选取与数据描述

凯恩斯的绝对收入理论认为,消费水平与可支配收入水平呈正相关关系,消费水平随收入水平提高而提高。杜森贝利的相对收入理论从消费者行为出发,认为消费者的消费行为会受到以前的消费习惯和周围人们消费水平的影响,即消费具有"棘轮效应"和"示范效应"。莫迪利安尼的生命周期消费理论认为,人们的消费水平并不是取决于该时期的收入水平,而是取决于更长时期的收入水平,在总资源的约束条件下,他们追求一生的平滑消费。弗里德曼的持久收入消费理论认为,消费者的消费支出与其可以预期的永久收入有关,并不是与其现期收入有主要关系,强调未来收入如何预期的问题。预防性理论认为,消费具有敏感性。在不确定性情况下,收入下降,预防性储蓄增加,从而消费支出降低;当收入增加时,预防性储蓄减少,从而消费支出增加。根据消费理论,食物消费水平受收入水平、受教育程度、财富因素和社会保障制度等社会经济效应的影响。因此,我们在消费理论的基础上需要充分考虑现实社会发展状况,从个体特征、家庭特征、工作特征、时间与籍贯等控制因素四个方面来分析食物消费的影响因素。

1. 个体特征

(1)收入水平。预算约束由个人的收入水平所决定,因此,收入水平是消费行为的重要影响因素。已有研究也表明收入水平直接影响食物消费的水平和结构(黎东升和查金祥,2003;郑志浩和赵殷钰,2012;李隆玲等,2016;邓婷鹤,2016;李隆玲等,2017)。

(2)人口素质。人口素质可以用受教育程度来衡量(Campbell,2006)。从宏观层面看,不同地区的经济发展水平不仅体现在居民的收入水平上,还体现在教育水平上。众所周知,东部经济发展水平较高,其居民的收入水平和受教育程度也高,从而具有更强的健康意识,这将会对个体或家庭的食物消费产生影响。从微观层面看,个体或家庭的受教育程度越高,其膳食行为更加合理健康,食物消费也更加多元化(Samuelson,2004)。本书选取农民工的受教育程度来代表人口素质。

（3）身体健康因素。食物消费不仅受经济方面的影响，在一定程度上也受个体身体健康状况的影响。比如"三高症"患者的食物消费水平和结构可能都会发生相应的改变，他们的食物消费特点是低脂肪、低热量，会经常食用降脂清肠、含有丰富膳食纤维的食物。所以，个体的健康状况会直接影响其饮食行为和结构。本书选取农民工的身体质量指数（BMI指数）作为身体健康因素的代理变量。

（4）社会保障制度因素。从宏观层面看，社会保障具有收入再分配的功能，能够缩小贫富差距，因而能够推高整个社会的消费水平。从微观层面看，医疗保险对居民消费有显著正向促进作用（甘犁等，2010；赵进文等，2010）。社会保障制度的完善能够显著提高个体或家庭的消费水平。本书选取"是否参与养老保险"作为社会保障制度因素的代理变量。

（5）其他个体特征。与男性相比，女性的健康意识更强，膳食结构也更多元化（Prattala et al.，2006）。已有研究表明性别对食物消费有重要的影响作用（唐振柱等，2005；朱旭红，2012）。不同年龄群个体的食物消费存在差异（Horioka，2006；王金营和付秀彬，2006；杨汝岱和陈斌开，2009；茅锐和徐建炜，2014；邓婷鹤，2016）。随着年龄的增加，婚姻状况与健康状况紧密相关（顾大男，2003），同时，是否与配偶生活在一起也会对食物消费产生影响（邓婷鹤，2016）。一般情况下，夫妻两人一起外出务工的，自己做饭的概率较大，在工地集体用餐和在家吃饭的食物消费情况会有所不同。此外，不同民族间的经济发展水平差距较大，并且少数民族具有自己独特的饮食习惯，因此，汉族和其他少数民族的食物消费水平和结构也有所不同（张小飞，2014）。所以，本书对性别、年龄、婚姻状况、是否与配偶生活在一起和民族进行控制。

2. 家庭特征

（1）人口结构因素。人口数量越多的家庭，其食物消费支出越大或者食物消费支出的比例增加（Meenakshi，2002）。人口结构变化会对消费产生影响（李通屏等，2006；李文星等，2009；李春琦等，2009；王宇鹏，2011）。这一般是指家庭成员生活在一起，人口结构对家庭消费产生的影响。然而，大多数农民工并非举家迁移，他们日常的消费和家庭联系并不大，更多是与工友在一起工作和生活。所以，本书选取农民工的家庭外出务工人数作为人口结构因素的代理变量。

（2）财富因素。家庭房屋资产、金融财富及其他资产对居民消费有影响。

房地产财富、金融资产规模等对城镇居民家庭消费均存在着显著正向影响（黄静和屠梅曾，2009；张大永和曹红，2012）。房屋资产的消费弹性大大高于金融资产和其他实物资产。房屋资产对居民消费具有一定的"资产效应"（李涛和陈斌开，2014）。因此，本书选取农民工拥有的住房数量作为财富因素的代理变量。

3. 工作特征

（1）务工行业。农民工的食物消费有其特殊性，因为农民工进城以后主要从事制造业、建筑业和批发零售业，在这些行业（尤其是建筑业）中，农民工主要从事（重）体力工种，能量消耗大，食物消费量也大。按照国家统计局的分类标准，农民工的务工行业包括六大类：制造行业、建筑行业、交通运输行业、批发零售行业、住宿餐饮行业和居民服务行业，此处将居民服务行业作为参照组。

（2）工种类型。根据农民工务工时消耗体力的大小程度，农民工所从事的工种可分为轻体力活、中度体力活和重体力活。例如，轻体力活是办公室职员或售货员等从事的工作，中度体力活是司机或电工等从事的工作，重体力活是钢铁工、装卸工或建筑工从事的工作。很显然，体力消耗大小不同，食物消费数量和结构也会不同。所以，本书对农民工的工种类型进行控制。

（3）外出务工年限。相对收入假说认为消费者的消费行为会受周围人们消费水准的影响。实际生活中也是如此，由于农民工收入水平的提高和城镇居民的"示范效应"，他们对动物性产品的需求增加，消费习惯逐渐接近于城镇居民。调查数据也表明，外出打工时间越长的农民工，其消费习惯越接近于城镇居民。所以，此处对农民工的外出务工年限进行控制。

（4）务工类型。按照国家统计局的分类标准，农民工在外务工区域包括：本乡镇非农、本县其他乡镇、本省其他县市和其他省份。在本乡镇内从事非农活动的农民工称为本地农民工，在本乡镇地域以外从业的农民工称为外出农民工。一方面，由于人口因素、政策因素、交通因素、地理环境因素等方面的不同，致使我国区域间经济发展严重不平衡，这将会对居民的收入水平、消费行为和习惯产生影响。另一方面，由于本地农民工务工离家较近，往往回家吃饭，而外出农民工只能在工作地用餐，尤其是跨省流动的农民工，由于地域差异较大，可能食物消费习惯也随之改变。比如，北方人的主食以面食为主，而到南方务工以后可能会以大米为主。所以，此处对务工类型（本地务工和外出务工）进行控制。

（5）其他工作特征变量。调研中发现单位包吃和单位包住对农民工的消费也有影响。一方面，单位提供包吃或包住条件，相当于是给农民工提供了一种保障或福利，他们的消费行为会有所不同。另一方面，单位提供包吃条件时，农民工每天的食物消费种类基本上是相同的，食堂做什么他们吃什么，这也会对他们的食物消费产生影响。所以，本书对单位包吃和单位包住进行控制。

4. 其他控制变量

（1）价格因素。价格也会对消费产生重要影响。假设收入保持不变，若食物A的价格下跌，则消费者将会消费更多的食物A，减少消费食物A的替代品。相反，则会消费更多的食物A的替代品，减少消费食物A。假定农民工在调查期（过去24小时内）购买同类食物的市场价格相同，城市间的价格因素利用地区虚拟变量来进行控制。此处选取农民工的务工地作为不同城市价格因素的代理变量。

（2）籍贯和时间因素。由于籍贯不同，农民工的食物消费习惯也会有所不同。调研时间不同，农民工的食物消费情况可能也会存在季节性差异。所以，此处也对籍贯和时间进行控制。

基于此，本书选择收入水平、衡量生命周期的年龄和年龄的平方，衡量预防性储蓄的养老保险，衡量持久收入的受教育程度、外出务工年限和代表健康状况的BMI指数，以及性别、婚姻状况、是否与配偶生活在一起、民族、家庭外出务工人数、住房数量、务工行业、工种类型、务工类型、单位是否包吃、单位是否包住、务工地、籍贯、时间等变量来分析农民工食物消费的影响因素。具体变量定义和描述性统计分析见表4-1。

表4-1　　　　　　　　变量定义及统计描述

变量类型	变量名称	变量定义	均值	标准差
个体特征	性别	男=1，女=0	0.617	0.486
	年龄	实际年龄（岁）	38.821	11.462
	年龄的平方	实际年龄的平方	1341.233	873.132
	婚姻状况	已婚=1，其他=0	0.673	0.469
	与配偶一起	与配偶生活在一起（是=1，否=0）	0.442	0.497
	民族	汉族=1，其他=0	0.949	0.220

续表

变量类型	变量名称	变量定义	均值	标准差
个体特征	受教育程度	最高受教育程度 1–7	3.510	1.299
	BMI 指数	体重（kg）/身高（m）的平方	22.168	3.056
	养老保险	参加了养老保险（是=1，否=0）	0.388	0.487
	工资收入	务工工资（元/月），各观测值加1后取自然对数	8.139	1.233
家庭特征	务工人数	家庭外出务工的人数（人）	2.061	1.035
	住房数量	拥有住房数量（间）	5.737	3.418
工作特征	居民服务业	务工行业为居民服务业（是=1，否=0）（参照组）	0.151	0.358
	制造业	务工行业为制造业（是=1，否=0）	0.319	0.466
	建筑业	务工行业为建筑业（是=1，否=0）	0.261	0.439
	交通运输	务工行业为交通运输业（是=1，否=0）	0.059	0.216
	批发零售	务工行业为批发零售业（是=1，否=0）	0.116	0.307
	住宿餐饮	务工行业为住宿餐饮业（是=1，否=0）	0.094	0.286
	轻体力劳动	工种类型为轻体力劳动（是=1，否=0）（参照组）	0.484	0.500
	中体力劳动	工种类型为中度体力劳动	0.254	0.435
	重体力劳动	工种类型为重体力劳动	0.262	0.440
	务工年限	外出务工时间（年）	11.143	8.372
	务工类型	外出农民工=1，本地农民工=0	0.912	0.283
	单位包吃	单位包吃（是=1，否=0）	0.466	0.499
	单位包住	单位包住（是=1，否=0）	0.436	0.496
	务工地	务工地点（东部=1，中西部=0）	0.762	0.426
因变量	口粮需求	过去24小时口粮需求量（克），观测值加1取自然对数	6.112	1.313
	饲料粮需求	过去24小时饲料粮需求量（克），观测值加1取自然对数	5.233	2.452
	粮食总需求	过去24小时粮食总需求量（克），观测值加1取自然对数	6.820	1.232

从调查情况来看，男性农民工占61.7%，女性农民工占38.3%。农民工的平均年龄为38.8岁，主要以青壮年为主。已婚农民工的比例为67.3%，其中，夫妻二人一起外出务工的比例为44.2%。农民工主要以汉族为主，比例达94.9%。农民工的受教育程度普遍不高，平均教育水平介于初中与高中阶段。农民工BMI指数的平均值为22.2，与专家指出的最理想的体重指数22比较接近，说明农民工的身体状况普遍比较健康。农民工享有的社会保障比较有限，参与养老保险的比例仅为38.8%。农民工每月的务工工资的平均水平为3426元。就家庭特征来看，家庭外出务工人数的平均水平为2人，基本上是夫妻二人一起外出务工。农民工拥有的住房数量平均为5.7间。农民工就业行业以制造业、建筑业和服务业为主，占比分别为31.9%、26.1%和15.1%。从事轻体力劳动、中度体力劳动和重体力劳动农民工的比例分别为48.4%、25.4%和26.2%。农民工外出务工的时间平均约为11年。在本乡镇以外务工的农民工的比例达90%以上。单位提供包吃的比例为46.6%，提供包住的比例为43.6%。有76.2%的农民工在东部地区务工，24.8%的农民工在中西部地区务工。

4.1.3 模型构建

消费函数是反映消费与影响消费的因素之间的函数关系式。依据消费函数的定义，考虑农民工的个体特征、家庭特征、工作特征、时间与籍贯等控制因素的影响，对消费函数进行拓展和改进，设定如下计量方程：

$$\ln C_i = \alpha_0 + \alpha_1 \ln Y_i + \sum_{i=1}^{n} \beta_i X_i + \varepsilon \qquad (4-1)$$

其中，C_i为第i个被调查者过去24小时的粮食（包括口粮和消费动物性产品引致的饲料粮）消费量。Y_i为第i个被调查者的月收入水平。X_i为控制变量，包括衡量生命周期的年龄和年龄的平方，衡量预防性储蓄的养老保险，衡量持久收入的受教育程度、外出务工年限和代表健康状况的BMI指数，以及性别、婚姻状况、是否与配偶生活在一起、民族、家庭外出务工人数、住房数量、务工行业、工种类型、务工类型、单位是否包吃、单位是否包住、务工地、籍贯、时间等主要变量。ε为随机误差项。

通常情况下，消费和收入呈现右偏形态，并且极端值致使误差分布呈现厚尾特征，这将导致最小二乘估计（OLS）缺乏稳健性，而此时分位数回归估计结果具有优良性和稳健性。除此之外，分位数回归可以拟合一簇曲线，能够刻画整个分布信息，并且在出现异方差时具有较好的稳健性。如果采用普通最小二乘法，只能估计各因素对粮食需求平均值的影响，而无法全面观察各因素对不同分布下粮食需求的影响。与 OLS 回归相比，分位数回归能够描述解释变量对不同分位数上被解释变量的影响，并不要求误差项为正态分布。分位数回归结果不易受极端值的影响，因而更加稳健（Koenker & Bassett, 1978）。因此，本章利用分位数回归方法，对农民工粮食需求的影响因素进行分析，故建立以下分位数回归模型：

$$Quant_q(C_i \mid X_i) = \alpha_0^q + \alpha_1^q Y_i + \sum_{i=1}^{n} \beta_i^q X_i + \varepsilon \qquad (4-2)$$

其中，C_i 为第 i 个被调查者过去 24 小时的粮食（包括口粮和消费动物性产品引致的饲料粮）消费量加 1 后取自然对数，Y_i 为第 i 个被调查者的月均务工工资水平加 1 后取自然对数，这样可以减少数据偏度，也可以降低异方差性对回归结果的影响。X_i 的含义同式（4-1）。α_0^q、α_1^q、β_i^q 分别表示对各个变量参数估计的 q 分位系数。分别对消费的 0.25 分位点、0.50 分位点、0.75 分位点进行回归，从而可以更深入地对农民工粮食消费的影响因素进行分析。

4.2 农民工粮食需求影响因素的实证分析

利用方程（4-2）分别建立口粮需求模型、消费动物性产品引致的饲料粮需求模型和粮食总需求模型，并使用稳健的 OLS 回归和分位数回归进行估计，模型估计结果见表 4-2 ~ 表 4-4。表 4-2 ~ 表 4-4 分别报告了农民工口粮需求、消费动物性产品引致的饲料粮需求和粮食总需求影响因素的 OLS 回归和分位数回归结果。结果显示，分位数回归在 1% 的水平下通过了准 LR 的显著性检验，OLS 估计在 1% 的水平下通过了 F 的显著性检验，说明模型具有较好的整体解释能力。下面分别对三个模型的回归结果进行具体分析。

4.2.1 口粮需求模型

表 4-2 所示为农民工口粮需求影响因素模型估计结果。在个体特征方面，

需求的收入弹性在分位数回归和OLS回归估计中的估计结果存在差异，0.25分位、0.5分位和0.75分位的估计结果分别为0.033、0.011、0.007，OLS的估计结果为0.017，但只有在0.25分位上的需求收入弹性通过了水平为10%的显著性检验。因此，需求收入弹性随农民工口粮消费的增加而不断降低并且均小于1，原因是口粮是人类满足生存的最基本的生活资料。性别、年龄、年龄的平方项、婚姻状况、是否与配偶生活在一起和受教育程度对农民工口粮需求的影响显著。具体而言，性别在0.25分位、0.5分位、0.75分位和OLS估计的结果分别为0.181、0.148、0.129和0.133，均在1%的水平下通过了显著性检验。说明了男性农民工比女性农民工的口粮需求大，这与男性和女性的生理差别有关，同等条件下，女性的代谢速度比男性的代谢速度慢。同时，男性比女性的劳动强度大，口粮需求量相应也多。年龄在0.25分位、0.5分位、0.75分位和OLS估计的结果为0.025、0.019、0.016和0.018，均在5%或1%的水平下通过了显著性检验。说明了青壮年农民工的口粮需求量较大，与实际情况吻合。年龄的平方项在分位数回归和OLS估计中的结果相似，均在1%的水平下通过了显著性检验，并且系数为负值。婚姻状况在0.25分位、0.5分位、0.75分位和OLS的估计结果分别为0.182、0.129、0.057和0.146，除了在0.75分位上通过了10%水平的显著性检验，其他均通过了1%水平的显著性检验。是否与配偶生活在一起在0.25分位、0.5分位和OLS估计中通过了10%水平的显著性检验，并且系数均为负。说明了已婚的农民工的口粮需求较大，但与配偶生活在一起的农民工的口粮需求较小。是否属于汉族仅在0.75分位上通过了1%水平的显著性检验，并且系数为正。受教育程度在0.25分位上和OLS估计中通过了10%水平的显著性检验，并且系数为正。养老保险仅在0.25分位上通过了10%水平的显著性检验，并且系数为负。总的来讲，男性农民工比女性农民工的口粮需求大，较年轻的农民工的口粮需求较大，已婚的农民工的口粮需求较大，但与配偶生活在一起的农民工的口粮需求较小。

表4-2　　　　　　　农民工口粮需求影响因素模型估计结果

变量	0.25分位		0.5分位		0.75分位		OLS	
	系数	标准误	系数	标准误	系数	标准误	系数	标准误
性别	0.181***	0.037	0.148***	0.027	0.129***	0.023	0.133***	0.026
年龄	0.025**	0.012	0.019***	0.006	0.016**	0.007	0.018***	0.008

第4章 农民工粮食需求影响因素分析

续表

变量	0.25 分位 系数	标准误	0.5 分位 系数	标准误	0.75 分位 系数	标准误	OLS 系数	标准误
年龄的平方	-0.001***	0.000	-0.002***	0.000	-0.002***	0.000	-0.001***	0.000
婚姻状况	0.182***	0.061	0.129***	0.037	0.057*	0.033	0.146***	0.037
与配偶一起	-0.080*	0.048	-0.035*	0.024	0.018	0.026	-0.044*	0.029
民族	-0.021	0.054	0.046	0.045	0.098***	0.035	-0.036	0.045
受教育程度	0.022*	0.014	0.007	0.010	0.007	0.009	0.017*	0.010
BMI 指数	0.001	0.007	-0.000	0.004	-0.001	0.003	-0.001	0.004
养老保险	-0.054*	0.037	-0.009	0.026	0.021	0.027	0.009	0.025
工资收入	0.033*	0.018	0.011	0.011	0.007	0.009	0.017	0.011
务工人数	0.039***	0.014	0.016*	0.009	0.016*	0.009	0.036***	0.011
住房数量	0.017***	0.005	0.013***	0.002	0.010***	0.002	0.015***	0.003
制造业	0.034	0.042	0.075***	0.027	0.085***	0.030	0.076**	0.034
建筑业	0.057	0.053	0.113***	0.036	0.101***	0.035	0.115***	0.039
交通运输	-0.133	0.096	-0.007	0.043	0.049	0.052	-0.050	0.058
批发零售	0.051	0.060	0.038	0.035	0.042	0.040	0.032	0.042
住宿餐饮	0.099*	0.063	0.065*	0.041	0.095**	0.042	0.109***	0.042
中体力劳动	0.061*	0.038	0.087***	0.027	0.082***	0.029	0.120***	0.028
重体力劳动	0.103**	0.048	0.073**	0.033	0.056*	0.030	0.132***	0.036
务工年限	0.004*	0.002	0.004***	0.001	0.001	0.001	0.004**	0.002
务工类型	-0.063	0.062	-0.077*	0.044	-0.149***	0.045	-0.044	0.047
单位包吃	0.128***	0.032	0.037*	0.020	0.028*	0.019	0.106***	0.023
单位包住	0.068**	0.031	0.034*	0.019	0.023	0.018	0.038*	0.024
务工地	-0.485***	0.033	-0.314***	0.021	-0.308***	0.023	-0.430***	0.024
常数	1.599***	0.288	2.397***	0.142	2.689***	0.159	2.109***	0.176
时间	已控制		已控制		已控制		已控制	
籍贯	已控制		已控制		已控制		已控制	
N	7299		7299		7299		7299	
Adj-R²	0.150		0.137		0.138		0.168	

注：***、**和*分别表示在1%、5%和10%水平上统计显著；分位数回归报告的是自助法标准误（Bootstrap standard error）；OLS回归报告的是异方差稳健性标准误。

在家庭特征方面，家庭外出务工人数在0.25分位、0.5分位、0.75分位和OLS的估计结果分别为0.039、0.016、0.016和0.036，分别通过了水平为1%、10%、10%和1%的显著性检验。这说明家庭外出务工人数越多，家庭的收入越多，口粮需求也越多，特别对低收入农民工口粮需求的促进作用更强。家庭拥有的住房数量在0.25分位、0.5分位、0.75分位和OLS估计的结果为0.017、0.013、0.010和0.015，均在1%的水平下通过了显著性检验。这说明家庭资产显著促进了农民工的口粮需求，尤其对于收入水平较低的农民工有更强的促进作用。

在工作特征方面，务工行业、工种类型、务工年限、务工类型、单位包吃、单位包住、务工地对农民工口粮需求的影响显著。具体而言，制造业在0.5分位、0.75分位和OLS估计分别通过了1%、1%和5%水平的显著性检验，系数为正。建筑业在0.5分位、0.75分位和OLS估计的结果均在1%的水平下通过了显著性检验，并且系数为正值。住宿餐饮业在0.25分位、0.5分位、0.75分位和OLS估计的结果分别在10%、10%、5%和1%的水平下通过了显著性检验，并且系数为正值。这说明从事制造业、建筑业和住宿餐饮业的农民工的口粮需求较多。中度体力劳动在0.25分位、0.5分位、0.75分位和OLS的估计结果分别为0.061、0.087、0.082和0.120，分别通过了水平为10%、1%、1%和1%的显著性检验。重体力劳动在0.25分位、0.5分位、0.75分位和OLS的估计结果分别为0.103、0.073、0.056和0.132，分别通过了水平为5%、5%、5%和1%的显著性检验。这说明与从事轻体力劳动的农民工相比，从事中度体力劳动和重体力劳动的农民工的口粮需求较多。务工年限在0.25分位、0.5分位和OLS的估计结果都为0.004，并且分别通过了水平为10%、1%、1%和1%的显著性检验，说明了务工年限对口粮需求有显著的促进作用。务工类型在0.5分位和0.75分位的估计结果分别在10%和1%的水平下通过了显著性检验，并且系数为负值，说明了与本地农民工相比，外出农民工的口粮需求比较少。单位包吃在0.25分位、0.5分位、0.75分位和OLS估计分别通过了1%、5%、10%和1%水平的显著性检验，系数为正。单位包住在0.25分位、0.5分位和OLS的估计结果分别通过了水平为5%、10%和10%的显著性检验，并且系数均为正。这说明单位包吃和单位包住对农民工的口粮需求有正向促进作用。务工地在0.25分位、0.5分位、0.75分位和OLS的估计结果均通过了1%水平的显著性检验，并且系数均为负，说明了与在西部地区务工的农民工相比，在东部地区务工的农民工的口粮需求较少，这主要与当地居民的饮食消费结构有关。

4.2.2 消费动物性产品引致的饲料粮需求模型

表 4-3 所示为农民工消费动物性产品引致的饲料粮需求影响因素模型估计结果。在个体特征方面，0.25 分位、0.5 分位和 0.75 分位的需求收入弹性的估计结果为 0.048、0.016、0.018，OLS 估计的需求收入弹性估计结果为 0.030，二者略有差异，并且分别通过了水平为 5%、5%、5% 和 1% 的显著性检验。由此可见，需求收入弹性随农民工消费动物性产品引致的饲料粮需求的增加而先减小后增大并且均小于 1。

表 4-3　农民工消费动物性产品引致的饲料粮需求影响因素模型估计结果

变量	0.25 分位 系数	标准误	0.5 分位 系数	标准误	0.75 分位 系数	标准误	OLS 系数	标准误
性别	0.199***	0.068	0.143***	0.034	0.148***	0.028	0.132***	0.031
年龄	0.039**	0.019	0.026***	0.011	0.015*	0.009	0.019**	0.009
年龄的平方	-0.001***	0.000	-0.001***	0.000	-0.001**	0.000	-0.001**	0.000
婚姻状况	0.175**	0.093	0.140***	0.046	0.042	0.040	0.121***	0.044
与配偶一起	-0.154**	0.080	-0.124***	0.036	-0.038	0.031	-0.094***	0.034
民族	-0.186*	0.130	-0.037	0.078	-0.023	0.063	-0.067	0.059
受教育程度	0.090***	0.022	0.033**	0.014	0.035***	0.009	0.048***	0.012
BMI 指数	-0.014*	0.009	-0.009*	0.006	-0.003	0.004	-0.008*	0.005
养老保险	0.090*	0.062	0.066**	0.033	0.076***	0.028	0.072**	0.029
工资收入	0.048**	0.021	0.016**	0.015	0.018**	0.009	0.030**	0.011
务工人数	0.106***	0.023	0.051***	0.013	0.034***	0.012	0.067***	0.013
住房数量	0.011*	0.008	0.007*	0.005	0.009**	0.004	0.010***	0.003
制造业	0.108*	0.081	0.063	0.048	0.084**	0.037	0.071*	0.040
建筑业	0.179**	0.095	0.129**	0.059	0.033	0.045	0.125***	0.048
交通运输	0.227	0.170	0.100	0.087	0.010	0.052	0.076	0.067
批发零售	-0.017	0.112	0.036	0.058	0.044	0.048	0.014	0.052

续表

变量	0.25 分位		0.5 分位		0.75 分位		OLS	
	系数	标准误	系数	标准误	系数	标准误	系数	标准误
住宿餐饮	0.241**	0.104	0.085*	0.052	0.077*	0.051	0.110**	0.052
中体力劳动	0.436***	0.065	0.231***	0.033	0.111***	0.030	0.213***	0.033
重体力劳动	0.255***	0.092	0.164***	0.059	0.064*	0.039	0.152***	0.043
务工年限	0.013***	0.004	0.007***	0.002	0.005***	0.001	0.008***	0.002
务工类型	0.192*	0.112	0.036	0.051	-0.099**	0.044	0.055	0.050
单位包吃	0.204***	0.075	0.097***	0.035	-0.018	0.030	0.079***	0.027
单位包住	0.004	0.057	0.035	0.032	0.005	0.029	0.022	0.029
务工地	0.609***	0.085	0.417***	0.030	0.321***	0.024	0.534***	0.027
常数	-0.809**	0.435	1.308***	0.248	2.149***	0.181	0.889***	0.209
时间	已控制		已控制		已控制		已控制	
籍贯	已控制		已控制		已控制		已控制	
N	7299		7299		7299		7299	
Adj-R²	0.174		0.138		0.137		0.185	

注：***、**和*分别表示在1%、5%和10%水平上统计显著；分位数回归报告的是自助法标准误（Bootstrap standard error）；OLS回归报告的是异方差稳健性标准误。

性别、年龄、年龄的平方项、婚姻状况、是否与配偶生活在一起、受教育程度、BMI 指数和养老保险对农民工消费动物性产品引致的饲料粮需求的影响显著。具体而言，性别在 0.25 分位、0.5 分位、0.75 分位和 OLS 估计的结果为 0.199、0.143、0.148 和 0.132，均在 1% 的水平下通过了显著性检验。年龄在 0.25 分位、0.5 分位、0.75 分位和 OLS 的估计结果分别为 0.039、0.026、0.015 和 0.019，分别通过了 5%、1%、10% 和 5% 水平的显著性检验。年龄的平方项在分位数回归和 OLS 估计中的结果相同，均通过了 1% 水平的显著性检验，并且系数相同且均为负。婚姻状况在 0.25 分位、0.5 分位和 OLS 的估计结果分别为 0.175、0.140 和 0.121，分别通过了 5%、1% 和 1% 水平的显著性检验。是否与配偶生活在一起在 0.25 分位、0.5 分位和 OLS 估计中通过了 5% 或 1% 水平的显著性检验，并且系数均为负。是否属于汉族仅在 0.25 分位上通过了 10% 水平的显著性检验，并且系数为负。受教育程度在 0.25 分位、0.5 分位、0.75 分位和 OLS 估计中通过了 1% 或 5% 水平的显著性检验，并且系数为正。说明了受教育程度越高的农民工消费动物性产品引致的饲料粮需求越大，这与程立超（2006）和邓婷鹤（2016）的结论相似。程立超（2006）发现受教育水平与畜肉类和蛋类的消费正相关。邓婷鹤（2016）发现受教育程度更高个体的畜禽肉和奶制品消费较高。BMI 指数在 0.25 分位、0.5 分位和 OLS 估计中均通过了 10% 水平的显著性检验，并且系数为负。说明了 BMI 指数较大的农民工消费动物性产品引致的饲料粮需求较小。原因是 BMI 指数较大的人为了人体健康考虑会更加注意合理饮食，一般会控制动物性产品的摄入量。养老保险在 0.25 分位、0.5 分位、0.75 分位和 OLS 估计中在 10%、5%、1% 和 5% 水平下通过了显著性检验，并且系数为正值。说明了养老保险对农民工消费动物性产品引致的饲料粮需求有显著的促进作用，这与多数有关保险和消费关系的结论一致。总的来讲，男性农民工比女性农民工消费动物性产品引致的饲料粮需求大，较年轻的农民工消费动物性产品引致的饲料粮需求较大，已婚的农民工消费动物性产品引致的饲料粮需求较大，但与配偶生活在一起的农民工消费动物性产品引致的饲料粮需求较小，受教育程度越高的农民工消费动物性产品引致的饲料粮需求越大，BMI 指数较大的农民工消费动物性产品引致的饲料粮需求较小，养老保险对农民工消费动物性产品引致的饲料粮需求有显著的促进作用。

在家庭特征方面，家庭外出务工人数在 0.25 分位、0.5 分位、0.75 分位和 OLS 估计的结果分别为 0.106、0.051、0.034 和 0.067，均在 1% 的水平下通过了显著性检验。这说明家庭外出务工人数越多，家庭的收入越多，农民工消费动物性产品引致的饲料粮需求也越多，特别是对低收入农民工消费动物性产品引致的饲料粮需求的促进作用更强。家庭拥有的住房数量在 0.25 分位、0.5 分位、0.75 分位和 OLS 的估计结果分别为 0.011、0.007、0.009 和 0.010，分别通过了 10%、10%、1% 和 1% 水平的显著性检验。这说明家庭资产对农民工消费动物性产品引致的饲料粮需求有显著的促进作用。

在工作特征方面，务工行业、工种类型、务工年限、务工类型、单位包吃、务工地对农民工消费动物性产品引致的饲料粮需求的影响显著。具体而言，制造业在 0.25 分位、0.5 分位、0.75 分位和 OLS 的估计结果分别在 10%、10%、5% 和 10% 的水平下通过了显著性检验，并且系数为正值。建筑业在 0.25 分位、0.5 分位和 OLS 的估计结果分别通过了 5%、5% 和 1% 水平的显著性检验，并且系数均为正。住宿餐饮业在 0.25 分位、0.5 分位、0.75 分位和 OLS 的估计结果分别在 5%、10%、10% 和 5% 的水平下通过了显著性检验，并且系数为正值。这说明从事制造业、建筑业和住宿餐饮业的农民工消费动物性产品引致的饲料粮需求较多。中度体力劳动在0.25分位、0.5分位、0.75分位和OLS估计的结果为0.436、0.231、0.111和0.213，均在1%的水平下通过了显著性检验。重体力劳动在0.25分位、0.5分位、0.75分位和OLS的估计结果分别为0.255、0.164、0.064和0.152，分别通过了水平为1%、1%、10%和1%的显著性检验。这说明与从事轻体力劳动的农民工相比，从事中度体力劳动和重体力劳动的农民工消费动物性产品引致的饲料粮需求较多。务工年限在0.25分位、0.5分位、0.75分位和OLS估计的结果均在1%水平的水平下通过了显著性检验，并且系数为正值，说明了务工年限对农民工消费动物性产品引致的饲料粮需求有显著的促进作用。务工类型在0.25分位和0.75分位的估计结果在10%和5%的水平下通过了显著性检验，并且系数为正值，说明了外出农民工比本地农民工消费动物性产品引致的饲料粮需求多。单位包吃在0.25分位、0.5分位和OLS的估计结果均通过了1%水平的显著性检验，并且系数均为正。这说明单位包吃对农民工的消费动物性产品引致的饲料粮需求有正向促进作用。务工地在0.25分位、0.5分位、0.75分位和OLS的估计结果均通过了1%水平的显著性检验，并且系数均为正，说明了与在西部地区务工的农民工相比，在东部地区务工的农民工的消费动物性产品引致的饲料粮需求较多，这主要与当地的经济发展水平和农民工的收入水平密切相关。

4.2.3 粮食总需求模型

表4-4所示为农民工粮食总需求影响因素模型估计结果。个体特征方面，0.25、0.5和0.75分位的需求收入弹性估计结果分别为0.001、0.004、0.004，OLS估计的需求收入弹性估计结果为0.001，分别通过了1%、5%、5%和1%水平的显著性检验。由此可见，需求收入弹性随农民工粮食总需求的增加而不断增大并且均小于1。性别、年龄、年龄的平方项、婚姻状况、是否与配偶生活在一起、BMI指数和养老保险对农民工粮食总需求的影响显著。具体而言，性别在0.25分位、0.5分位、0.75分位和OLS估计的结果为0.174、0.193、0.182和0.167，均通过了1%水平下的显著性检验。这说明男性比女性农民工的粮食总需求大，这与男性和女性的生理差别有关，一般情况下，男性的身体代谢速度高于女性。同时，男性比女性的劳动强度大，粮食需求量相应也多。年龄在0.25分位、0.5分位和OLS估计的结果为0.015、0.010和0.011，均

第4章 农民工粮食需求影响因素分析

在5%的水平下通过了显著性检验。说明了青壮年农民工的粮食需求量较大，与实际情况吻合。年龄的平方项在分位数回归和OLS估计中的结果均通过了10%水平的显著性检验，并且系数均为负。婚姻状况在0.25分位、0.5分位、0.75分位和OLS估计的结果分别为0.129、0.067、0.060和0.139，均在1%的水平下通过了显著性检验。而是否与配偶生活在一起在0.25分位和OLS估计中通过了5%水平的显著性检验，并且系数均为负。说明了已婚的农民工的粮食总需求较大，但与配偶生活在一起的农民工的粮食总需求较小。受教育程度在0.75分位上和OLS估计中通过了10%水平的显著性检验，并且系数为正。BMI指数在0.25分位、0.5分位、0.75分位和OLS估计的结果为0.008、0.007、0.006和0.010，在5%或1%的水平下通过了显著性检验。养老保险在0.25分位、0.5分位、0.75分位和OLS估计的结果为0.058、0.052、0.041和0.105，均在1%的水平下通过了显著性检验。总的来讲，男性农民工比女性农民工的粮食总需求大，较年轻的农民工的粮食总需求较大，已婚的农民工的粮食总需求较大，但与配偶生活在一起的农民工的粮食总需求较小，BMI指数较大的农民工的粮食总需求较大，养老保险对农民工的粮食总需求有显著的促进作用。

表4-4　　　　　　　　粮食总需求影响因素模型估计结果

变量	0.25分位 系数	0.25分位 标准误	0.5分位 系数	0.5分位 标准误	0.75分位 系数	0.75分位 标准误	OLS 系数	OLS 标准误
性别	0.174***	0.025	0.193***	0.017	0.182***	0.014	0.167***	0.019
年龄	0.015**	0.007	0.010**	0.005	0.005	0.004	0.011**	0.005
年龄的平方	-0.001*	0.000	-0.001*	0.000	-0.000	0.000	-0.001*	0.000
婚姻状况	0.129***	0.033	0.067***	0.025	0.060***	0.020	0.139***	0.028
与配偶一起	-0.058**	0.029	-0.017	0.020	-0.018	0.020	-0.044**	0.021
民族	0.080	0.059	0.027	0.032	0.003	0.028	0.024	0.039
受教育程度	0.001	0.007	0.001	0.006	0.003*	0.006	0.001*	0.007
BMI指数	0.008**	0.003	0.007**	0.002	0.006**	0.002	0.010***	0.003
养老保险	0.058***	0.020	0.052***	0.016	0.041***	0.017	0.105***	0.016
工资收入	0.001***	0.006	0.004***	0.005	0.004***	0.006	0.001***	0.007
务工人数	0.019**	0.010	0.009	0.008	0.014**	0.007	0.032***	0.008
住房数量	0.001	0.003	0.004*	0.002	0.041***	0.017	0.008***	0.002

续表

变量	0.25分位 系数	标准误	0.5分位 系数	标准误	0.75分位 系数	标准误	OLS 系数	标准误
制造业	0.007	0.027	0.001	0.021	0.001	0.020	0.016	0.024
建筑业	0.051*	0.031	0.012*	0.023	0.026**	0.027	0.015**	0.029
交通运输	-0.009	0.047	-0.003	0.032	0.011	0.039	-0.021	0.045
批发零售	-0.035	0.040	-0.007	0.028	0.004	0.027	-0.041	0.032
住宿餐饮	-0.105*	0.057	-0.036	0.029	-0.028	0.025	-0.076**	0.033
中体力劳动	0.001	0.023	0.012	0.019	0.020	0.016	0.043**	0.020
重体力劳动	0.045*	0.029	0.069***	0.024	0.032*	0.024	0.040	0.026
务工年限	-0.002*	0.001	-0.002**	0.001	-0.001	0.001	-0.001	0.001
务工类型	0.044	0.036	-0.010	0.025	-0.010	0.024	0.059*	0.032
单位包吃	0.046**	0.023	0.022*	0.014	0.006	0.013	0.072***	0.017
单位包住	0.028	0.022	0.031*	0.016	0.027**	0.014	0.016	0.018
务工地	0.068***	0.021	0.050***	0.016	0.047***	0.016	0.105***	0.020
常数	1.850***	0.143	2.420***	0.110	2.919***	0.100	2.164***	0.127
时间	已控制		已控制		已控制		已控制	
籍贯	已控制		已控制		已控制		已控制	
N	7299		7299		7299		7299	
Adj-R^2	0.167		0.207		0.220		0.146	

注：***、**和*分别表示在1%、5%和10%水平上统计显著；分位数回归报告的是自助法标准误（Bootstrap standard error）；OLS回归报告的是异方差稳健性标准误。

在家庭特征方面，家庭外出务工人数在0.25分位、0.75分位和OLS的估计结果分别为0.019、0.014和0.032，分别通过了水平为5%或1%的显著性检验。这说明家庭外出务工人数越多，家庭的收入越多，粮食总需求也越多，特别对低收入农民工粮食总需求的促进作用更强。家庭拥有的住房数量在0.5分位、0.75分位和OLS的估计结果分别为0.004、0.041和0.008，分别通过了10%或1%水平的显著性检验。这说明家庭资产显著促进了农民工的粮食总需求，尤其对高收入水平的农民工的作用更强。

在工作特征方面，务工行业、工种类型、务工年限、单位包吃、单位包住、务工地对农民工粮食总需求的影响显著。具体而言，建筑业在0.25分位、

0.5分位、0.75分位和OLS的估计结果通过了10%或5%水平的显著性检验，并且系数均为正。住宿餐饮业在0.25分位和OLS估计的结果在10%和5%的水平下通过了显著性检验，并且系数为负值。这说明从事建筑业的农民工的粮食总需求较多，而从事住宿餐饮业的农民工的粮食总需求较少。原因在于从事建筑业农民工的劳动强度大、体力消耗多，粮食需求自然也多，而从事住宿餐饮业的农民工的劳动强度较小，体力消耗较少，相应的粮食需求也少。中度体力劳动的OLS估计结果通过了5%水平的显著性检验，在分位数回归中的估计结果均不显著。重体力劳动在0.25分位、0.5分位、0.75分位和OLS的估计结果分别为0.045、0.069、0.032和0.040，分别通过了水平为10%、1%、10%和10%的显著性检验。这说明与从事轻体力劳动的农民工相比，从事中度体力劳动和重体力劳动的农民工的粮食总需求较多。务工年限在0.25分位和0.5分位的估计结果在10%和5%的水平下通过了显著性检验，并且系数为负值，说明了务工年限越长的农民工的粮食总需求越少。务工类型的OLS估计结果通过了10%的显著性检验，并且系数为正。单位包吃在0.25分位、0.5分位和OLS的估计结果分别通过了水平为5%、10%和1%的显著性检验，并且系数均为正。单位包住在0.5分位和0.75分位的估计结果均通过了5%水平的显著性检验，并且系数均为正。这说明单位包吃和单位包住对农民工的粮食总需求有正向促进作用。务工地在0.25分位、0.5分位、0.75分位和OLS的估计结果均通过了1%水平的显著性检验，并且系数均为正，说明了与在西部地区务工的农民工相比，在东部地区务工的农民工的粮食总需求较多。

4.3 本章小结

本章首先通过文献回顾的方法对食物消费的影响因素进行了分析总结，然后结合需求理论和现实社会发展情况，建立了口粮需求模型、消费动物性产品引致的饲料粮需求模型和粮食总需求模型，对农民工粮食需求的影响因素进行了定量分析，主要得出以下研究结论：

（1）口粮需求。男性比女性农民工口粮需求大，较年轻农民工口粮需求较大，已婚农民工口粮需求较大，但与配偶生活在一起的农民工口粮需求较小。家庭收入越多，口粮需求也越多，特别对低收入农民工口粮需求促进作用更强。家庭资产显著促进了农民工的口粮需求，尤其对低收入水平的农民工的作用更强。从事制造行业、建筑行业和住宿餐饮行业农民工的口粮需求较多。与从事轻体力劳动农民工相比，从事中度体力劳动和重体力劳动农民工口粮需求较多。务工年限对口粮需求有显著促进作用。外出农民工比本地农民工口粮需求量少。单位包吃和单位包住对农民工口粮需求有正向促进作用。与在西部地区务工的农民工相比，在东部地区务工的农民工口粮需求少，这主要与当地居民的饮食消费结构有关。

（2）消费动物性产品引致的饲料粮需求。需求收入弹性随消费动物性产品引致的饲料粮需求的增加而先减小后增大并且均小于1。性别、年龄、年龄的平方项、婚姻状况、是否与配偶生活在一起、受教育程度、BMI指数和养老保险对农民工的消费动物性产品引致的饲料粮需求有显著影响。家庭外出务工人数越多，其消费动物性产品引致的饲料粮需求也越多，特别是对低收入农民工消费动物性产品引致的饲料粮需求促进作用更强。家庭资产对农民工消费动物性产品引致的饲料粮需求有显著促进作用。从事制造业、建筑业和住宿餐饮业的农民工消费动物性产品引致的饲料粮需求较多。与从事轻体力劳动农民工相比，从事中度体力劳动和重体力劳动农民工消费动物性产品引致的饲料粮需求较多。务工年限对农民工消费动物性产品引致的饲料粮需求有显著促进作用。外出农民工比本地农民工消费动物性产品引致的饲料粮需求多。单位包吃对农民工消费动物性产品引致的饲料粮需求有正向促进作用。与在西部地区务工的农民工相比，在东部地区务工的农民工消费动物性产品引致的饲料粮需求多，这主要与当地的经济发展水平和农民工的收入水平密切相关。

（3）粮食总需求。需求收入弹性随农民工粮食总需求的增加而不断增大，并且均小于1。性别、年龄、年龄的平方项、婚姻状况、是否与配偶生活在一起、BMI指数和养老保险对农民工粮食总需求的影响显著。家庭外出务工人数越多，粮食总需求也越多，特别对低收入农民工粮食总需求促进作用更强。家庭资产显著促进农民工的粮食总需求，尤其对高收入水平的农民工的作用更强。从事建筑行业的农民工的粮食总需求较多，而从事住宿餐饮业农民工粮食总需求较少。原因在于从事建筑业农民工劳动强度大、体力消耗多，粮食需求自然也多，而从事住宿餐饮业农民工劳动强度较小，体力消耗较少，相应粮食需求也少。与从事轻体力劳动农民工相比，从事中度体力劳动和重体力劳动农民工粮食总需求较多。务工年限越长农民工粮食总需求越少。单位包吃和单位包住对农民工粮食总需求有正向促进作用。与在西部地区务工的农民工相比，在东部地区务工的农民工的粮食总需求多。

第 5 章

农民工与城镇居民和农村居民粮食需求差异分析

改革开放以来,社会经济快速发展,人们的生活水平不断提高,从温饱迈进了小康。特别是 20 世纪 90 年代以后,随着居民消费水平的提高,人们更加注重"吃得好、吃得健康、吃得安全",对粮食的需求出现了品种多样化和追求绿色、安全、优质的趋势,其食物消费水平和结构也随之发生变化。同时,如前所述,农民工主要从事(重)体力工种,能量消耗大,其粮食需求应该既大于其进城务工前在农村时的消费量,也大于目前城镇户籍居民的粮食消费量。并且,随着农民工收入水平的不断提高,其对动物性产品等健康营养食物的需求会不断增加。农民工的粮食消费水平和结构,与城乡居民也各不相同。本章主要对城镇户籍居民、农村居民和农民工的粮食需求差异进行分析。主要内容包括:(1) 城镇居民和农村居民的口粮需求、动物性产品消费引致的饲料粮需求和粮食总需求的水平与结构的变化;(2) 农民工与城镇居民、农村居民的粮食消费水平和结构差异;(3) 估计城镇化对我国粮食需求的拉动作用和农民工粮食需求的低估程度。

5.1 国家统计局关于城乡居民粮食消费调查的说明

中国城乡居民粮食需求的统计,在 2013 年之前是区分城镇居民和农村居民两个口径分别统计的,分别由国家统计局城市调查总队和农村调查总队在全国城乡进行抽样调查。

在统计时,对于农村居民统计其消费量,其中,口粮是原粮消费量,其他食物是成品消费量。对于城镇居民,2012 年以前统计的是城镇居民的口粮和其他食物购买量（成品）①，2013年之后统计的是城镇居民的口粮消费量（原粮）和其他食物消费量（成品）。

农村居民的粮食消费统计数据在《中国农村住户调查年鉴》和《中国统计年鉴》（相关年份）中公布，城镇居民的粮食消费统计数据在《中国价格及城镇居民家庭收支调查统计年鉴》（2005年前）、《中国城市（镇）生活与价格年鉴》（自2006年起）和《中国统计年鉴》（相关年份）中公布。

5.1.1 国家统计局对于城镇住户粮食消费调查

城镇住户调查由中国国家统计局住户调查办公室负责实施，依据统一的调查方案，各调查总队和抽中市、县进行资料收集并逐级审核，最后汇总全国数据（即国家超级汇总）。调查内容主要包括家庭人口及其构成、家庭现金收支、主要商品购买数量及支出金额、劳动就业状况、居住状况和耐用消费品的拥有量等。调查对象是全国各市、县、镇的住户②。2012年底，城镇住户调研的样本，最后参加国家汇总的数量为6.6万户。

抽样调查包括住户调查城镇抽样和被调查户（即样本户）抽样两部分。首先，采用分层随机抽样确定住户调查城镇：（1）将全国所有城镇按规模分为大中城市、县级市和县城（镇）三层；（2）每层样本数量依据各层人口占本省人口的比例来分配；（3）依据年人均工资将各城镇从业者由高到低排序，计算人口累计数，根据样本数量随机起点等距抽取调查城镇（《中国统计年鉴，2013》）。其次，关于被调查户的选择分为两步进行：（1）一次性的样本调查，目的是为经常性调查提供抽样框和为数据评估提供基础资料，样本调查每三年进行一次。在样本调查时，样本市县采取分层、分阶段（包括两阶段和多阶段，其中，对县级市和县城（镇）采用两阶段，先抽选社区/居委会，再抽选样本户；对部分大城市采用三阶段，中间多一个抽选调查小区环节）、与大小成比例（PPS方法）等方法随机等距选取社区/居委会和样本户③。（2）从样本中按比例抽出部分样本，其目的是作为经常性调查户，开展记账工作，以保证调研的科学性。

---

① 为了更好地反映城镇居民的在外就餐情况，在城镇居民的消费支出中有"在外就餐"项目。
② 调查对象在2001年以前为全国非农业住户，2002年以后为全国市、县、镇的住户。
③ 抽样时，先按区分层，在层内按照PPS方法随机等距抽选被调查的社区/居委会，在抽中社区/居委会内随机等距抽选样本户（被调查住户）。

5.1.2 国家统计局对于农村住户粮食消费调查

农村住户调查由中国国家统计局住户调查办公室进行抽样调查，在"农村居民生活状况"的调研中进行。调查内容主要包括：家庭基本情况、收入、住房、生活消费支出等。从各省份中抽取调查村，然后在其中抽取调查户。全国 7100 多个村中共抽选了 7.4 万个样本农户。为保证农村住户调查资料的准确性，要求调查抽样误差不超过 3%（95% 的概率下）。调查户需要登记现金账和实物账两本账，由辅助调查员（全国有近万名）帮助其做好记账，并及时进行核实，最后对住户调查资料进行汇总。

考虑到样本户的自然变迁以及避免长时间的样本导致的倾向性偏差，国家统计局对农村住户调查网点实行样本轮换制度，每五年轮换一次，这样更好地增强抽样调查网点的代表性，从而准确、及时地反映农村社会经济的真实情况。

5.1.3 城乡居民与农民工粮食消费的统计口径

在国家统计局的城镇住户调查中，调查对象是全国城市市区和县城关镇区的住户[①]。由于大部分农民工并非举家迁移，一般在务工地点集体住宿，很难被抽中进入其调查样本，农民工群体被抽中的概率不足 1%，基本上可以忽略不计。

在国家统计局的农村住户调查中，有一部分在外人员（即农民工）仍属于农村住户调查对象，但是由于住户调查采用记日记账的方式采集住户收支数据，家庭成员并不能全面掌握在外人员的收支情况，在外人员的粮食消费情况基本不在统计之内。

由此来看，目前国家统计局对于城镇住户和农村住户粮食消费调查对象基本上不包括农民工这一群体，本课题组的城镇外来务工人员就业和消费需求调查项目系统调查了农民工的粮食和食物消费情况。所以，可以利用本课题组调查获得的农民工粮食消费数据与国家统计局的城乡居民粮食消费数据进行对比，这在一定程度上能够反映农民工与城乡居民粮食需求的差异。

---

① 在 2001 年以前为全国非农业住户，2002 年以后为全国城市市区和县城关镇区的住户。

5.2 城乡居民粮食消费水平与结构变化

由于城乡居民的收入水平、消费习惯和消费方式存在差异，其粮食消费变化情况也不相同。首先，改革开放以来，城镇居民人均可支配收入与农村居民人均纯收入的比值由1990年的2.20上升为2010年的3.23，2010年以后逐渐减小，2019年减小至2.64，城乡居民人均可支配收入差距经历了先增大后减小的过程。其次，城乡居民的食物消费习惯不同，具体表现为城乡居民消费结构的不同。与城镇居民相比，农村居民的口粮消费比例较大，而动物性产品的消费比例较小。尤其在奶及制品和水产品的消费上，城乡居民的消费差异更明显。即使同类食物的消费结构也不同，比如畜禽产品的消费，农村居民以消费猪肉为主，而城市居民呈现出消费猪牛羊肉和禽肉多元化的特点（朱高林，2007）。农村居民以主食消费为主，城市居民以副食消费为主，并逐渐从基本生活副食向营养生活辅食转变。有研究认为，农村居民现有消费习惯下的食物消费结构大约相当于城市居民10年前的消费结构（白军飞等，2014）。最后，除了城乡居民的收入水平和消费习惯不同之外，城乡居民的食物消费方式也存在差异。与城市居民相比，农村居民在外就餐的概率较小，而在外就餐与在家就餐的食物消费有很大不同。一般情况下，在外就餐的肉类消费较多，而且以牛羊肉消费增加较多（马冠生等，2006）。以肉类消费为例，城市居民在家就餐的肉类消费本身就比农村居民多，又加上城市居民在外就餐的比例较大，这样导致城乡居民的肉类消费差距进一步扩大。因此，下面从口粮需求、消费动物性产品引致的饲料粮需求和粮食总需求几个方面对城乡居民的粮食消费水平和结构的变化进行详细分析。

5.2.1 城乡居民口粮消费

城乡居民的口粮消费呈明显的下降趋势，其中，城镇居民的人均口粮消费量在2000年以前降幅较大，农村居民人均口粮消费量在2000年以后降幅较大。如表5-1所示，1985年城镇居民的人均口粮消费为264.24千克，2000年降低至161.39千克，累计降幅高达38.92%。2010年城镇居民的人均口粮消费量降低至159.86千克，2018年进一步降低至110.00千克，累计降幅达

31.19%。1985年农村居民的人均口粮消费量为257.45千克，2000年为250.23千克，累计降幅为2.80%。2000年以后，农村居民的人均口粮消费量大幅度下降，2010年降低至181.44千克，累计降幅为27.49%。2018年进一步降低至148.50千克，累计降幅为18.15%。可以看出，农村居民人均口粮消费量大幅度下降的时间滞后于城镇居民人均口粮消费量大幅度下降的时间，这主要是由于农村经济发展水平滞后于城镇经济发展水平。

表5-1　1985~2018年城乡居民人均口粮（原粮）消费量　单位：千克/年

指标	1985年	1990年	1995年	2000年	2005年	2010年	2011年
城镇居民	264.24	256.31	190.20	161.39	150.94	159.86	158.25
农村居民	257.45	262.08	256.07	250.23	208.85	181.44	170.74
指标	2012年	2013年	2014年	2015年	2016年	2017年	2018年
城镇居民	154.43	121.30	117.20	112.60	111.90	109.70	110.00
农村居民	164.27	178.50	167.60	159.50	157.20	154.60	148.50

注：《中国统计年鉴》（历年）公布的均是农村居民的食物消费量，其中，口粮是原粮消费量，其他食物是成品消费量。《中国统计年鉴》（2012年以前）公布的是城镇居民的口粮购买量（成品），《中国统计年鉴》（2013年之后）公布的是城镇居民的口粮消费量（原粮）。表中已将1985~2012年的城镇居民数据按照1∶0.6的比例折算为原粮，并按照15%的在外就餐比例将其折算为消费量。

国家统计局公布的数据显示2011年我国城镇居民平均的在外就餐支出占其食物消费支出的21.49%。也有一些研究表明城镇居民外出就餐支出占其食物消费支出的比例为20%~30%（郑志浩，2012；白军飞，2014）。考虑到在外就餐中的主食和奶及制品消费较少，而肉禽及制品和蛋及制品消费相对较多，因而本书按照15%的在外就餐比例将城镇居民的口粮和奶及制品的购买量折算为消费量，按照22%的在外就餐比例将其肉禽及制品、蛋及制品和水产品的购买量折算为消费量。当然，这里分析的是消费数量比重，国家统计局公布的是支出金额的比例，虽有一定差异，但基本可以反映实际情况。

资料来源：作者依据《中国统计年鉴》（历年）整理。

5.2.2　城乡居民动物性产品消费

城乡居民的动物性产品消费呈现出不断上升的趋势，从而拉动对饲料粮需求的快速增加。随着城乡居民的收入水平不断增长，消费不断升级，膳食结构也发生了改变。如表5-2所示，对肉禽及制品而言，1985年城镇居民的人均肉禽及制品消费量为28.15千克，2000年增加至32.69千克，累计增长幅度为16.12%。2010年进一步增加至44.51千克，2000~2010年的累计增长幅度为36.16%。2010~2018年，城镇居民的人均肉禽及制品消费量经历了先增加后减小再增加的过程，但变化幅度不大。1985年农村居民的人均肉禽及制品消费量为12.00千克，2000年增加至17.22千克，累计增长幅度为43.50%。2010年进一步增加至20.00千克，2000~2010年的累计增长幅度为16.14%。2010~2018年农村居民的人均肉禽及制品消费量呈稳定增长趋势，年均增长率为7.44%。

表5-2　　　1985~2018年城乡居民人均动物性产品（成品）消费量　单位：千克/年

年份	肉禽及制品 城镇居民	肉禽及制品 农村居民	蛋及制品 城镇居民	蛋及制品 农村居民	奶及制品 城镇居民	奶及制品 农村居民	水产品 城镇居民	水产品 农村居民	合计 城镇居民	合计 农村居民
1985	28.15	12.00	8.77	2.05	0.00	0.00	9.08	1.64	46.00	15.69
1990	32.26	12.59	9.29	2.41	5.45	1.10	9.86	2.13	56.86	18.23
1995	30.32	13.12	12.49	3.22	5.44	0.60	11.79	3.36	60.04	20.30
2000	32.69	17.22	14.37	4.77	11.69	1.06	15.05	3.92	73.81	26.97
2005	42.09	22.74	13.33	4.71	21.08	2.86	16.09	4.94	92.60	35.25
2010	44.51	20.00	12.82	5.12	16.45	3.55	19.50	5.15	93.28	33.82
2011	45.09	20.86	12.97	5.40	16.12	5.16	18.74	5.36	92.93	36.78
2012	45.78	20.85	13.49	5.87	16.41	5.29	19.47	5.36	95.16	37.37
2013	36.60	28.60	9.40	7.00	17.10	5.70	14.00	6.60	77.10	47.90
2014	37.50	29.20	9.80	7.20	18.10	6.40	14.40	6.80	79.80	49.60
2015	38.30	30.20	10.50	8.30	17.10	6.30	14.70	7.20	80.60	52.00
2016	39.20	30.60	10.70	8.50	16.50	6.60	14.80	7.50	81.20	53.20
2017	38.90	31.50	10.90	8.90	16.50	6.90	14.80	7.40	81.10	54.70
2018	41.00	35.50	10.80	8.40	16.50	6.90	14.30	7.80	82.60	58.60

注：《中国统计年鉴》（历年）公布的均是农村居民的食物消费量，其中，口粮是原粮消费量，其他食物是成品消费量。《中国统计年鉴》（2012年以前）公布的是城镇居民的食物购买量（成品），《中国统计年鉴》（2013年之后）公布的是城镇居民的食物消费量（成品）。表中已将1985~2012年的城镇居民购买的奶及制品按照15%的在外就餐比例，肉禽及制品、蛋及制品和水产品按照22%的在外就餐比例将其折算为消费量。

资料来源：作者依据《中国统计年鉴》（历年）整理。

对蛋及制品而言，1985年城镇居民人均消费量为8.77千克，2000年增加至14.37千克，累计增长幅度为63.89%。2010年略有下降，为12.82千克。2010~2018年，城镇居民的人均蛋及制品消费量经历了先增加后减小再增加的过程，但变化幅度不大。1985年农村居民的人均蛋及制品消费量为2.05千克，2000年增加至4.77千克，累计增长幅度为132.68%。2010年进一步增长至5.12千克，2000~2010年的累计增长幅度为7.34%。2010~2018年，农村居民的人均蛋及制品消费量呈稳定增长趋势，年均增长率为6.38%。

对奶及制品而言，1990年城镇居民的人均消费量为5.45千克，2000年增加至11.69千克，累计增长幅度为114.69%。2010年进一步增长至16.45千克，2000~2010年的累计增长幅度高达40.64%。2010~2018年，城镇居民的人均奶及制品消费量小幅波动，但变化幅度不大，年均增长率为0.04%。1990年农村居民的人均奶及制品消费量为1.10千克，2000年为1.06千克，年际间变化不大。2010年增长至3.55千克，2000~2010年累计增长幅度高达234.91%。2010~2018年，农村居民的人均奶及制品消费量呈稳定增长趋势，年均增长率为8.66%。

对水产品而言，1985年城镇居民的人均消费量为9.08千克，2000年增加至15.05千克，累计增长幅度为65.82%。2010年进一步增长为19.50千克，2000~2010年累计增长幅度为29.56%。2010~2018年，城镇居民的人均水产品消费量经历了先增加后减小，然后逐渐趋于稳定的变化过程。1985年农村居民的人均水产品消费量为1.64千克，2000年增加至3.92千克，累计增长幅度为139.02%；2010年进一步增长至5.15千克，2000~2010年的累计增长幅度为31.38%。2010~2018年，农村居民的人均水产品消费量呈稳定增长趋势，年均增长率为5.33%。

从动物性产品的消费总量来看，城镇居民的消费量始终高于农村居民。具体而言，2010年以前，城镇居民和农村居民消费动物性产品的累计增长幅度分别为102.78%和115.55%。2010年以来，城镇居民的动物性产品消费量波动性下降，而农村居民的动物性产品消费量呈稳定增长趋势。

将肉禽及制品、蛋及制品、奶及制品和水产品分别按照1∶3.57、1∶2.37、1∶0.45和1∶1.40的粮食转化率折算为原粮，即为消费动物性产品引致的饲料粮需求。如表5-3所示，总体来看，城乡居民消费动物性产品引致的饲料粮需求总体上呈增长趋势。具体而言，1985年城乡居民消费动物性产品引致的饲料粮需求量分别为134.00千克和49.99千克，2000年二者分别增长至177.11千克和78.75千克，累计增长幅度分别为32.17%和57.53%。2010年二者进一步增长至224.00千克和92.34千克，2000~2010年二者累计增长幅度分别为26.48%和17.26%。2010~2018年，城镇居民消费动物性产品引致的饲料粮需求量经历了先增加后减小再增加的过程，总体呈小幅减小趋势。而农村居民消费动物性产品引致的饲料粮需求量呈稳定增长趋势，2010年以来的年均增长率为7.17%。可以看出，城镇居民消费动物性产品引致的饲料粮需求量始终高于农村居民，但增速放缓。这主要是由于随着收入水平的提高和保健意识的增强，城镇居民更加注重合理膳食和营养健康。

表5-3　1985~2018年城乡居民人均动物性产品（原粮）消费量　　单位：千克/年

年份	肉禽及制品 城镇居民	肉禽及制品 农村居民	蛋及制品 城镇居民	蛋及制品 农村居民	奶及制品 城镇居民	奶及制品 农村居民	水产品 城镇居民	水产品 农村居民	饲料粮合计 城镇居民	饲料粮合计 农村居民
1985	100.51	42.84	20.78	4.86	0.00	0.00	12.71	2.30	134.00	49.99
1990	115.16	44.95	22.03	5.71	2.45	0.50	13.80	2.98	153.44	54.14
1995	108.24	46.84	29.59	7.63	2.45	0.27	16.51	4.70	156.80	59.44
2000	116.71	61.48	34.06	11.30	5.26	0.48	21.07	5.49	177.11	78.75
2005	150.26	81.18	31.60	11.16	9.49	1.29	22.53	6.92	213.87	100.55
2010	158.91	71.40	30.38	12.13	7.40	1.60	27.30	7.21	224.00	92.34
2011	160.97	74.47	30.75	12.80	7.25	2.32	26.24	7.50	225.21	97.09
2012	163.44	74.43	31.96	13.91	7.39	2.38	27.26	7.50	230.06	98.23
2013	130.66	102.10	22.28	16.59	7.70	2.57	19.60	9.24	180.24	130.50
2014	133.88	104.24	23.23	17.06	8.15	2.88	20.16	9.52	185.41	133.71
2015	136.73	107.81	24.89	19.67	7.70	2.84	20.58	10.08	189.89	140.40
2016	139.94	109.24	25.36	20.15	7.43	2.97	20.72	10.50	193.45	142.86
2017	138.87	112.46	25.83	21.09	7.43	3.11	20.71	10.36	192.85	147.02
2018	146.37	126.74	25.60	19.91	7.43	3.11	20.02	10.92	199.42	160.68

注：表中已将肉禽及制品、蛋及制品、奶及制品和水产品分别按照1：3.57、1：2.37、1：0.45和1：1.40的粮食转化率将其折算为原粮。

资料来源：作者依据《中国统计年鉴》（历年）整理。

5.2.3　城乡居民粮食总需求

综合口粮消费和动物性产品消费引致的饲料粮需求，可以得到城乡居民的粮食（原粮）总需求。城镇居民的粮食消费总量呈波动性减小趋势，其中，口粮所占比例逐渐减小，消费动物性产品引致的饲料粮所占比例逐渐增加。农村居民的粮食消费总量基本稳定并处于不断小幅波动之中，其中，口粮所占比例逐渐减小，消费动物性产品引致的饲料粮所占比例逐渐增加。20世纪80年代中期以来，城镇居民和农村居民人均直接消费口粮都逐渐减少，动物性食品等非粮食食物消费增加，食物更加多样，饮食更加健康。这说明了随着经济的发展，城乡居民的收入水平和生活水平不断提高，食品消费结构也发生了变化，对富含蛋白质的动物性产品的需求不断增多，而对米及制品和面及制品等口粮需求不断下降，人们从吃得饱逐渐向吃得好、吃得健康转变。

如表5-4所示，对城镇居民而言，1985年人均粮食需求量为398.24千克，其中，口粮消费量为264.24千克，由动物性产品消费引致的饲料粮需求量为134.00千克，占比分别为66.35%和33.65%。2000年城镇居民的人均粮食需求量为338.50千克，其中，口粮消费量为161.39千克，由动物性产品消费引致的饲料粮需求量为177.11千克，占比分别为47.68%和52.32%。2010年城镇居民的人均粮食需求量为383.86千克，其中，口粮消费量为159.86千克，由动物性产品消费引致的饲料粮需求量为224.00千克，占比分别为41.65%和58.35%。2018年城镇居民的人均粮食需求量为309.42千克，其中，口粮消费量为110.00千克，由动物性产品消费引致的饲料粮需求量为199.42千克，占比分别为35.55%和64.45%。可以看出，城镇居民的粮食消费总量呈波动性减小趋势，其中，口粮所占比例逐渐减小，消费动物性产品引致的饲料粮所占比例逐渐增加，说明随着经济的发展，城镇居民的收入水平和生活水平不断提高，食品消费结构也发生了变化，对富含蛋白质的动物性产品的需求不断增多，而对米及制品和面及制品等口粮需求不断下降。

表5-4　　　　　1985~2018年城乡居民人均粮食（原粮）消费量　　　　单位：千克/年

年度	口粮		饲料粮		粮食合计	
	城镇居民	农村居民	城镇居民	农村居民	城镇居民	农村居民
1985	264.24	257.45	134.00	49.99	398.24	307.44
1990	256.31	262.08	153.44	54.14	409.75	316.22
1995	190.20	256.07	156.80	59.44	346.99	315.51
2000	161.39	250.23	177.11	78.75	338.50	328.98

续表

年度	口粮		饲料粮		粮食合计	
	城镇居民	农村居民	城镇居民	农村居民	城镇居民	农村居民
2005	150.94	208.85	213.87	100.55	364.81	309.40
2010	159.86	181.44	224.00	92.34	383.86	273.78
2011	158.25	170.74	225.21	97.09	383.47	267.83
2012	154.43	164.27	230.06	98.23	384.49	262.50
2013	121.30	178.50	180.24	130.50	301.54	309.00
2014	117.20	167.60	185.41	133.71	302.61	301.31
2015	112.60	159.50	189.89	140.40	302.49	299.90
2016	111.90	157.20	193.45	142.86	305.35	300.06
2017	109.70	154.60	192.85	147.02	302.55	301.62
2018	110.00	148.50	199.42	160.68	309.42	309.18

资料来源：作者依据《中国统计年鉴》（历年）整理。

对农村居民而言，1985年人均粮食需求量为307.44千克，其中，口粮消费量为257.45千克，由动物性产品消费引致的饲料粮需求量为49.99千克，占比分别为83.74%和16.26%。2000年农村居民的人均粮食需求量为328.98千克，其中，口粮消费量为250.23千克，由动物性产品消费引致的饲料粮需求量为78.75千克，占比分别为76.06%和23.94%。2010年农村居民的人均粮食需求量为273.78千克，其中，口粮消费量为181.44千克，由动物性产品消费引致的饲料粮需求量为92.34千克，占比分别为66.27%和33.73%。2018年农村居民的人均粮食需求量为309.18千克，其中，口粮消费量为148.50千克，由动物性产品消费引致的饲料粮需求量为160.68千克，占比分别为48.03%和51.97%。可以看出，农村居民的粮食消费总量基本稳定并处于不断小幅波动之中，其中，口粮所占比例逐渐减小，消费动物性产品引致的饲料粮所占比例逐渐增加，1985年以来农村居民的口粮需求占粮食总需求的比例降低了约30%，而由动物性产品消费引致的饲料粮需求占粮食总需求的比例增加了约30%。这主要是因为农村居民的收入水平提高了，他们的消费需求也发生了变化，从以前的吃得饱逐渐向吃得好、吃得健康转变。

从城镇居民和农村居民粮食消费结构的变化趋势来看，80年代中期至90年代初，城镇居民的口粮消费在粮食总需求中占主要地位；90年代末，城镇居民的口粮需求和由动物性产品消费引致的饲料粮需求基本持平；2000年以来，城镇居民消费动物性产品引致的饲料粮需求超过口粮需求，并且一直处于上升趋势，2018年城镇居民消费动物性产品引致的饲料粮需求达到口粮需求的将近2倍。而对于农村居民来说，80年代中期至90年代初，农村居民的口粮消费在粮食总需求中占绝对优势地位，高达80%以上的粮食需求来自于口粮消费，消费动物性产品引致的饲料粮需求不足20%；2012年前后的农村居民粮食消费结构才趋近于城镇居民90年代初的粮食消费结构；2018年农村居民的口粮需求超过由动物性产品消费引致的饲料粮需求，二者消费量接近于基本持平状态，这与90年代末城镇居民的消费结构比较接近。这在一定程度上表明，相对于城镇居民的粮食消费结构变化趋势，农村居民的粮食消费结构变化趋势大约滞后二十年左右。

5.3 农民工与城乡居民的粮食消费比较

5.3.1 农民工与城乡居民粮食消费水平和结构的差异

农民工的粮食需求量既高于农村居民，也高于城镇居民。如表5-5所示，农民工的粮食需求量为455.00千克，城镇居民和农村居民的粮食需求量分别为302.07千克和305.15千克。农民工比城镇居民的人均粮食需求量高152.93千克，高出的比例为50.63%。农民工比农村居民的人均粮食需求量高149.85千克，高出的比例为49.11%。其中，农民工、城镇居民和农村居民的口粮消费量分别为238.96千克、119.25千克和173.05千克。农民工比城镇居民的人均口粮消费量高119.71千克，高出的比例为100.39%。农民工比农村居民的人均口粮消费量高65.91千克，高出的比例为38.09%。农民工、城镇居民和农村居民消费动物性产品引致的饲料粮需求量分别为216.04千克、182.82千克和132.10千克。农民工比城镇居民的人均消费动物性产品引致的饲料粮需求量高33.22千克，高出的比例为18.17%。农民工比农村居民的人均消费动物性产品引致的饲料粮需求量高83.94千克，高出的比例为63.54%。由此可见，无论是粮食需求总量，还是口粮需求量和消费动物性产品引致的饲料粮需求量，农民工的需求明显高于城镇居民和农村居民。一方面，这与农民工从事的工种有关，农民工主要从事（重）体力工种，能量消耗大，其粮食需求量自然也多。另一方面，随着农民工收入水平的不断提高，农民工增加了对动物性产品等富含蛋白质的营养食物的需求，由此引致的饲料粮的需求也不断增加，表5-5中的数据也恰好证明了这一点。

表5-5　　农民工与城乡居民人均粮食（原粮）消费量比较　　单位：千克/年

指标	人均消费			与城镇居民相比		与农村居民相比	
	城镇	农村	农民工	增量	变化率	增量	变化率
口粮	119.25	173.05	238.96	119.71	100.39%	65.91	38.09%
饲料粮	182.82	132.10	216.04	33.22	18.17%	83.94	63.54%
肉禽及制品	132.27	103.17	179.17	46.90	35.46%	76.00	73.66%
蛋及制品	22.75	16.83	24.29	1.54	6.77%	7.46	44.33%
奶及制品	7.92	2.72	2.77	-5.15	-65.03%	0.05	1.84%
水产品	19.88	9.38	9.81	-10.07	-50.65%	0.43	4.58%
合计	302.07	305.15	455.00	152.93	50.63%	149.85	49.11%

注：城镇居民、农村居民和农民工的消费数据均为2013~2014年的平均值。
资料来源：作者依据《中国统计年鉴》（历年）和调研数据整理。

农民工的粮食消费结构介于农村居民与城镇居民之间。如表5-5所示，农民工人均粮食需求量为455.00千克，其中，口粮消费量为238.96千克，消费动物性产品引致的饲料粮需求量为216.04千克，占比分别为52.52%和47.48%。城镇居民的人均粮食需求量为302.07千克，其中，口粮消费量为119.25千克，消费动物性产品引致的饲料粮需求量为182.82千克，占比分别为39.48%和60.52%。农村居民的人均粮食需求量为305.15千克，其中，口粮消费量为173.05千克，消费动物性产品引致的饲料粮需求量为132.10千克，占比分别为56.71%和43.29%。农民工的口粮消费量和消费动物性产品引致的饲料粮需求量基本上差不多，城镇居民消费动物性产品引致的饲料粮需求量比口粮消费量多，而农村居民的口粮消费量比消费动物性产品引致的饲料粮需求量多。可以看出，农民工的粮食消费结构介于农村居民与城镇居民之间。一方面，这与收入水平相关，农民工进城务工后，其收入水平不断提高，并基本上介于农村居民与城镇居民之间，收入水平决定了消费水平，因而农民工的粮食消费结构也介于农村居民与城镇居民之间。另一方面，由于"示范效应",农民工的消费行为受周围城镇居民消费水准的影响,其粮食消费结构越来越接近城镇居民。

5.3.2 城镇化拉动粮食需求量的估计

城镇化的快速发展,引起农村劳动力向城市不断转移。农民工进城前后粮食消费变化即是城镇化对粮食需求的拉动作用。然而,比较农民工进城前后的粮食消费变化在实际操作中有一定的难度。原因是相当数量的农民工并非刚刚进城务工,而是在城市工作和生活了很多年,不能用其多年前进城之前的粮食消费与目前的粮食消费进行比较。为此,比较简单且具有说服力的方法是对比目前农村居民和城市农民工的平均粮食消费情况,从而说明城镇化对粮食需求的拉动作用(中国农业大学国家农业农村发展研究院和中国农业大学经济管理学院粮食经济研究团队,2017)。对比农民工与农村居民的粮食需求发现,农民工转移到城市以后,其人均粮食需求量增加了149.85千克,增加的比例为49.11%。利用农民工与农村居民的人均粮食需求差异,乘以全国农民工的数量,大致可以反映由于农民工进城而导致的粮食需求的增加量。按照2014年农民工数量2.74亿人计算,则粮食需求的增加量为4105.89万吨,约占我国同期粮食产量的6.42%,仅次于我国粮食主产省山东2014年的粮食产量[①]。

采用的计算方法没有考虑农民工和农村留守居民的性别结构和年龄结构。实际上,农民工和农村留守居民在性别结构和年龄结构上存在很大差异。研究发现,进城农民工以男性居多,并且大多是青壮年的劳动力,而农村留守居民大多是老年人和妇女儿童。"农民工监测调查报告"显示,农民工的性别比例比较稳定,如表5-6所示,2009年以来,男性农民工的比例均在65%以上,而女性农民工均在35%以下。分年龄段来看,40岁以下的农民工所占比例逐年下降,40岁以上的农民工所占比例逐年上升,农民工主要以青壮年为主。具体而言,16~20岁农民工的占比由2009年的8.5%逐渐降低为2018年的2.4%;21~30岁农民工的占比由2009年的35.8%逐渐降低为2018年的25.2%;31~40岁农民工的占比由2009年的23.6%逐渐降低为2016年的22.0%,2017年和2018年有小幅度的回升,占比分别为22.5%和24.5%;41~50岁农民工的占比由2009年的19.9%逐渐上升为2016年的27.0%,2017年

---

① 农民工与农村居民的人均粮食需求量均使用的是2013年和2014年的平均值。

和2018年有小幅度的回落，占比分别为26.3%和25.5%；50岁以上农民工的占比由2009年的12.2%逐渐上升为2018年的22.4%。农民工的平均年龄不断提高，2018年农民工平均年龄为40.2岁，比上年提高0.5岁。1980年及以后出生的新生代农民工越来越成为农民工的主要组成部分，占全国农民工总量的51.5%，比上年提高1.0个百分点；老一代农民工占全国农民工总量的48.5%。在新生代农民工中，"80后"占50.4%；"90后"占43.2%；"00后"占6.4%。从年龄结构来看，我国农村适龄劳动力的比例不断下降，尤其是青壮年劳动力的比例下降较快。从性别结构来看，女性劳动力从事农业劳动的比例逐年增加，男性劳动力从事农业劳动的比例逐年下降。

表5-6　　　　　　　　　　农民工性别及年龄构成　　　　　　　　　单位：%

类别	2009年	2010年	2011年	2012年	2013年	2014年	2015年	2016年	2017年	2018年
男	65.1	65.1	65.9	66.4	66.7	67.0	66.4	65.5	65.6	65.2
女	34.9	34.9	34.1	33.6	33.3	33.0	33.6	34.5	34.4	34.8
16~20岁	8.5	6.5	6.3	4.9	4.7	3.5	3.7	3.3	2.6	2.4
21~30岁	35.8	35.9	32.7	31.9	30.8	30.2	29.2	28.6	27.3	25.2
31~40岁	23.6	23.5	22.7	22.5	22.9	22.8	22.3	22.0	22.5	24.5
41~50岁	19.9	21.2	24.0	25.6	26.4	26.4	26.9	27.0	26.3	25.5
50岁以上	12.2	12.9	14.3	15.1	15.2	17.1	17.9	19.2	21.3	22.4

资料来源："农民工监测调查报告"（历年），中国信息报（网络版），http：//www.zgxxb.com.cn。

直接比较目前城市农民工和农村居民的平均粮食消费情况，实际上是比较青壮年农民工与农村留守的"老年"和"妇女儿童"的平均粮食消费情况，前者的消费自然比后者高，或者说高不少。为了对两个群体的粮食消费情况进行更加准确可靠的比较，可以采用以下两种方法对两个群体进行进一步控制。一是选择农民工中与目前农村人口类似的样本（即老年或妇女），将其与农村居民的平均粮食消费情况进行对比。二是选择农村人口中与农民工性别结构和年龄结构类似的样本，将其与农民工的平均粮食消费情况进行对比。鉴于数据的可获得性，下面采用第一种矫正方法，对农民工和农村居民的平均粮食消费情况进行重新对比，这能够在一定程度更加准确合理地反映城镇化对粮食需求的拉动作用。

第5章 农民工与城镇居民和农村居民粮食需求差异分析

从农民工总样本中选取女性农民工和50岁以上农民工两个子样本,分别计算两个子样本的人均粮食需求量,结果见表5-7。女性农民工的人均口粮消费量为188.48千克,消费动物性产品引致的饲料粮需求量为211.68千克,粮食总需求量为400.16千克。50岁以上农民工的人均口粮消费量为188.63千克,消费动物性产品引致的饲料粮需求量为211.49千克,粮食总需求量为400.12千克。可以看出,两个子样本的粮食消费水平和结构非常接近。两个子样本与农民工总样本的人均粮食需求量相比,口粮需求量约少了50千克,消费动物性产品引致的饲料粮需求量约少了5千克,粮食总需求量约少了55千克。与农村居民相比,女性农民工的口粮需求量多15.43千克,多了8.92%;消费动物性产品引致的饲料粮需求量多79.58千克,多了60.24%;粮食总需求量多95.01千克,多了31.14%。由此可见,从需求量上来看,女性农民工的口粮需求和消费动物性产品引致的饲料粮需求都比农村居民多;从需求结构上来看,女性农民工的消费动物性产品引致的饲料粮需求的增加比率更大。与农村居民相比,50岁以上农民工的口粮需求量多15.58千克,多了9.00%;消费动物性产品引致的饲料粮需求量多79.39千克,多了60.10%;粮食总需求量多94.97千克,多了31.12%。由此可见,从需求量上来看,50岁以上农民工的口粮需求和消费动物性产品引致的饲料粮需求都比农村居民多;从需求结构上来看,50岁以上农民工的消费动物性产品引致的饲料粮需求的增加比率更大。

表5-7 不同类别农民工与农村居民人均粮食(原粮)消费量比较 单位:千克/年

指标	人均消费			女性农民工与农村居民相比		50岁以上农民工与农村居民相比	
	女性农民工	50岁以上农民工	农村居民	增量	变化率	增量	变化率
口粮	188.48	188.63	173.05	15.43	8.92%	15.58	9.00%
饲料粮	211.68	211.49	132.10	79.58	60.24%	79.39	60.10%
合计	400.16	400.12	305.15	95.01	31.14%	94.97	31.12%

注:农村居民和农民工的消费数据均为2013~2014年的平均值。
资料来源:作者依据《中国统计年鉴》(历年)和调研数据整理。

利用女性农民工或 50 岁以上农民工与农村居民的人均粮食需求差异,乘以全国农民工的数量,得出由于农民工进城而导致的粮食需求的增加量,即城镇化对粮食需求的拉动。考虑到女性农民工和 50 岁以上农民工的粮食消费水平和结构非常接近,此处采用二者的平均值代表女性农民工和 50 岁以上农民工的人均粮食需求量。女性农民工和 50 岁以上农民工与农村居民的粮食需求对比表明,农民工转移到城市使粮食需求增加了 31.13%,人均增加了 94.99 千克。利用上述计算方法可得,由农民工进城而导致的粮食需求的增加量为 2602.73 万吨,约占我国同期粮食产量的 4.07%。

5.3.3 农民工粮食需求量的低估

如前所述,目前国家统计局关于我国居民粮食和食物消费的统计依然沿袭城乡"二元"体制。城乡居民粮食和食物消费的统计分别由国家统计局城调队和农调队在全国城乡进行抽样调查。而在城镇居民的抽样统计中,调查对象为城市市区和县城关镇区的住户,由于多数农民工并非举家迁移,因而尽管农民工人数算在了城市人口中,但抽样统计的城镇居民的人均消费并不能反映农民工的实际粮食需求情况。

基于我国城乡居民粮食和食物消费的统计资料,目前对于我国粮食需求的研究中,大部分研究将农民工的人均粮食需求量等同于城镇居民的人均粮食需求量。2013~2014 年农民工和城镇居民的年人均粮食需求量分别为 455.00 千克和 302.07 千克,农民工比城镇居民的年人均粮食需求量高 152.93 千克,高出的比例为 50.63%。若将农民工视为城镇户籍人口,按照 2014 年农民工数量 2.74 亿计算,则农民工粮食需求量被低估了 4190.28 万吨。因而,全国粮食需求量被低估了 4190.28 万吨,相当于同期粮食产量的 6.55%,高于我国同期的谷物进口量。

根据农民工粮食需求量的测算结果,农民工的年人均粮食需求量为 455.00 千克,按照 2014 年农民工数量 2.74 亿计算,可得全国农民工的粮食需求量(包括口粮需求和消费动物性产品引致的饲料粮需求)为 12467.00 万吨,占同期粮食产量的 19.49%。根据联合国粮农组织(FAO)数据库食物平衡表中的分类,粮食需求除了口粮需求和饲料粮需求外,还包括种子用粮需求、加工用粮需求和其他需求。据估计,目前我国口粮需求和饲料粮需求两项约占粮食总需求的 85%。如果按照此比例计算,我国农民工平均每人的全口径粮食需求量为535.29千克,农民工的粮食总需求量为14666.95万吨,占我国同期粮食产量的比例为22.93%,即约占中国总人口20%的农民工的粮食需求量约等于国内粮食产量的23%。

5.4 本章小结

本章对城镇居民和农村居民的口粮需求、消费动物性产品引致的饲料粮需求和粮食总需求水平与结构变化趋势进行了分析,然后对农民工与城镇居民、农村居民的粮食需求水平和结构差异进行了对比研究,并进一步分析了城镇化对我国粮食需求的拉动作用和农民工粮食需求的低估程度,主要得出以下结论:

(1) 城乡居民的口粮消费呈明显的下降趋势,动物性产品消费呈上升趋势。城镇居民消费动物性产品引致的饲料粮需求量始终高于农村居民,但增速放缓。城镇居民粮食需求总量呈波动性减小趋势,其中,口粮所占比例逐渐减小,消费动物性产品引致的饲料粮所占比例逐渐增加。农村居民粮食需求总量基本稳定并处于不断小幅波动之中,其中,口粮所占比例逐渐减小,消费动物性产品引致的饲料粮所占比例逐渐增加。

(2) 无论是粮食需求总量,还是口粮需求量和消费动物性产品引致的饲料粮需求量,农民工的需求明显高于城镇居民和农村居民。农民工口粮需求和消费动物性产品引致的饲料粮需求基本上差不多,城镇居民消费动物性产品引致的饲料粮需求比口粮需求多,而农村居民口粮需求比消费动物性产品引致的饲料粮需求多。农民工粮食需求结构介于农村居民与城镇居民之间。

(3) 利用农民工与农村居民的人均粮食需求差异,乘以全国农民工的数量,得出由于农民工进城而导致的粮食需求的增加量为4105.89万吨,约占我国同期粮食总产量的6.42%。为了对两个群体的粮食消费情况进行更加准确可靠的比较,对两个群体进行了进一步的控制,从农民工总样本中选取女性农民工和50岁以上农民工两个子样本,分别计算两个子样本的人均粮食需求量,得出两个子样本的粮食消费水平和结构几乎完全相同。利用女性农民工或50岁以上农民工与农村居民的人均粮食需求差异,乘以全国农民工的数量,得出农民工转移到城市使粮食需求量增加了2602.73万吨,约占我国2014年粮食总产量的4.07%。

(4) 在城镇居民的抽样统计中,由于多数农民工并非举家迁移,因而尽管农民工人数算在了城市人口中,但抽样统计的城镇居民的人均消费并不能反映农民工的实际粮食需求情况。根据相关数据计算得出,农民工比城镇居民的年人均粮食需求量高152.93千克,高出的比例为50.63%。若将农民工视为城镇户籍人口,按照2014年农民工数量2.74亿人计算,则农民工粮食需求量被低估了4190.28万吨,也即全国粮食需求量被低估了4190.28万吨,相当于同期粮食产量的6.55%,高于我国当期的谷物进口量。因此,农民工的粮食需求被低估,从而导致我国粮食的实际需求量大于估计量,我国粮食需求实际增长快于预期。

第6章

不同地区农民工粮食需求差异分析

我国不同地区的经济发展水平差距较大,从而决定了不同地区居民的收入水平不同,其消费行为和消费水平自然也有所不同。同时,我国居民饮食消费具有很强的区域性,不同地区饮食习惯存在明显差异。第4章的分析表明不同地区农民工的粮食需求水平与结构存在较大差异,第5章的实证分析进一步表明务工地是影响农民工粮食需求的重要因素之一。基于此,本章将农民工样本分为东部和中西部两个子样本,首先分别对东部和中西部农民工粮食需求水平和结构进行描述性统计分析,其次分别对东部和中西部农民工的粮食需求影响因素进行定量分析,最后利用分位数分解法对东部和中西部农民工粮食需求的差异进行分解。

6.1 不同地区农民工粮食需求对比

6.1.1 东部和中西部农民工主食消费

1. 东部农民工主食消费状况

整体而言,东部农民工的年人均主食消费量为186.15千克,其中,面制品和米制品的年人均消费量相当,分别为76.06千克和73.84千克,分别占主食消费量的40.86%和39.67%。而其他谷类制品的年人均消费量为36.25千克,占主食消费量的比例为19.48%。

从性别结构来看,女性农民工消费面制品和米制品的数量比男性农民工少，女性农民工和男性农民工消费其他谷类制品的数量差不多，而女性农民工和男性农民工对于三种主食的消费比例略有差异。如表6-1所示，女性农民工的年人均主食消费量为158.66千克，其中，面制品、米制品、其他谷类制品的年人均消费量分别为56.03千克、66.23千克和36.40千克，占比分别为35.31%、41.74%和22.94%。男性农民工的年人均主食消费量为200.50千克，其中，面制品、米制品、其他谷类制品的年人均消费量分别为86.47千克、77.83千克和36.21千克，占比分别为43.13%、38.82%和18.06%。

表6-1　　　　　　　东部农民工人均主食（成品）消费量　　　　单位：千克/年，%

类别	面制品 数量	面制品 比例	米制品 数量	米制品 比例	其他谷类制品 数量	其他谷类制品 比例	合计
女	56.03	35.31	66.23	41.74	36.40	22.94	158.66
男	86.47	43.13	77.83	38.82	36.21	18.06	200.50
20岁及以下	67.96	39.56	71.85	41.83	31.96	18.61	171.77
21~30岁	67.58	37.73	73.56	41.06	37.99	21.21	179.13
31~40岁	76.18	40.17	78.07	41.16	35.41	18.67	189.66
41~50岁	85.80	45.08	68.31	35.89	36.20	19.02	190.30
50岁以上	92.38	46.79	65.55	33.20	39.51	20.01	197.44
制造业	55.44	30.93	85.27	47.57	38.55	21.51	179.27
建筑业	108.85	52.02	62.95	30.09	37.43	17.89	209.23
批发零售	77.57	44.50	63.37	36.36	33.36	19.14	174.30
交通运输	81.52	47.31	61.53	35.70	29.28	16.99	172.32
住宿餐饮	56.91	33.41	73.95	43.41	39.49	23.18	170.36
居民服务	69.85	40.52	67.08	38.92	35.44	20.56	172.36
其他行业	78.05	44.84	54.71	31.43	41.31	23.73	174.07
总体平均	76.00	40.86	73.84	39.67	36.25	19.48	186.15

资料来源：作者依据调研数据整理。

从年龄结构来看，随着年龄的增长，主食消费量逐渐增加，不同年龄段农民工的三种主食消费比例基本一致。如表6-1所示，20岁及以下农民工的年人均主食消费量为171.77千克，其中，面制品、米制品、其他谷类制品的年人均消费量分别为 67.96 千克、71.85 千克和 31.96 千克，占比分别为 39.56%、41.83% 和 18.61%。21~30 岁农民工的年人均主食消费量为 179.13 千克，其中，面制品、米制品、其他谷类制品的年人均消费量分别为 67.58 千克、73.56 千克和 37.99 千克，占比分别为 37.73%、41.06% 和 21.21%。31~40 岁农民工的年人均主食消费量为 189.66 千克，其中，面制品、米制品、其他谷类制品的年人均消费量分别为 76.18 千克、78.07 千克和 35.41 千克，占比分别为 40.17%、41.16% 和 18.67%。41~50 岁农民工的年人均主食消费量为 190.30 千克，其中，面制品、米制品、其他谷类制品的年人均消费量分别为 85.80 千克、68.31 千克和 36.20 千克，占比分别为 45.08%、35.89% 和 19.02%。50 岁以上农民工的年人均主食消费量为 197.44 千克，其中，面制品、米制品、其他谷类制品的年人均消费量分别为 92.38 千克、65.55 千克和 39.51 千克，占比分别为 46.79%、33.20% 和 20.01%。

从行业结构来看，建筑业农民工的主食消费量最多，其他行业农民工的主食消费量略有差异，不同行业农民工的三种主食消费比例差异较大。如表 6-1 所示，从事制造业的农民工的年人均主食消费量为 179.27 千克，其中，面制品、米制品、其他谷类制品的年人均消费量分别为 55.44 千克、85.27 千克和 38.55 千克，占比分别为 30.93%、47.57% 和 21.51%。从事建筑业的农民工的年人均主食消费量为 209.23 千克，其中，面制品、米制品、其他谷类制品的年人均消费量分别为 108.85 千克、62.95 千克和 37.43 千克，占比分别为 52.02%、30.09% 和 17.89%。从事批发零售业的农民工的年人均主食消费量为 174.30 千克，其中，面制品、米制品、其他谷类制品的年人均消费量分别为 77.57 千克、63.37 千克和 33.36 千克，占比分别为 44.50%、36.36% 和 19.14%。从事交通运输和仓储邮政业的农民工的年人均主食消费量为 172.32 千克，其中，面制品、米制品、其他谷类制品的年人均消费量分别为 81.52 千克、61.53 千克和 29.28 千克，占比分别为 47.31%、35.70% 和 16.99%。从事住宿餐饮业的农民工的年人均主食消费量为 170.36 千克，其中，面制品、米制品、其他谷类制品的年人均消费量分别为 56.91 千克、73.95 千克和 39.49 千克，占比分别为 33.41%、43.41% 和 23.18%。从事居民服务业的农民工的年人均主食消费量为 172.36 千克，其中，面制品、米制品、其他谷类制品的年人均消费量分别为 69.85 千克、67.08 千克和 35.44 千克，占比分别为 40.52%、38.92% 和 20.56%。从事其他行业的农民工的年人均主食消费量为 174.07 千克，其中，面制品、米制品、其他谷类制品的年人均消费量分别为78.05千克、54.71千克和41.31千克,占比分别为44.84%、31.43%和23.73%。

2. 中西部农民工主食消费状况

与东部农民工相比,中西部农民工的主食消费量多,主要是面制品和其他谷类制品的消费量多,而东部和中西部农民工对米制品的消费量基本相当。如表6-2所示,整体而言,中西部农民工的年人均主食消费量为202.85千克,其中,面制品、米制品、其他谷类制品的年人均消费量分别为85.71千克、76.01千克和41.13千克,占比分别为42.25%、37.47%和20.27%。

表6-2　　　　　　　中西部农民工人均主食(成品)消费量　　　　单位:千克/年,%

类别	面制品 数量	面制品 比例	米制品 数量	米制品 比例	其他谷类制品 数量	其他谷类制品 比例	合计
女	68.10	37.64	69.49	38.41	43.35	23.96	180.94
男	96.10	44.54	79.86	37.01	39.82	18.45	215.78
20岁及以下	74.34	44.38	66.28	39.57	26.87	16.04	167.50
21~30岁	90.08	44.09	70.48	34.50	43.73	21.41	204.29
31~40岁	85.50	42.89	74.07	37.16	39.76	19.95	199.33
41~50岁	74.89	37.05	85.70	42.41	41.51	20.54	202.10
50岁以上	101.55	46.70	77.89	35.82	38.01	17.48	217.45
制造业	81.67	39.40	78.87	38.06	46.71	22.54	207.25
建筑业	98.30	45.12	80.21	36.82	39.33	18.05	217.84
批发零售	54.41	34.51	76.82	48.73	26.43	16.76	157.66
交通运输	101.56	47.92	67.13	31.68	43.23	20.40	211.92
住宿餐饮	70.32	38.74	77.73	42.82	33.46	18.43	181.50
居民服务	103.57	47.13	68.22	31.05	47.96	21.82	219.75
其他行业	45.18	30.12	77.33	51.55	27.50	18.33	150.01
总体平均	85.71	42.25	76.01	37.47	41.13	20.27	202.85

资料来源:作者依据调研数据整理。

从性别结构来看，女性农民工比男性农民工的年人均主食消费量小，二者分别为180.94千克和215.78千克。而女性农民工和男性农民工对三种主食的消费比例差异不大。从年龄结构来看，随着年龄的增长，农民工的主食消费量波动性增长，最大值为217.45千克，最小值为167.50千克。不同年龄段农民工对面制品、米制品、其他谷类制品的消费量的比例分别为37%~47%、34%~43%、16%~22%。从行业结构来看，从事居民服务业的农民工的主食消费量最多，为219.75千克。从事建筑业的农民工的主食消费量次之，为217.84千克。其余几个行业的农民工的主食消费量在150~212千克。不同行业农民工对面制品、米制品、其他谷类制品的消费量的比例分别为30%~48%、31%~52%、16%~23%。

就主食消费量而言，中西部农民工比东部农民工的消费量大。就主食消费结构而言，中西部农民工和东部农民工在性别结构和年龄结构上基本类似，而从事不同行业的东部农民工和中西部农民工的三种主食消费比例差异较大。

6.1.2 东部和中西部农民工动物性产品消费

1. 东部农民工动物性产品消费状况

东部农民工的年人均动物性产品消费量为77.99千克，其中，肉禽制品的消费量最多，为50.80千克；蛋制品次之，为12.43千克；奶制品和水产品分别为6.32千克和8.44千克。肉禽制品、蛋制品、奶制品和水产品消费量的占比分别为65.14%、15.94%、8.10%和10.82%。

从性别结构来看，女性农民工和男性农民工在动物性产品的消费数量和消费结构上差异较小。如表6-3所示，女性农民工的年人均动物性产品消费量为71.94千克，其中，肉禽制品、蛋制品、奶及制品和水产品的年人均消费量分别为43.03千克、12.55千克、7.20千克、9.15千克，占比分别为59.82%、17.45%、10.01%、12.72%。男性农民工的年人均动物性产品消费量为81.18千克，其中，肉禽制品、蛋制品、奶及制品和水产品的年人均消费量分别为54.86千克、12.38千克、5.86千克、8.08千克，占比分别为67.58%、15.25%、7.22%、9.95%。

表6-3　　　　东部农民工人均动物性产品（成品）消费量　　　　单位：千克/年，%

类别	肉禽制品 数量	肉禽制品 比例	蛋制品 数量	蛋制品 比例	奶制品 数量	奶制品 比例	水产品 数量	水产品 比例	合计
女	43.03	59.82	12.55	17.45	7.20	10.01	9.15	12.72	71.94
男	54.86	67.58	12.38	15.25	5.86	7.22	8.08	9.95	81.18
20岁及以下	47.88	68.35	11.18	15.97	7.19	10.26	3.79	5.42	70.04
21~30岁	52.91	64.15	12.35	14.97	7.56	9.17	9.66	11.71	82.47
31~40岁	50.86	61.28	14.88	17.93	6.21	7.49	11.05	13.31	82.99
41~50岁	47.88	67.82	11.58	16.41	4.52	6.40	6.62	9.37	70.60
50岁以上	44.28	69.59	10.59	16.65	4.25	6.69	4.50	7.08	63.63
制造业	51.86	63.77	12.43	15.29	7.66	9.42	9.37	11.52	81.32
建筑业	53.61	67.83	13.79	17.45	3.67	4.65	7.96	10.08	79.04
批发零售	50.41	65.49	12.04	15.64	7.37	9.57	7.15	9.29	76.97
交通运输	46.54	64.87	13.75	19.16	6.42	8.95	5.03	7.02	71.74
住宿餐饮	44.51	61.45	12.87	17.77	8.56	11.81	6.50	8.97	72.43
居民服务	43.54	62.58	13.53	19.44	5.61	8.07	6.90	9.91	69.58
其他行业	44.64	61.82	10.11	14.00	11.63	16.11	5.83	8.08	72.22
总体平均	50.80	65.14	12.43	15.94	6.32	8.10	8.44	10.82	77.99

资料来源：作者依据调研数据整理。

从年龄结构来看，随着年龄的增长，动物性产品消费量先增加后减小，31~40岁农民工的动物性产品消费量最大，不同年龄段农民工的动物性产品消费比例基本相当。如表6-3所示，20岁及以下农民工的年人均动物性产品消费量为70.04千克，其中，肉禽制品、蛋制品、奶制品和水产品的年人均消费量分别为47.88千克、11.18千克、7.19千克、3.79千克，占比分别为68.35%、15.97%、10.26%、5.42%。21~30岁农民工的年人均动物性产品消费量为82.47千克，其中，肉禽制品、蛋制品、奶制品和水产品的年人均消费量分别为52.91千克、12.35千克、7.56千克、9.66千克，占比分别为64.15%、14.97%、9.17%、11.71%。31~40岁农民工的年人均动物性产品消费量为82.99千克，其中，肉禽制品、蛋制品、奶制品和水产品的年人均消费量分别为50.86千克、14.88千克、6.21千克、11.05千克，占比分别为

61.28%、17.93%、7.49%、13.31%。41~50岁农民工的年人均动物性产品消费量为70.60千克,其中,肉禽制品、蛋制品、奶制品和水产品的年人均消费量分别为47.88千克、11.58千克、4.52千克、6.62千克,占比分别为67.82%、16.41%、6.40%、9.37%。50岁以上农民工的年人均动物性产品消费量为63.63千克,其中,肉禽制品、蛋制品、奶制品和水产品的年人均消费量分别为44.28千克、10.59千克、4.25千克、4.50千克,占比分别为69.59%、16.65%、6.69%、7.08%。

从行业结构来看,制造业农民工的动物性产品消费量最多,并且肉禽制品的消费比例较大,其他行业农民工的动物性产品消费量在69~80千克,不同行业农民工的动物性产品消费比例差异不明显。如表6-3所示,从事制造业的农民工的年人均动物性产品消费量为81.32千克,其中,肉禽制品、蛋制品、奶制品、水产品的年人均消费量分别为51.86千克、12.43千克、7.66千克、9.37千克,占比分别为63.77%、15.29%、9.42%、11.52%。从事建筑业的农民工的年人均动物性产品消费量为79.04千克,其中,肉禽制品、蛋制品、奶制品、水产品的年人均消费量分别为53.61千克、13.79千克、3.67千克、7.96千克,占比分别为67.83%、17.45%、4.65%、10.08%。从事批发零售业的农民工的年人均动物性产品消费量为76.97千克,其中,肉禽制品、蛋制品、奶制品、水产品的年人均消费量分别为50.41千克、12.04千克、7.37千克、7.15千克,占比分别为65.49%、15.64%、9.57%、9.29%。从事交通运输和仓储邮政业的农民工的年人均动物性产品消费量为71.74千克,其中,肉禽制品、蛋制品、奶制品、水产品的年人均消费量分别为46.54千克、13.75千克、6.42千克、5.03千克,占比分别为64.87%、19.16%、8.95%、7.02%。从事住宿餐饮业的农民工的年人均动物性产品消费量为72.43千克,其中,肉禽制品、蛋制品、奶制品、水产品的年人均消费量分别为44.51千克、12.87千克、8.56千克、6.50千克,占比分别为61.45%、17.77%、11.81%、8.97%。从事居民服务业的农民工的年人均动物性产品消费量为69.58千克,肉禽制品、蛋制品、奶制品、水产品的年人均消费量分别为43.54千克、13.53千克、5.61千克、6.90千克,占比分别为62.58%、19.44%、8.07%、9.91%。从事其他行业的农民工的年人均动物性产品消费量为72.22千克,其中,肉禽制品、蛋制品、奶制品、水产品的年人均消费量分别为44.64千克、10.11千克、11.63千克、5.83千克,占比分别为61.82%、14.00%、16.11%、8.08%。

2. 中西部农民工动物性产品消费状况

与东部农民工相比，中西部农民工的动物性产品消费量少，并且肉禽制品、蛋制品、奶制品和水产品的消费量均比东部农民工少。如表6-4所示，整体而言，中西部农民工的年人均动物性产品消费量为65.60千克，其中，肉禽制品、蛋制品、奶制品、水产品的年人均消费量分别为48.20千克、9.38千克、5.61千克、2.40千克，占比分别为73.48%、14.30%、8.56%、3.66%。

表6-4　　　　中西部农民工人均动物性产品（成品）消费量　　　单位：千克/年，%

类别	肉禽制品 数量	肉禽制品 比例	蛋制品 数量	蛋制品 比例	奶制品 数量	奶制品 比例	水产品 数量	水产品 比例	合计
女	41.68	68.59	9.44	15.53	7.52	12.38	2.13	3.50	60.76
男	52.05	76.04	9.35	13.66	4.49	6.56	2.56	3.75	68.46
20岁及以下	44.51	60.28	8.08	10.94	17.23	23.34	4.01	5.43	73.83
21~30岁	46.49	68.93	11.38	16.88	7.21	10.69	2.36	3.50	67.44
31~40岁	45.89	72.33	8.25	13.01	7.50	11.82	1.80	2.84	63.45
41~50岁	52.67	80.20	8.38	12.77	1.91	2.91	2.70	4.12	65.67
50岁以上	48.03	82.15	7.52	12.85	1.36	2.33	1.56	2.67	58.47
制造业	45.36	67.90	9.20	13.77	10.05	15.04	2.19	3.29	66.80
建筑业	56.80	78.54	11.11	15.36	2.35	3.25	2.06	2.85	72.32
批发零售	54.23	74.65	11.97	16.48	4.79	6.59	1.66	2.29	72.64
交通运输	37.29	69.75	10.11	18.90	4.71	8.81	1.36	2.54	53.46
住宿餐饮	52.91	74.65	10.15	14.32	3.92	5.53	3.90	5.51	70.87
居民服务	37.06	67.93	11.45	20.99	3.99	7.32	2.05	3.76	54.56
其他行业	47.65	66.73	9.01	12.62	11.76	16.47	2.99	4.19	71.40
总体平均	48.20	73.48	9.38	14.30	5.61	8.56	2.40	3.66	65.60

资料来源：作者依据调研数据整理。

从性别结构来看，女性农民工比男性农民工的年人均动物性产品消费量小，二者分别为60.76千克和68.46千克。男性农民工的肉禽及制品的消费比例高于女性农民工，而女性农民工的蛋制品和奶制品的消费比例高于男性农民工。从年龄结构来看，随着年龄的增长，动物性产品消费量波动性减小，20

岁及以下农民工的动物性产品消费量最大,为73.83千克。年龄大的农民工消费的肉禽制品的比例较大,而年龄小的农民工消费的奶制品的比例较大。从行业结构来看,从事批发零售业的农民工的动物性产品消费量最多,为72.64千克,并且肉禽制品的消费比例较大。从事建筑业和其他行业的农民工的动物性产品消费量次之,分别为72.32千克和71.40千克。其他各个行业农民工的动物性产品消费量在53~70千克,并且不同行业农民工的动物性产品消费比例差异较小。

就动物性产品消费量而言,东部农民工比中西部农民工的消费量大。就动物性产品消费结构而言,中西部农民工的肉禽制品的消费比例较大,东部农民工的水产品的消费比例较大,蛋制品和奶制品的消费比例二者基本相同。

6.1.3 东部和中西部农民工粮食总需求

1. 口粮需求

按照小麦的出粉率(标准粉)平均为82%,水稻的出米率平均为73%,杂粮的折算率平均为90%,将面及制品、米及制品、其他谷类制品折算为原粮,即口粮。如表6-5所示,总体来看,东部农民工的年人均口粮消费量为234.19千克,其中,小麦、水稻和杂粮的年人均消费量分别为92.76千克、101.15千克和40.28千克。

表6-5　　　　东部农民工人均口粮(原粮)消费量　　　　单位:千克/年,%

类别	小麦 数量	小麦 比例	水稻 数量	水稻 比例	杂粮 数量	杂粮 比例	合计
女	68.32	34.25	90.73	45.48	40.45	20.27	199.50
男	105.45	41.80	106.61	42.26	40.23	15.95	252.29
20岁及以下	82.87	38.22	98.43	45.40	35.51	16.38	216.81
21~30岁	82.42	36.56	100.76	44.71	42.22	18.73	225.39
31~40岁	92.91	38.84	106.95	44.71	39.35	16.45	239.20
41~50岁	104.63	43.88	93.57	39.24	40.22	16.87	238.42

续表

类别	小麦 数量	小麦 比例	水稻 数量	水稻 比例	杂粮 数量	杂粮 比例	合计
50岁以上	112.65	45.73	89.80	36.45	43.90	17.82	246.36
制造业	67.61	29.75	116.81	51.40	42.84	18.85	227.26
建筑业	132.74	50.94	86.24	33.10	41.59	15.96	260.56
批发零售	94.59	43.30	86.81	39.74	37.07	16.97	218.48
交通运输	99.41	45.98	84.28	38.98	32.53	15.05	216.23
住宿餐饮	69.41	32.35	101.30	47.20	43.88	20.45	214.59
居民服务	85.18	39.36	91.89	42.45	39.37	18.19	216.44
其他行业	95.18	44.06	74.94	34.69	45.90	21.25	216.03
总体平均	92.76	39.61	101.15	43.19	40.28	17.20	234.19

资料来源：作者依据调研数据整理。

从性别结构来看，男性农民工比女性农民工的口粮消费多。其中，女性农民工和男性农民工的杂粮消费量差不多，而男性消费的水稻和小麦的数量比女性多。从年龄结构来看，口粮消费量随年龄的增长呈现波动性增长趋势。从行业结构来看，建筑业农民工的口粮消费量最多，为260.56千克。制造业和批发零售业次之，分别为227.26千克和218.48千克。其他行业相对较少，为216.03千克。

与东部农民工相比，中西部农民工的口粮消费量多，主要是小麦和杂粮的消费量多，而东部和中西部农民工的水稻消费量基本相当。如表6-6所示，整体而言，中西部农民工的年人均口粮消费量为254.35千克，其中，小麦、水稻、杂粮的年人均消费量分别为104.52千克、104.13千克和45.70千克。

从性别结构来看，女性农民工比男性农民工的年人均口粮消费量小，而对小麦、水稻和杂粮的消费比例二者差异较小。从年龄结构来看，随着年龄的增长，农民工的口粮消费量波动性增长。其中，50岁以上农民工的口粮消费量最多，20岁及以下农民工的口粮消费量最少。从行业结构来看，从事建筑业的农民工的口粮消费量最多，为273.45千克。从事居民服务业和交通运输业的农民工的主食消费量次之，分别为273.04千克和263.84千克。批发零售业和其他行业农民工的口粮消费相对较少。

第6章 不同地区农民工粮食需求差异分析

表6-6　　　　　中西部农民工人均口粮（原粮）消费量　　　单位：千克/年，%

类别	小麦 数量	小麦 比例	水稻 数量	水稻 比例	杂粮 数量	杂粮 比例	合计
女	83.05	36.68	95.20	42.05	48.16	21.27	226.41
男	117.20	43.27	109.40	40.39	44.24	16.33	270.83
20岁及以下	90.66	42.90	90.80	42.97	29.86	14.13	211.32
21~30岁	109.85	43.08	96.55	37.86	48.59	19.05	254.99
31~40岁	104.27	41.72	101.47	40.60	44.18	17.68	249.92
41~50岁	91.32	35.83	117.40	46.07	46.12	18.10	254.85
50岁以上	123.85	45.40	106.70	39.11	42.23	15.48	272.78
制造业	99.59	38.37	108.05	41.63	51.90	20.00	259.54
建筑业	119.87	43.84	109.88	40.18	43.70	15.98	273.45
批发零售	66.35	33.02	105.23	52.37	29.37	14.61	200.95
交通运输	123.85	46.94	91.96	34.85	48.04	18.21	263.84
住宿餐饮	85.75	37.38	106.48	46.41	37.18	16.21	229.40
居民服务	126.30	46.26	93.46	34.23	53.28	19.52	273.04
其他行业	55.10	28.76	105.94	55.29	30.55	15.95	191.59
总体平均	104.52	41.09	104.13	40.94	45.70	17.97	254.35

资料来源：作者依据调研数据整理。

就口粮消费量而言，中西部农民工比东部农民工的消费量大。就口粮消费结构而言，中西部农民工和东部农民工在性别结构和年龄结构上基本类似，而不同行业的中西部农民工对于小麦、水稻和杂粮消费比例差异较大。

2. 消费动物性产品引致的饲料粮需求

将肉禽制品、蛋制品、奶制品和水产品分别按照1∶3.57、1∶2.37、1∶0.45和1∶1.40的粮食转化率折算为原粮，即饲料粮。如表6-7所示，总体来看，东部农民工消费动物性产品引致的饲料粮需求每年人均为225.49千克。其中，肉禽及制品耗粮为181.37千克，蛋及制品耗粮为29.47千克，水产品和奶及制品耗粮较少，分别为11.81千克和2.84千克。

从性别结构来看，女性农民工消费动物性产品引致的饲料粮需求少于男性农民工。从年龄结构来看，青壮年农民工消费动物性产品引致的饲料粮需求较大。从行业结构来看，建筑业农民工消费动物性产品引致的饲料粮需求最大，为236.89千克，并且消费肉禽及制品耗粮较多。其他各个行业农民工消费动物性产品引致的饲料粮需求差异较小。

表6-7　　　　　　东部农民工人均动物性产品（原粮）消费量　　　　单位：千克/年,%

类别	肉禽制品 数量	肉禽制品 比例	蛋制品 数量	蛋制品 比例	奶制品 数量	奶制品 比例	水产品 数量	水产品 比例	合计
女	153.63	77.03	29.75	14.92	3.24	1.63	12.81	6.42	199.43
男	195.84	81.90	29.34	12.27	2.64	1.10	11.31	4.73	239.13
20岁及以下	170.92	82.98	26.50	12.87	3.23	1.57	5.31	2.58	205.96
21~30岁	188.87	80.35	29.26	12.45	3.40	1.45	13.52	5.75	235.05
31~40岁	181.55	77.23	35.26	15.00	2.80	1.19	15.47	6.58	235.08
41~50岁	170.94	81.52	27.46	13.09	2.03	0.97	9.26	4.42	209.69
50岁以上	158.07	82.59	25.10	13.12	1.91	1.00	6.30	3.29	191.39
制造业	185.13	80.09	29.47	12.75	3.45	1.49	13.12	5.67	231.17
建筑业	191.40	80.80	32.68	13.80	1.65	0.70	11.15	4.71	236.89
批发零售	179.97	81.13	28.54	12.86	3.31	1.49	10.02	4.52	221.84
交通运输	166.14	79.62	32.58	15.61	2.89	1.38	7.05	3.38	208.66
住宿餐饮	158.89	78.53	30.50	15.08	3.85	1.90	9.09	4.49	202.34
居民服务	155.44	77.84	32.06	16.06	2.53	1.26	9.66	4.84	199.68
其他行业	159.37	81.01	23.96	12.18	5.23	2.66	8.17	4.15	196.73
总体平均	181.37	80.43	29.47	13.07	2.84	1.26	11.81	5.24	225.49

资料来源：作者依据调研数据整理。

与东部农民工相比，中西部农民工消费动物性产品引致的饲料粮需求少，并且消费肉禽及制品、蛋及制品、奶及制品、水产品耗粮均比东部农民工少。如表6-8所示，整体而言，中西部农民工消费动物性产品引致的饲料粮需求每年人均为200.21千克。其中，肉禽及制品耗粮为172.08千克，蛋及制品耗粮为22.24千克，水产品和奶及制品耗粮较少，分别为3.36千克和2.53千克。

从性别结构来看，女性农民工消费动物性产品引致的饲料粮需求少于男性农民工。其中，男性农民工消费肉禽及制品耗粮较多，而女性农民工消费蛋及制品和奶及制品耗粮较多。从年龄结构来看，青壮年农民工消费动物性产品引致的饲料粮需求较大，不同年龄段农民工消费动物性产品引致的饲料粮需求差异较小，年龄大的农民工消费肉禽及制品耗粮较多，年龄小的农民工消费奶及制品耗粮较多。从行业结构来看，建筑业农民工消费动物性产品引致的饲料粮需求最大，为233.04千克，并且消费肉禽及制品耗粮较多。与东部农民工相比，其他各个行业的西部农民工消费动物性产品引致的饲料粮需求差异较大。

表6-8　　　　中西部农民工人均动物性产品（原粮）消费量　　单位：千克/年,%

类别	肉禽及制品 数量	肉禽及制品 比例	蛋及制品 数量	蛋及制品 比例	奶及制品 数量	奶及制品 比例	水产品 数量	水产品 比例	合计
女	148.80	83.82	22.37	12.60	3.38	1.91	2.98	1.68	177.52
男	185.83	87.00	22.17	10.38	2.02	0.95	3.59	1.68	213.60
20岁及以下	158.89	83.01	19.15	10.00	7.76	4.05	5.62	2.93	191.41
21~30岁	165.96	83.19	26.98	13.53	3.25	1.63	3.30	1.65	199.49
31~40岁	163.82	86.55	19.56	10.33	3.38	1.78	2.53	1.33	189.28
41~50岁	188.02	88.47	19.87	9.35	0.86	0.40	3.79	1.78	212.54
50岁以上	171.47	89.27	17.81	9.27	0.61	0.32	2.18	1.14	192.07
制造业	161.93	84.64	21.80	11.39	4.52	2.36	3.07	1.61	191.32
建筑业	202.77	87.01	26.33	11.30	1.06	0.45	2.88	1.24	233.04
批发零售	193.59	85.49	28.37	12.53	2.15	0.95	2.32	1.03	226.44
交通运输	133.11	82.64	23.95	14.87	2.12	1.32	1.90	1.18	161.08
住宿餐饮	188.88	85.80	24.04	10.92	1.76	0.80	5.46	2.48	220.15
居民服务	132.31	80.62	27.14	16.54	1.80	1.09	2.87	1.75	164.13
其他行业	170.10	84.66	21.35	10.63	5.29	2.63	4.18	2.08	200.93
总体平均	172.08	85.95	22.24	11.11	2.53	1.26	3.36	1.68	200.21

资料来源：作者依据调研数据整理。

就消费动物性产品引致的饲料粮需求量而言，东部农民工比中西部农民工的需求量大。就消费动物性产品引致的饲料粮需求结构而言，中西部农民工消费肉禽及制品的耗粮比例较大，东部农民工消费水产品的耗粮比例较大，中西部农民工和东部农民工消费蛋制品和奶制品引致的饲料粮比例基本相同。

3. 粮食总需求

综合口粮消费和动物性产品消费引致的饲料粮需求，可以得到农民工的粮食（原粮）总需求量。如表6-9所示，东部农民工的年人均粮食需求量为459.68千克，其中，口粮消费量为234.19千克，由动物性产品消费引致的饲料粮需求量为225.49千克，占比分别为50.95%和49.05%。无论是从性别结构、年龄结构还是行业结构来看，东部农民工口粮消费和消费动物性产品引致的饲料粮需求基本上各占一半。

表6-9　　　　　东部农民工人均粮食（原粮）需求量　　　单位：千克/年,%

类别	口粮 数量	口粮 比例	饲料粮 数量	饲料粮 比例	合计
女	199.50	50.01	199.43	49.99	398.93
男	252.29	51.34	239.13	48.66	491.41
20岁及以下	216.81	51.28	205.96	48.72	422.78
21~30岁	225.39	48.95	235.05	51.05	460.45
31~40岁	239.20	50.43	235.08	49.57	474.27
41~50岁	238.42	53.21	209.69	46.79	448.11
50岁以上	246.36	56.28	191.39	43.72	437.75
制造业	227.26	49.57	231.17	50.43	458.43
建筑业	260.56	52.38	236.89	47.62	497.45
批发零售	218.48	49.62	221.84	50.38	440.32
交通运输	216.23	50.89	208.66	49.11	424.88
住宿餐饮	214.59	51.47	202.34	48.53	416.93
居民服务	216.44	52.01	199.68	47.99	416.13
其他行业	216.03	52.34	196.73	47.66	412.76
总体平均	234.19	50.95	225.49	49.05	459.68

资料来源：作者依据调研数据整理。

如表6-10所示，中西部农民工的年人均粮食需求量为454.56千克，其中，口粮消费量为254.35千克，由动物性产品消费引致的饲料粮需求量为200.21千克，占比分别为55.95%和44.05%。无论是从性别结构、年龄结构还是行业结构来看,中西部农民工口粮消费和消费动物性产品引致的饲料粮需求的占比均约为55%和45%。

表6-10　　中西部农民工人均粮食(原粮)需求量　　单位:千克/年,%

类别	口粮 数量	口粮 比例	饲料粮 数量	饲料粮 比例	合计
女	226.41	56.05	177.52	43.95	403.93
男	270.83	55.91	213.60	44.09	484.44
20岁及以下	211.32	52.47	191.41	47.53	402.72
21~30岁	254.99	56.11	199.49	43.89	454.48
31~40岁	249.92	56.90	189.28	43.10	439.20
41~50岁	254.85	54.53	212.54	45.47	467.38
50岁以上	272.78	58.68	192.07	41.32	464.85
制造业	259.54	57.57	191.32	42.43	450.86
建筑业	273.45	53.99	233.04	46.01	506.49
批发零售	200.95	47.02	226.44	52.98	427.39
交通运输	263.84	62.09	161.08	37.91	424.92
住宿餐饮	229.40	51.03	220.15	48.97	449.56
居民服务	273.04	62.46	164.13	37.54	437.17
其他行业	191.59	48.81	200.93	51.19	392.52
总体平均	254.35	55.95	200.21	44.05	454.56

资料来源:作者依据调研数据整理。

从粮食需求总量来看,东部农民工比中西部农民工的粮食需求量略多,平均每人的年均需求量多5.12千克。从粮食需求结构来看,东部农民工的口粮消费和消费动物性产品引致的饲料粮需求基本上各占50%,而中西部农民工的口粮消费和消费动物性产品引致的饲料粮需求的占比大约为55%和45%。这可能与东部和中西部地区农民工的收入水平差距和消费习惯不同有关。东部地区的收入水平普遍比中西部地区高,所以东部地区农民工消费的富含蛋白质的动物性产品比西部地区多。同时,由于东部沿海地域的区位优势和当地人们的消费习惯,使得东部地区农民工消费的水产品比中西部地区多。

6.2 不同地区农民工粮食需求差异的分位数回归分析

6.2.1 模型构建与数据描述

利用分位数回归方法，分别建立东部和中西部农民工的消费动物性产品引致的饲料粮需求模型：

$$Quant_q(C_i \mid X_i) = \alpha_0^q + \alpha_1^q Y_i + \sum_{i=1}^{n} \beta_i^q X_i + \varepsilon \qquad (6-1)$$

其中，C_i 为第 i 个东部或中西部农民工过去 24 小时消费动物性产品引致的饲料粮需求量加 1 后取自然对数，Y_i 为第 i 个东部或中西部农民工的月均务工工资水平加 1 后取自然对数，这样可以减少数据偏度，也可以降低异方差性对回归结果的影响。X_i 为控制变量，包括衡量生命周期的年龄和年龄的平方，衡量预防性储蓄的养老保险，衡量持久收入的受教育程度、外出务工年限和代表健康状况的 BMI 指数，以及性别、婚姻状况、是否与配偶生活在一起、民族、家庭外出务工人数、住房数量、务工行业、工种类型、务工类型、单位是否包吃、单位是否包住、籍贯、时间等主要变量。α_0^q，α_1^q，β_i^q 别表示对各个变量参数估计的 q 分位系数。具体变量定义及描述性统计分析见表 6-11 和表 6-12。

东部农民工变量的基本统计描述如表 6-11 所示。男性农民工占 61.3%，女性农民工占 38.7%。农民工的平均年龄为 34.6 岁，主要以青壮年为主。已婚农民工的比例为 67.9%，其中，夫妻二人一起外出务工的比例为 45.5%。农民工受教育程度的平均值为 3.5。农民工 BMI 指数的平均值为 22.2，与总体样本的平均值非常接近。东部农民工享有的社会保障水平比总体的平均水平高，参与养老保险的比例为 45.5%。农民工每月的务工工资的平均水平为 3531 元。就家庭特征来看，家庭外出务工人数的平均水平为 2 人，基本上是夫妻二人一起外出务工。农民工拥有的住房数量平均为 5.6 间。农民工就业行业以制造业、建筑业和服务业为主，占比分别为 35.3%、25.4% 和 13.9%。从事轻体力劳动、中度体力劳动和重体力劳动农民工的比例分别为 47.6%、26.3% 和 26.1%。农民工外出务工的时间平均约为 11 年。外出农民工的比例达 90% 以上。单位提供包吃的比例为 49.8%，提供包住的比例为 43.9%。

第6章 不同地区农民工粮食需求差异分析

表6-11　　　　　　　　　东部农民工变量统计描述

变量类型	变量名称	变量定义	均值	标准差
个体特征	性别	男=1，女=0	0.613	0.487
	年龄	实际年龄（岁）	34.646	11.134
	年龄的平方	实际年龄的平方	1322.237	843.365
	婚姻状况	已婚=1，其他=0	0.679	0.467
	与配偶一起	与配偶生活在一起（是=1，否=0）	0.455	0.498
	民族	汉族=1，其他=0	0.943	0.232
	受教育程度	最高受教育程度1-7	3.535	1.296
	BMI指数	体重（kg）/身高（m）的平方	22.234	3.051
	养老保险	参加了养老保险（是=1，否=0）	0.455	0.498
	工资收入	务工工资（元/月），各观测值加1后取自然对数	8.170	1.308
家庭特征	务工人数	家庭外出务工的人数（人）	2.058	1.046
	住房数量	拥有住房数量（间）	5.577	3.399
工作特征	居民服务业	务工行业为居民服务业（是=1，否=0）（参照组）	0.139	0.346
	制造业	务工行业为制造业（是=1，否=0）	0.353	0.478
	建筑业	务工行业为建筑业（是=1，否=0）	0.254	0.435
	交通运输	务工行业为交通运输业（是=1，否=0）	0.061	0.221
	批发零售	务工行业为批发零售业（是=1，否=0）	0.098	0.298
	住宿餐饮	务工行业为住宿餐饮业（是=1，否=0）	0.095	0.273
	轻体力劳动	工种类型为轻体力劳动（是=1，否=0）（参照组）	0.476	0.499
	中体力劳动	工种类型为中度体力劳动	0.263	0.440
	重体力劳动	工种类型为重体力劳动	0.261	0.439
	务工年限	外出务工时间（年）	10.924	8.023
	务工类型	外出农民工=1，本地农民工=0	0.903	0.296
	单位包吃	单位包吃（是=1，否=0）	0.498	0.500
	单位包住	单位包住（是=1，否=0）	0.439	0.496

续表

变量类型	变量名称	变量定义	均值	标准差
因变量	口粮需求	过去24小时口粮需求量（克），观测值加1取自然对数	6.070	1.378
	饲料粮需求	过去24小时饲料粮需求量（克），观测值加1取自然对数	5.304	2.384
	粮食总需求	过去24小时粮食总需求量（克），观测值加1取自然对数	6.781	1.316

表6-12 中西部农民工变量统计描述

变量类型	变量名称	变量定义	均值	标准差
个体特征	性别	男=1，女=0	0.629	0.483
	年龄	实际年龄（岁）	35.384	12.438
	年龄的平方	实际年龄的平方	1402.015	959.689
	婚姻状况	已婚=1，其他=0	0.652	0.476
	与配偶一起	与配偶生活在一起（是=1，否=0）	0.401	0.490
	民族	汉族=1，其他=0	0.969	0.174
	受教育程度	最高受教育程度1-7	3.431	1.305
	BMI指数	体重（kg）/身高（m）的平方	21.965	3.060
	养老保险	参加了养老保险（是=1，否=0）	0.173	0.379
	工资收入	务工工资（元/月），各观测值加1后取自然对数	8.036	0.954
家庭特征	务工人数	家庭外出务工的人数（人）	2.070	0.998
	住房数量	拥有住房数量（间）	6.249	3.428
工作特征	居民服务业	务工行业为居民服务业（是=1，否=0）（参照组）	0.189	0.391
	制造业	务工行业为制造业（是=1，否=0）	0.239	0.407
	建筑业	务工行业为建筑业（是=1，否=0）	0.285	0.451
	交通运输	务工行业为交通运输业（是=1，否=0）	0.041	0.199
	批发零售	务工行业为批发零售业（是=1，否=0）	0.128	0.322
	住宿餐饮	务工行业为住宿餐饮业（是=1，否=0）	0.118	0.322

第6章 不同地区农民工粮食需求差异分析

续表

变量类型	变量名称	变量定义	均值	标准差
工作特征	轻体力劳动	工种类型为轻体力劳动（是=1，否=0）（参照组）	0.510	0.500
	中体力劳动	工种类型为中度体力劳动	0.225	0.418
	重体力劳动	工种类型为重体力劳动	0.265	0.441
	务工年限	外出务工时间（年）	11.844	9.368
	务工类型	外出农民工=1，本地农民工=0	0.941	0.235
	单位包吃	单位包吃（是=1，否=0）	0.367	0.482
	单位包住	单位包住（是=1，否=0）	0.427	0.495
因变量	口粮需求	过去24小时口粮需求量（两），观测值加1取自然对数	6.250	1.053
	饲料粮需求	过去24小时饲料粮需求量（两），观测值加1取自然对数	5.017	2.636
	粮食总需求	过去24小时粮食总需求量（两），观测值加1取自然对数	6.950	0.876

中西部农民工变量的基本统计描述如表6-12所示。男性农民工占62.9%，女性农民工占37.1%。农民工的平均年龄为35.4岁，主要以青壮年为主。已婚农民工的比例为65.2%，其中，夫妻二人一起外出务工的比例为40.1%。农民工受教育程度的平均值为3.4。农民工BMI指数的平均值为22.0，属于最理想的体重指数。中西部农民工严重缺乏社会保障，参与养老保险的比例仅为17.3%，远远低于总体平均水平。农民工每月的务工工资的平均水平为3089元。就家庭特征来看，家庭外出务工人数的平均水平为2人，基本上是夫妻二人一起外出务工。农民工拥有的住房数量平均为6.2间。农民工就业行业以制造业、建筑业和服务业为主，占比分别为23.9%、28.5%和18.9%。从事轻体力劳动、中度体力劳动和重体力劳动农民工的比例分别为51.0%、22.5%和26.5%。农民工外出务工的时间平均约为12年。外出农民工的比例达90%以上。单位提供包吃的比例为36.7%，提供包住的比例为42.7%。

113

6.2.2 实证分析

表6-13和表6-14分别报告了东部和中西部农民工消费动物性产品引致的饲料粮需求影响因素的分位数回归结果。回归结果表明，分位数回归在1%的水平下通过了准LR的显著性检验，说明模型的整体解释力较好。下面分别对两个模型的回归结果进行具体分析。

表6-13所示为东部农民工消费动物性产品引致的饲料粮需求影响因素模型估计结果。在个体特征方面，需求的收入弹性在0.25分位和0.75分位均通过了10%水平的显著性检验，并且系数均为正。由此可见，需求收入弹性随农民工消费动物性产品引致的饲料粮需求的增加而先减小后增大并且均小于1。性别、是否与配偶生活在一起、婚姻状况、年龄的平方项、受教育程度和养老保险对农民工消费动物性产品引致的饲料粮需求的影响显著。具体而言，性别在0.5分位和0.75分位的估计结果分别通过了5%和1%水平的显著性检验，并且系数均为正。年龄的平方项通过了5%或10%水平的显著性检验，并且系数相同且均为负。婚姻状况在0.25分位和0.5分位均通过了1%水平的显著性检验，并且系数均为正。是否与配偶生活在一起在0.25分位和0.5分位分别通过了10%和5%水平的显著性检验，并且系数均为负。受教育程度在0.25分位、0.5分位和0.75分位均通过了1%水平的显著性检验，并且系数均为正。养老保险在0.5分位和0.75分位分别通过了5%和1%水平的显著性检验，并且系数均为正。总的来讲，男性农民工比女性农民工消费动物性产品引致的饲料粮需求大，较年轻的农民工消费动物性产品引致的饲料粮需求较大，已婚的农民工消费动物性产品引致的饲料粮需求较大，但与配偶生活在一起的农民工消费动物性产品引致的饲料粮需求较小，受教育程度越高的农民工消费动物性产品引致的饲料粮需求越大，养老保险对农民工消费动物性产品引致的饲料粮需求有显著的促进作用。

在家庭特征方面，家庭外出务工人数在0.25分位、0.5分位和0.75分位均通过了1%水平的显著性检验，并且系数均为正。这说明家庭外出务工人数越多，家庭的收入越多，农民工消费动物性产品引致的饲料粮需求也越多。家庭拥有的住房数量在0.25分位、0.5分位和0.75分位均在1%的水平下通过了显著性检验。这表明家庭资产对农民工消费动物性产品引致的饲料粮需求有显著的促进作用。

表6-13 东部农民工消费动物性产品引致的饲料粮需求影响因素模型估计结果

变量	0.25分位 系数	0.25分位 标准误	0.5分位 系数	0.5分位 标准误	0.75分位 系数	0.75分位 标准误
性别	0.083	0.077	0.086**	0.039	0.137***	0.028
年龄	0.037*	0.026	0.017	0.014	0.009	0.008
年龄的平方	-0.001**	0.000	-0.001*	0.000	-0.001*	0.000
婚姻状况	0.296***	0.121	0.170***	0.050	0.047	0.050
与配偶一起	-0.175*	0.095	-0.101**	0.047	-0.019	0.038
民族	0.008	0.179	0.075	0.121	0.001	0.065
受教育程度	0.080***	0.027	0.046***	0.015	0.042***	0.013
BMI指数	-0.016	0.013	-0.003	0.007	-0.003	0.004
养老保险	0.081	0.069	0.071**	0.035	0.070***	0.027
工资收入	0.036*	0.022	0.006	0.015	0.013*	0.008
务工人数	0.121***	0.026	0.057***	0.016	0.042***	0.012
住房数量	0.027***	0.009	0.014***	0.006	0.012***	0.004
制造业	0.079	0.091	0.089*	0.054	0.109***	0.044
建筑业	0.079	0.124	0.195***	0.064	0.076*	0.048
交通运输	-0.059	0.202	0.037	0.091	0.024	0.066
批发零售	-0.149	0.138	0.162	0.071	0.068	0.055
住宿餐饮	0.007	0.139	0.067	0.062	0.038	0.057
中体力劳动	0.329***	0.079	0.224***	0.042	0.126***	0.035
重体力劳动	0.355***	0.117	0.175***	0.058	0.102***	0.035
务工年限	0.015***	0.006	0.008***	0.002	0.006***	0.002
务工类型	-0.139	0.118	-0.021	0.071	-0.090*	0.053
单位包吃	0.339***	0.060	0.107***	0.033	0.025	0.025
单位包住	0.021	0.065	0.001	0.044	0.009	0.030
常数	-0.177***	0.526	1.494***	0.271	2.244***	0.185
时间	已控制		已控制		已控制	
籍贯	已控制		已控制		已控制	
N	5547		5547		5547	
Adj-R^2	0.154		0.127		0.128	

注：***、**和*分别表示在1%、5%和10%水平上统计显著；分位数回归报告的是自助法标准误（Bootstrap standard error）。

在工作特征方面，务工行业、工种类型、务工年限和单位包吃对农民工消费动物性产品引致的饲料粮需求的影响显著。具体而言，制造业在 0.5 分位和 0.75 分位的估计结果在 10% 和 1% 的水平下通过了显著性检验，并且系数为正值。建筑业在 0.5 分位和 0.75 分位的估计结果分别通过了 1% 和 10% 水平的显著性检验，并且系数均为正。这说明从事制造业和建筑业的农民工消费动物性产品引致的饲料粮需求较多。中度体力劳动和重体力劳动在 0.25 分位、0.5 分位和 0.75 分位的估计结果均通过了 1% 水平的显著性检验。这说明与从事轻体力劳动的农民工相比，从事中度体力劳动和重体力劳动的农民工消费动物性产品引致的饲料粮需求较多。务工年限在 0.25、0.5 及 0.75 分位的估计结果在 1% 的水平下通过了显著性检验，并且系数为正值，这表明务工年限对农民工消费动物性产品引致的饲料粮需求有显著的促进作用。单位包吃在 0.25 分位和 0.5 分位的估计结果均通过了 1% 水平的显著性检验，并且系数均为正。这说明单位包吃对农民工的消费动物性产品引致的饲料粮需求有正向促进作用。

表 6-14 所示为中西部农民工消费动物性产品引致的饲料粮需求影响因素估计结果。在个体特征方面，需求的收入弹性在 0.5 分位和 0.75 分位分别通过了 1% 和 5% 水平的显著性检验，并且系数均为正。由此可见，需求收入弹性随农民工消费动物性产品引致的饲料粮需求的增加而先增大后减小并且均小于 1。性别、是否与配偶生活在一起和养老保险对农民工消费动物性产品引致的饲料粮需求的影响显著。具体而言，性别在 0.5 分位和 0.75 分位的估计结果分别通过了 1% 和 5% 水平的显著性检验，并且系数均为正。是否与配偶生活在一起在 0.5 分位和 0.75 分位分别通过了 5% 和 10% 水平的显著性检验，并且系数均为负。养老保险在 0.5 分位和 0.75 分位均通过了 1% 水平的显著性检验，并且系数均为正。总的来讲，男性农民工比女性农民工消费动物性产品引致的饲料粮需求大，与配偶生活在一起的农民工消费动物性产品引致的饲料粮需求较小，养老保险对农民工消费动物性产品引致的饲料粮需求有显著的促进作用。

在家庭特征方面，家庭外出务工人数和住房数量都在 0.75 分位通过了 10% 水平的显著性检验，并且系数均为正。这说明外出务工人数多的家庭和资产较多的家庭对农民工消费动物性产品引致的饲料粮需求有显著的促进作用。

表6-14 中西部农民工消费动物性产品引致的饲料粮需求影响因素模型估计结果

变量	0.25分位 系数	0.25分位 标准误	0.5分位 系数	0.5分位 标准误	0.75分位 系数	0.75分位 标准误
性别	0.071	0.071	0.335***	0.074	0.126**	0.058
年龄	0.007	0.014	0.021	0.025	0.002	0.017
年龄的平方	-0.000	0.000	-0.000	0.000	-0.000	0.000
婚姻状况	-0.019	0.062	-0.033	0.120	-0.007	0.084
与配偶一起	-0.054	0.048	-0.199**	0.086	-0.174***	0.062
民族	-0.193	0.178	-0.241**	0.119	-0.040	0.129
受教育程度	-0.001	0.022	0.002	0.024	-0.009	0.020
BMI指数	-0.005	0.007	0.004	0.011	-0.002	0.009
养老保险	0.022	0.063	0.202***	0.076	0.152***	0.058
工资收入	0.082	0.062	0.104***	0.040	0.065**	0.036
务工人数	-0.005	0.020	0.030	0.033	0.036*	0.021
住房数量	-0.004	0.006	0.006	0.010	0.012*	0.008
制造业	0.070	0.081	0.293***	0.098	0.194**	0.089
建筑业	0.034	0.055	0.042	0.121	0.115*	0.082
交通运输	-0.077	0.138	0.032	0.147	0.029	0.120
批发零售	-0.030	0.070	-0.038	0.102	-0.092	0.086
住宿餐饮	0.068	0.077	0.168	0.136	0.160*	0.086
中体力劳动	0.024	0.043	0.182**	0.092	0.085	0.062
重体力劳动	0.010	0.066	0.033	0.107	0.026	0.068
务工年限	-0.000	0.002	-0.007*	0.004	-0.004*	0.003
务工类型	-0.048	0.150	-0.005	0.140	-0.212**	0.109
单位包吃	0.004	0.040	0.045	0.072	0.095*	0.065
单位包住	0.018	0.051	0.043	0.071	0.077*	0.055
常数	-1.359***	0.553	-0.955*	0.727	1.324***	0.490
时间	已控制		已控制		已控制	
籍贯	已控制		已控制		已控制	
N	1752		1752		1752	
Adj-R^2	0.332		0.198		0.150	

注：***、**和*分别表示在1%、5%和10%水平上统计显著；分位数回归报告的是自助法标准误（Bootstrap standard error）。

在工作特征方面，务工行业、工种类型、务工年限和单位包吃对农民工消费动物性产品引致的饲料粮需求的影响显著。具体而言，制造业在0.5分位和0.75分位的估计结果在1%和5%的水平下通过了显著性检验，并且系数为正值。建筑业和住宿餐饮业都在0.75分位的估计结果通过了10%水平的显著性检验，并且系数均为正。这说明从事制造业、建筑业和住宿餐饮业的农民工消费动物性产品引致的饲料粮需求较多。中度体力劳动在0.5分位和0.75分位的估计结果分别通过了5%和10%水平的显著性检验。这说明与从事轻体力劳动的农民工相比，从事中度体力劳动的农民工消费动物性产品引致的饲料粮需求较多。务工年限在0.5分位和0.75分位的估计结果均通过了10%水平的显著性检验，并且系数均为负，说明了务工年限对农民工消费动物性产品引致的饲料粮需求有显著的抑制作用。单位包吃和单位包住都在0.75分位通过了10%水平的显著性检验，并且系数均为正。这说明单位包吃和单位包住对农民工的消费动物性产品引致的饲料粮需求有正向促进作用。

6.3 不同地区农民工粮食需求差异的分位数分解

6.3.1 粮食需求差异分解方法

建立在分位数回归上的分解方法可以用来分析整个分布上的食物消费差异。现阶段应用较广泛的差异分解方法有基于条件分位数回归的 MM 分解（Machado & Mata, 2005），梅利分解（2005），Q-JMP 分解（Autor et al., 2005; Melly, 2005）和梅利分解（2006）。梅利分解（2006）改进了 MM 分解（2005）中变换概率积分后不一定能保证条件分位函数估计和总体分位函数估计的一致性的缺陷，是一种更为有效的差异分解方法（代晓静，2015）。因此，本书采用梅利分解（2006）方法，建立反事实分布函数 $\hat{q}_c$，对 θ 分位数上的食物消费差异做如下分解：

$$\hat{q}_1(X_1'\hat{\beta}_1(\theta)) - \hat{q}_0(X_0'\hat{\beta}_0(\theta))$$
$$= [\hat{q}_1(X_1'\hat{\beta}_1(\theta)) - \hat{q}_c(X_0'\hat{\beta}_1(\theta))] + [\hat{q}_c(X_0'\hat{\beta}_1(\theta)) - \hat{q}_0(X_0'\hat{\beta}_0(\theta))]$$

(6-2)

式（6-2）中，$\hat{q}_1(X_1'\hat{\beta}_1(\theta))$ 和 $\hat{q}_0(X_0'\hat{\beta}_0(\theta))$ 分别表示东部和中西部农民工的粮食需求分布。$\hat{q}_c(X_0'\hat{\beta}_1(\theta))$ 为反事实粮食需求分布，表示当中西部农民工在东部务工时的粮食需求分布。式（6-2）右边第一项为"特征差异"，代表 θ 分位数上由个体差异导致的粮食需求差异；第二项为"系数差异"，代表 θ 分位数上由地域不同造成的粮食需求差异。

6.3.2 粮食需求差异分解结果

图 6-1 中的三条曲线分别代表东部与中西部农民工消费动物性产品引致的饲料粮需求的总差异、特征差异和系数差异。从总差异曲线看，总差异在低分位点处较大，而在高分位点处较小。特征曲线整体比较平稳。在整个分布区间，系数差异曲线的变化趋势几乎与总差异曲线一致。在低分位点处，系数差异值较大，中分位点处次之，高分位点处最小。

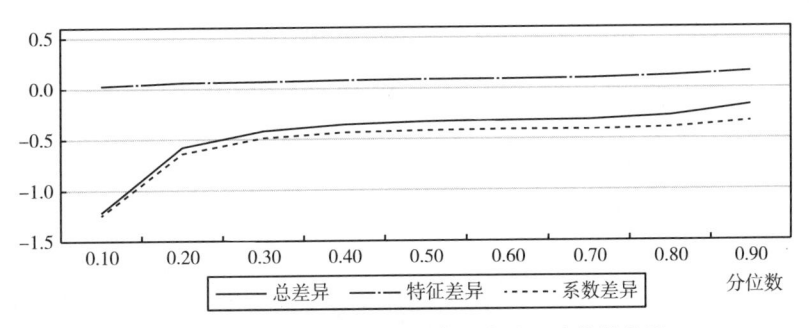

图 6-1 不同区域农民工粮食需求差异分位数分解

表 6-15 所示为东部和中西部农民工消费动物性产品引致的饲料粮需求差异在各个分位数上的分解结果。从总差异来看，随着分位点的升高，农民工消费动物性产品引致的饲料粮需求的差距逐渐缩小。特征差异和系数差异的大小随着分位点的不同而不同，其中，特征差异随着分位点的升高而增大，系数差异随着分位点的升高而减小。在 0.10 分位点，东部和中西部农民工消费动物性产品引致的饲料粮需求差异最大，为 1.216 个单位，其中特征差异为 0.030 个单位，系数差异为 1.246 个单位。而在 0.90 分位点处，两者的消费差距最小，为 0.168 个单位，其中特征差异为 0.159 个单位，系数差异为 0.328 个单位。说明随着收入或消费水平的提高，农民工消费动物性产品引致的饲料粮需

求差异逐渐减小,即对于不同区域的农民工,低收入农民工消费动物性产品引致的饲料粮需求差异较大,高收入农民工消费动物性产品引致的饲料粮需求差异较小。其原因可能是:中西部与东部低收入组农民工的收入水平相差较大,而中西部与东部高收入组农民工的收入水平相差较小。

表6-15　　　　不同区域农民工粮食需求差异分位数分解结果

分位数	总差异	特征差异 数值	特征差异 百分比	系数差异 数值	系数差异 百分比
0.10	-1.216	0.030	-2.47	-1.246	102.47
0.20	-0.577	0.061	-10.57	-0.638	110.57
0.25	-0.479	0.062	-12.94	-0.542	113.15
0.30	-0.419	0.068	-16.23	-0.487	116.23
0.40	-0.357	0.080	-22.41	-0.437	122.41
0.50	-0.331	0.087	-26.28	-0.418	126.28
0.60	-0.319	0.091	-28.53	-0.410	128.53
0.70	-0.311	0.098	-31.51	-0.409	131.51
0.75	-0.298	0.105	-35.23	-0.404	135.57
0.80	-0.272	0.119	-43.75	-0.391	143.75
0.90	-0.168	0.159	-94.64	-0.328	195.24

调研数据计算结果表明,在中西部地区务工的农民工人均月收入3089元,在东部地区务工的农民工人均月收入3531元,二者相差442元。在中西部地区务工的低收入组农民工人均月收入2781元,在东部地区务工的低收入组农民工人均月收入3294元,二者相差513元。在中西部地区务工的高收入组农民工人均月收入3346元,在东部地区务工的高收入组农民工人均月收入3654元,二者相差308元[①]。由此可见,中西部与东部低收入组农民工的较大收入差距导致了其消费动物性产品引致的饲料粮需求的较大差异,收入水平较高的东部农民工不仅会保证温饱,也会增加动物性产品的消费,更加注重膳食结构的多元化。

从特征差异来看,在低分位点特征差异较小,随着分位点走高,特征差异

---

① 将东部和中西部农民工样本按照收入排序后等分为高、中、低三个收入组,然后计算每个收入组的平均值。

的值呈增大趋势。而系数差异的值在低分位点较高,随着分位点走高,系数差异的值逐渐减小。说明了在低分位点处,需求差异主要是由地域不同造成的;在高分位点处,需求差异主要是由个体差异造成的。不同收入水平农民工消费动物性产品引致的饲料粮需求差异主要来自于其对收入的敏感度不同所带来的差异。与高收入水平农民工相比,低收入水平农民工对收入的敏感性更强。对于低收入农民工来说,较之于高收入水平农民工,系数差异对其消费动物性产品引致的饲料粮需求影响更大。

6.4 本章小结

本章首先对东部和中西部农民工的口粮、消费动物性产品引致的饲料粮和粮食总需求水平与结构进行了分析,其次分别建立了东部和中西部农民工消费动物性产品引致的饲料粮需求模型,对东部和中西部农民工消费动物性产品引致的饲料粮需求的影响因素进行了定量分析,最后利用分位数分解方法对东部和中西部农民工的消费动物性产品引致的饲料粮需求差异进行了分解。主要得出以下研究结论:

(1) 从粮食需求总量来看,东部比中西部农民工粮食需求量略多。从粮食需求结构来看,东部农民工口粮和消费动物性产品引致的饲料粮需求基本上各占一半,而中西部农民工口粮和消费动物性产品引致的饲料粮需求占比约为55%和45%。这可能与东部和中西部地区农民工收入水平差距和消费习惯不同有关。

(2) 对于东部农民工而言,需求收入弹性随农民工消费动物性产品引致的饲料粮需求的增加而先减小后增大并且均小于1。性别、年龄的平方项、婚姻状况、是否与配偶生活在一起、受教育程度和养老保险对农民工消费动物性产品引致的饲料粮需求的影响显著。家庭外出务工人数越多,农民工消费动物性产品引致的饲料粮需求也越多。家庭资产对农民工消费动物性产品引致的饲料粮需求有显著促进作用。务工行业、工种类型、务工年限和单位包吃对农民工消费动物性产品引致的饲料粮需求的影响显著。具体而言,从事制造业和建筑业农民工消费动物性产品引致的饲料粮需求较多。与从事轻体力劳动农民工相比,从事中度体力劳动和重体力劳动农民工消费动物性产品引致的饲料粮需求较多。务工年限和单位包吃对农民工消费动物性产品引致的饲料粮需求有显著的促进作用。

（3）对于中西部农民工而言，需求收入弹性随农民工消费动物性产品引致的饲料粮需求的增加而先增大后减小并且均小于1。性别、是否与配偶生活在一起和养老保险对农民工消费动物性产品引致的饲料粮需求的影响显著。外出务工人数和资产较多的家庭对农民工消费动物性产品引致的饲料粮需求有显著的促进作用。务工行业、工种类型、务工年限和单位包吃对农民工消费动物性产品引致的饲料粮需求的影响显著。具体而言，从事制造业、建筑业和住宿餐饮业农民工消费动物性产品引致的饲料粮需求较多。与从事轻体力劳动的农民工相比，从事中度体力劳动农民工消费动物性产品引致的饲料粮需求较多。务工年限对农民工消费动物性产品引致的饲料粮需求有显著的抑制作用。单位包吃和单位包住对农民工消费动物性产品引致的饲料粮需求有正向促进作用。

（4）从总差异来看，随着分位点的升高，农民工消费动物性产品引致的饲料粮需求的差距逐渐缩小。特征差异和系数差异的大小随着分位点的不同而不同，其中，特征差异随着分位点的升高而增大，系数差异随着分位点的升高而减小。说明了在低分位点处，需求差异主要是由地域不同造成的；在高分位点处，需求差异主要是由个体差异造成的。不同收入水平农民工消费动物性产品引致的饲料粮需求差异主要来自于其对收入的敏感度不同所带来的差异。与高收入农民工相比，低收入农民工对收入的敏感性更强。与高收入农民工相比，系数差异对低收入农民工消费动物性产品引致的饲料粮需求的影响更大。

第7章

收入分布变化对农民工粮食需求的影响分析

农民工收入水平差异较大。据调查数据统计,2013~2014年接近60%的农民工月工资水平在3000元以下,约30%的农民工在3000~5000元,5000元以上的不足10%。国家统计局发布的"全国农民工监测调查报告"也显示农民工的收入水平差距较大。实证研究发现收入水平对农民工粮食需求有显著影响。那么,收入分布变化对农民工粮食需求有影响吗?若有影响,影响方向和程度如何呢?本章对不同收入组农民工的食物消费收入弹性进行了估计,探讨收入分布变化对农民工食物消费支出的影响,揭示农民工食物消费和粮食需求的特点。本章通过分析收入分布变化如何影响农民工的食物消费,来研究收入分布变化对农民工粮食需求的影响。

7.1 收入分布变化对食物消费影响的理论分析

城镇化吸引了越来越多的农村劳动力离开农业进城务工,农村人口向城市迁移,农业劳动力向非农产业转移。由于城市和农村之间的劳动生产率存在差异,进而居民收入水平也存在差异,导致了农村人口向劳动生产率较高的城市地区流动。预计未来10年,全国城镇人口的增长速度为1300万~1600万人/年,其中,农村转移人口的增长速度为1000万~1300万人/年(国家人口和计划生育委员会流动人口服务管理司,2012)。近年来,农民工的收入水平不断提高,增长速度基本呈倒"U"型。2014年农民工人均月收入为2864元,比上年增长了9.8%。2010年、2011年、2012年和2013年这一增长率分别为19.3%、21.2%、11.8%和13.9%。个人总是选择与其身份相适应的消费

(王宁，2001)，农民工从农村到城市，将经历由传统生活方式向现代生活方式的转变，这会导致农民工在务工城市的食物消费行为在保留农民工原始消费特征的同时越来越接近城市居民的消费特征（黄小兵和黄静波，2015）。通常，食物消费与收入水平密切相关。农民工进城务工以后，收入水平不断提高，收入分布格局也在发生变化，这将对粮食需求和粮食安全产生影响。

7.1.1 收入分布变化对食物消费的影响

学者在收入分布变化对食物消费的影响方面进行了卓有成效的研究。联合国粮农组织于1972年研究了11个拉丁美洲国家的收入再分配对食物消费的影响，发现收入分布趋于更加公平将会产生额外的食物需求（Food and Agriculture Organization of the United Nations, 1972）。通过研究伊朗城镇居民对羊肉的需求，萨利赫和西斯勒（Saleh & Sisler, 1977）认为基于平均收入弹性来预测羊肉需求的长期趋势将会导致未来需求的高估。利用哥伦比亚230户城市住户的调查数据，安德森和凯塞多（Pinstrup-Andersen & Caicedo, 1978）模拟了收入分布格局发生变化对城市居民食物需求和营养健康的影响，发现收入分布的变化能有效改善人们的营养健康，并能对食物需求产生显著影响。郑志浩和亨内伯里（Zheng & Henneberry, 2010），郑志浩和赵殷钰（2012）分别研究了收入分布变化对江苏省城镇居民家庭食物需求和在外食物消费的影响。黄季焜（1995）利用1992年浙江省300户农户的调查数据，估计了收入变化对农村居民食物消费量的影响，发现随着收入的提高，农村居民主要食物总消费量增加，但增幅下降。吕开宇等（2012）利用我国1985~2009年农村居民粮食消费统计数据，通过收入分布函数模拟了不同时期我国各收入等级农村居民粮食消费的演变，发现粮食在居民生活中重要性日益下降，收入因素在农村居民粮食消费中的影响力逐渐减弱。纵观以上学者的研究，发现以往收入分布与食物消费关系研究的对象仅限于城镇居民或农村居民，缺乏对农民工这一约占全国1/5人口的群体单独、专门的分析。农民工进城后，主要从事体力劳动强度较大的行业，能量消耗大，其食物消费既不同于农村居民，也不同于城镇居民。因此，本章对不同收入组农民工食物消费的收入弹性进行估计，设定不同的收入分布情景模式模拟收入分布变化对农民工食物消费支出的影响，折算收入分布变化后农民工的各类食物消费量，解释农民工的食物消费特点。本书对以往的城乡居民收入分布与食物消费关系研究既是补充和完善，又是一种提升和细化，以期为我国制定粮食安全政策提供更多、更深层次的数据支撑和决策参考。

7.1.2 研究方法

1. 数据来源

本章使用2013年度的调查数据。2013年的样本点为广东、浙江、山东、河南、四川和北京六省份，共获得适用于本书的有效样本3501份。这六省份流入农民工合计1.27亿人，占农民工总数的48.58%，且经济发展水平、居民饮食文化和习惯也存在明显的差异，具有一定的代表性。为了确保样本选择的有效性，调查采用分层抽样和随机抽样相结合的方式。首先，在每个省份选取两个市（县），一个是省会城市，另一个是农民工分布比较多的地（县）级市；其次，在每个市（县）按照农民工务工行业结构（制造业35.7%，建筑业18.4%，交通运输、仓储和邮政业6.6%，批发零售业9.8%，住宿餐饮业5.2%，居民服务和其他服务业12.2%）来确定各行业调查样本的数量。

2. 变量选取及数据描述

根据需求理论，食物消费水平受工资收入、受教育程度、地区以及就业行业特点等社会经济效应的影响。因此，本书在消费理论的基础上考虑现实社会发展，从个体特征、地区特征和就业特征三个方面来分析食物消费的影响因素。

个体特征。选取了性别、年龄和受教育程度三个因素。通常情况下，男性比女性消费的食物多，主要是因为男性的劳动强度比较大。不同年龄农民工的食物消费数量和结构不同，食物消费支出也不同。一般而言，青壮年不仅消费的食物数量多，而且消费结构多样，而相对于青壮年，老年人的食物消费数量较少，而且饮食比较清淡。受教育程度是影响食物消费的主要因素之一，受教育程度越高的农民工，越注重营养均衡和饮食健康，食物消费结构也更加多样化。

地区特征。包括务工地和来源地两个方面。由于在本地务工的农民工通常在自家或工地就餐，仍保留原来的食物消费习惯，而外出农民工易受务工地食物消费习俗和周围人消费水准的影响，食物消费与其外出务工前有所不同。调查样本中农民工的家乡遍布30个省份（不包括西藏、台湾、香港和澳门），考虑到不同省域的食物消费习惯不同，此处将农民工的来源地纳入模型。

就业特征。选择了就业行业和工资水平两方面进行衡量。一般情况下，不同行业农民工的劳动强度不同，能量消耗也不同，故食物消费存在差异。李军等（2015）对山东省农民工肉类消费的研究也表明不同行业农民工的肉类消费水平也呈现出一定差异性。所以，务工行业是影响农民工食物消费支出的主要因素之一。个人的收入水平决定了其预算约束，从而成为影响其消费行为的重要因素。农民工外出务工的工资收入是其收入的主要来源，所以农民工的食物消费与其工资收入紧密相关。已有经验研究也表明，工资收入对农民工的消费水平有显著正向影响。

郑志浩和赵殷钰（2012）在研究收入分布变化对中国城镇居民家庭在外食物消费的影响中提出将全部样本家庭按照人均可支配收入排序后等分为高、中、低三个收入组。基于这种思路，此处将全部样本按照工资收入排序后等分为高、中、低三个收入组，每个收入组均包括1167份样本。对所选变量的定义和赋值情况的说明见表7-1。

表7-1 变量定义及统计描述

变量	定义或赋值	全部样本均值	全部样本标准差	高收入组样本均值	高收入组样本标准差	中收入组样本均值	中收入组样本标准差	低收入组样本均值	低收入组样本标准差
性别	男性=1	0.67	0.47	0.83	0.38	0.68	0.47	0.49	0.50
年龄	年龄（岁）	34.18	11.54	34.72	10.24	32.80	11.18	35.02	12.93
教育程度	教育程度0-5	2.58	1.18	2.66	1.18	2.64	1.17	2.44	1.17
务工地	本地务工=1	0.04	0.21	0.02	0.15	0.05	0.22	0.06	0.24
来源地	东部地区=1	0.34	0.47	0.40	0.49	0.32	0.47	0.30	0.46
	中部地区=1	0.45	0.50	0.42	0.49	0.46	0.50	0.46	0.50
	西部地区=1	0.21	0.41	0.18	0.38	0.22	0.41	0.23	0.42
就业行业	制造业=1	0.28	0.45	0.17	0.38	0.31	0.46	0.35	0.48
	建筑业=1	0.27	0.45	0.43	0.50	0.26	0.44	0.13	0.33
	交通运输业=1	0.06	0.24	0.09	0.29	0.05	0.23	0.04	0.21
	批发零售业=1	0.11	0.31	0.12	0.33	0.12	0.32	0.09	0.29
	住宿餐饮业=1	0.09	0.28	0.06	0.25	0.08	0.26	0.12	0.33
	居民服务业=1	0.19	0.39	0.11	0.32	0.18	0.39	0.27	0.44
工资水平	务工工资（元/月）	3389.08	2371.13	5207.9	3320.63	2982.13	253.13	1947.64	400.01

3. 模型选择

以农民工食物消费支出作为被解释变量，建立双对数模型，估计不同收入组农民工食物消费的收入弹性，具体模型为：

$$\mathrm{Ln}(FEXP_i) = \alpha_0 + \alpha_1 \mathrm{Ln}(Wage_i) + \sum_{i=1}^{n} \beta_i X_i + \varepsilon \qquad (7-1)$$

其中，$FEXP_i$ 表示农民工的食物消费支出，$Wage_i$ 表示农民工的工资水平，X_i 为一组影响因素自变量（工资水平除外），α_1 是待估计的农民工食物消费的收入弹性，β_i 为各自变量的回归系数，代表各相关自变量对农民工食物消费的影响方向和影响程度，ε 是随机误差，代表所选择变量 $Wage_i$ 和 X_i 之外的其他影响因素的作用。

4. 收入分布变化对食物消费支出影响的测算

假定其他变量恒定，第 j 组（包括高收入组、中收入组和低收入组）收入变化将导致该组农民工食物消费支出发生以下变化：

$$\Delta FEXP_j = \alpha_{2(j)} \times \left(\frac{\Delta W}{W}\right)_j \times FEXP_j^0 \times N_j \qquad (7-2)$$

其中，$\Delta FEXP_j$ 表示第 j 组农民工食物消费支出的变化值，$\alpha_{2(j)}$ 表示第 j 组农民工食物消费的收入弹性，$\left(\frac{\Delta W}{W}\right)_j$ 表示第 j 组农民工的工资收入变化率，$FEXP_j^0$ 表示第 j 组农民工当前人均食物消费支出，N_j 表示第 j 组农民工的人数。

7.2 农民工食物消费支出影响因素分析

考虑到本书使用的是样本的截面数据，为保证回归系数和标准差估计的一致性，本书运用Stata14.0软件，采用"OLS＋稳健标准差"的估计方式对式（7-1）的参数值进行估计。本书的隐含假设是：不同收入组农民工的效用函数不同。因此，此处按照全部样本、高收入组、中收入组、低收入组，分别对式（7-1）进行回归，得到不同对象的参数估计值（见表7-2）。

表7-2　　　　　　农民工食物消费支出影响因素模型估计结果

变量	全部样本 系数	全部样本 标准误	高收入组样本 系数	高收入组样本 标准误	中收入组样本 系数	中收入组样本 标准误	低收入组样本 系数	低收入组样本 标准误
女性（参照）								
男性	0.025	0.020	-0.009	0.039	0.054	0.033	0.013	0.031
年龄	-0.003***	0.001	-0.002	0.002	-0.003**	0.002	-0.005***	0.001
受教育程度	0.025***	0.008	0.039***	0.013	0.010	0.015	0.013	0.016
外出务工（参照）								
本地务工	-0.071*	0.041	-0.101	0.089	-0.075	0.064	-0.050	0.065
东部地区（参照）								
中部地区	-0.052***	0.019	-0.008	0.031	-0.030	0.035	-0.124***	0.037
西部地区	0.007	0.023	0.133***	0.042	-0.009	0.040	-0.095**	0.041
制造业（参照）								
建筑业	0.081***	0.026	0.051	0.044	0.062	0.044	0.199***	0.546
交通运输业	0.247***	0.036	0.262***	0.057	0.214***	0.067	0.224***	0.075
批发零售业	0.186***	0.031	0.185***	0.057	0.193***	0.051	0.171***	0.059
住宿餐饮业	0.167***	0.034	0.225***	0.062	0.142**	0.066	0.153***	0.053
居民服务业	0.097***	0.026	0.137**	0.056	0.103**	0.044	0.070*	0.040
务工工资	0.309***	0.023	0.292***	0.058	0.756***	0.170	0.126**	0.063
常数	4.031***	0.185	4.096***	0.488	0.463	1.356	5.569***	0.489
Adj-R^2	0.121		0.101		0.051		0.061	

注：***、**和*分别表示在1%、5%和10%水平上统计显著。

对于全部样本来说，农民工的工资收入、年龄、受教育程度、来源地以及务工行业，通过了1%水平的显著性检验（见表7-2）。其中，农民工的工资收入、受教育程度对食物消费支出有正向影响，说明了在控制其他因素的情况下，工资收入和受教育程度越高的农民工的食物消费支出较多，这主要是因为他们更加注重食物的品质和食物结构的多元化。农民工的年龄对食物消费支出有反向影响，原因在于青壮年劳动力能量消耗大，食物消费多，支出也较多，而老年人却相反。相对于来自东部地区的农民工而言，来自中部地区农民工的食物消费支出较少，这主要由于东部地区的经济发展水平较高，人们对食物品质的要求较高，自然对食物消费的支出也较多。相对于从事制造业的农民工而言，从事建筑业，交通运输、仓储和邮政业，批发零售业，住宿餐饮业，居民服务和其他服务业的农民工的食物消费支出较多,这主要和工作强度有关,工作强度越大,体能消耗越多,食物消费越多,相应的消费支出也越多。

对于中收入组和低收入组来说,农民工的年龄对食物消费支出有反向影响;对于高收入组而言,农民工的受教育程度对食物消费支出有正向影响;相对于来自东部地区的农民工而言,低收入组的来自中西部地区的农民工食物消费支出较少,而高收入组的来自西部地区的农民工食物消费支出反而较多;相对于从事制造业的农民工而言,高收入组、中收入组和低收入组的从事非制造业的农民工的食物消费支出较多。

可以发现,无论是全部样本还是三个收入组子样本,农民工的务工行业均对食物消费支出有显著影响,并且相对于从事制造业的农民工而言,从事建筑业,交通运输、仓储和邮政业,批发零售业,住宿餐饮业,居民服务和其他服务业的农民工的食物消费支出较多。较合理的解释是:工作强度对食物消费有显著正向影响,相对于工作负荷较小的制造业而言,从事重体力劳动的建筑业,交通运输、仓储和邮政业,批发零售业等行业的农民工的体力消耗大,食物消费支出也多。

高收入组、中收入组和低收入组农民工食物消费的收入弹性分别为0.292、0.756、0.126,即对于高收入组、中收入组、低收入组农民工来说,工资收入每增加10%,其食物消费支出分别增加2.92%、7.56%、1.26%。这表明:对于低收入的农民工而言,只要能解决温饱即可,当收入提高时,增加食物消费支出的动力不足,而是将之用于其他基本需求;对于中收入组的农民工而言,一些基本需求已得到满足,更加关注营养健康和膳食结构,当收入提高时,将增加营养价值高的肉禽及制品、蛋及制品、奶及制品、水产品的消费,增加食物消费支出的动力较大;对于高收入组的农民工而言,其本身就很注重饮食健康,生活水平较高,收入提高对其食物消费的影响较小。

7.3 收入分布变化对农民工食物消费的影响

7.3.1 收入分布情景分析

假设各收入组农民工食物消费模式以及相关联的变量不变,模拟收入分布变化情景对农民工食物消费支出的影响。为此,设定四种不同的收入分布情景模式:每个农民工的收入增长率相同,即收入分布格局不变的收入增长方式;仅低收入组农民工收入提高而其他组农民工收入不变;仅中收入组农民工收入提高而其他组农民工收入不变;仅高收入组农民工收入提高而其他组农民工收入不变。

借鉴安德森和凯塞多(Pinstrup-Andersen & Caicedo, 1978)的研究方法,取样本总收入的1%作为收入变化总量。样本总收入的1%相当于低收入组、中收入组、高收入组农民工人均收入分别增长5.29%、3.38%、1.94%。四种情景模拟的收入分布为:(1)人均收入平均增长1%,原有收入分布格局不变;(2)低收入组总收入占样本总收入的19.70%,比2013年水平提高了0.81个百分点,而高收入组和中收入组总收入占样本总收入的比例分别降低了0.51个和0.30个百分点;(3)中收入组总收入占样本总收入的30.23%,比2013年水平提高了0.69个百分点,而高收入组和低收入组总收入占样本总收入的比例分别降低了0.51个和0.18个百分点;(4)高收入组总收入占样本总收入的52.05%,比2013年水平提高了0.48个百分点,而中收入组和低收入组总收入占样本总收入的比例分别降低了0.30个和0.18个百分点(见表7-3)。

表7-3　　　　　　　　　　　收入分布情景模式

项目	分类	高收入组	中收入组	低收入组
2013年水平	总收入(万元/月)	609.32	348.91	223.20
	农民工数量(人)	1170	1170	1170
	收入分组比例(%)	51.57	29.54	18.89
收入分布情景模式的收入分组比例(%)	模式一:全部农民工人均增长1%	51.57	29.54	18.89
	模式二:仅低收入组人均增长5.29%	51.06	29.24	19.70
	模式三:仅中收入组人均增长3.38%	51.06	30.23	18.71
	模式四:仅高收入组人均增长1.94%	52.05	29.24	18.71

以上结果表明,此模拟方案的收入分布格局变化较小。然而,本书的目的是测定农民工食物消费对不同收入分布状况的敏感程度,收入分布的小幅度变化足以验证收入分布格局变动对食物消费的影响程度。

7.3.2 收入分布变化对农民工食物消费的影响

根据食物消费量和食物消费支出的调查结果，结合式（7-2）计算出来的食物消费支出的变化值，折算对应的食物消费量。然后，根据各类食物消费量占食物消费总量的比例，计算各类食物的消费量（见表7-4）。

表7-4　　　　　　收入分布变化对农民工食物消费的影响

项目	2013年消费水平	模式一	模式二	模式三	模式四
食物消费总支出（万元/月）	278.06	279.18	278.60	280.39	278.68
米消费量（吨/月）	18.70	18.78	18.75	18.87	18.74
面消费量（吨/月）	25.31	25.41	25.36	25.52	25.36
杂粮消费量（吨/月）	13.64	13.69	13.67	13.75	13.66
肉消费量（吨/月）	11.41	11.46	11.44	11.51	11.44
蛋消费量（吨/月）	3.45	3.46	3.45	3.48	3.45
奶消费量（吨/月）	1.78	1.79	1.78	1.80	1.78
水产品消费量（吨/月）	1.89	1.90	1.90	1.91	1.90
粮食（原粮）消费量（吨/月）	123.97	124.48	124.26	125.05	124.23

模拟结果表明，农民工的收入水平提高时，全部样本的食物消费支出和各类食物消费量都显著增加。与2013年相比，每个农民工的人均收入增长1%，全部样本的食物消费支出增加了0.40%，其中，奶和水产品的消费量增加了0.50%以上，肉、米及面的消费量增加了0.40%以上。

低收入组、中收入组和高收入组收入水平的提高均有助于增加农民工的食物消费支出和各类食物消费量；与2013年水平相比，模式二、模式三和模式四会使农民工每月的食物消费支出分别增长0.19%、0.84%和0.22%，模式三的模拟结果明显优于其他模式，而且，模式三的各类食物消费量也显著增加；与2013年水平相比，模式三使米、面、肉、蛋、奶、水产品和杂粮的消费量分别增加了0.91%、0.83%、0.88%、0.87%、1.12%、1.06%和0.81%。

7.4 本章小结

首先，本章估计了不同收入组农民工食物消费的收入弹性。其次，设定了四种不同的收入分布情景模式：每个农民工的收入增长率相同，即收入分布格局不变的收入增长方式；仅低收入组农民工收入提高而其他组农民工收入不变；仅中收入组农民工收入提高而其他组农民工收入不变；仅高收入组农民工收入提高而其他组农民工收入不变。最后，模拟在四种收入分布格局变化的情景下，食物消费总支出和各类食物消费量的变化情况。主要得出以下研究结论：

（1）高收入组、中收入组和低收入组农民工食物消费的收入弹性分别为0.292、0.756、0.126，即对于高收入组、中收入组、低收入组农民工来说，工资收入每增加10%，其食物消费支出分别增加2.92%、7.56%、1.26%。

（2）收入分布格局不变，农民工的收入水平提高时，食物消费支出额和各类食物消费量会显著增加；仅低收入农民工的收入水平或仅高收入农民工的收入水平提高时，食物消费支出额和各类食物消费量也会增加，但增幅较小；中等收入农民工的收入水平提高时，食物消费支出额和各类食物消费量的增长幅度最大。

（3）在城镇化快速发展的阶段，农民工的收入水平将不断提高，收入分布格局也将发生深刻变化。随着农民工收入水平的提高，特别是中等收入水平农民工收入的提高，全社会的食物消费支出和各类食物消费量将会显著增加，这将对我国的粮食安全产生影响。因此，在制定粮食安全政策时，既要考虑农民工与城乡居民食物消费的差异，也要充分考虑农民工收入分布格局的变化。

第 8 章

不确定性对农民工粮食需求的影响分析

在城镇化不断发展和经济结构调整时期,农民工的消费行为受到诸多不确定性因素的制约。一方面,农民工随着中国经济一起加入全球化的产业分工中,成为"中国奇迹"的重要创造者;另一方面,农民工又因为各种因素被排除在城市的主流社会和福利体制之外,游离在城市与乡村之间,收入水平相对较低,收支不确定性较大,消费水平依然比较低。农民工的消费行为,既影响到其生活水平和生活质量,同时也对全国居民总消费产生重要影响。基于此,本章运用不确定性理论,重点研究收入不确定性和支出不确定性对农民工食物消费及粮食需求的影响。本章也是通过分析不确定性如何影响农民工食物消费,来研究不确定性对农民工粮食需求的影响。

8.1 不确定性对食物消费影响的理论分析

8.1.1 不确定性对(食物)消费的影响

消费理论经历了一个由短期到长期、由个人完全理性到有限理性、由确定性到不确定性的发展过程。第一阶段理论以绝对收入理论和相对收入理论为代表,其缺陷在于无法充分解释储蓄率的持续稳定;第二阶段理论以生命周期理论和持久收入理论为代表,缺陷在于认为消费"过度敏感"和"过度平滑";第三阶段理论以预防性理论为代表,重要进步是在不确定性条件下研究消费者行为。预防性理论认为,由于存在不确定性,居民的消费并不平滑。在不确定的情况下，预期未来的风险越大，消费者的储蓄动机就越强（万广华等，2001；罗楚亮，2004；万广华等，2003；施建淮和朱海婷，2004；易行健等，2008；李隆玲等，2016）。农民工进城以后，他们的消费水平随收入的增加而不断提高。但由于农民工身份市民化滞后，难以享受城镇的基本公共服务，使得他们对未来的预期很不稳定。因此，他们在很大程度上选择自我保障，多储蓄少消费，以备将来之需。

不确定性理论指出，在收入不确定的情况下，消费者会减少消费，增加储蓄。农民工进城务工后，由于"示范效应"的作用，其消费行为不仅受其传统消费习惯的影响，还受周边城镇居民消费习惯的影响。同时，农民工受农村传统文化的影响较大，他们独特的、稳定的且有区域差异的心理为其消费增添更多的不确定性（朱信凯和骆晨，2011）。农民工面临较大的不确定性，主要原因在于：第一，中国现阶段正处于城镇化快速发展和经济结构调整时期，不确定性因素不可避免。第二，农民工进城务工后，不仅收入水平提高，而且收入不确定性也大大提高，其预防性储蓄动机较强，消费特征明显有别于城镇居民和农村居民。第三，进城农民工由于身份歧视，难以享受到城镇的基本公共服务，面临很大的支出不确定性。卡罗尔等（Carroll et al.）认为收入不确定性对消费有重要影响（1992）。罗楚亮、杨汝岱和刘灵芝等认为收入和支出不确定性都对消费有重要影响（罗楚亮，2004；杨汝岱和陈斌开，2009；刘灵芝等，2011）。基于此，本书从收入和支出两个层面探讨不确定性对农民工消费的影响，并将支出细化为医疗和子女教育支出两个方面。具体地，本书从收入不确定性、医疗支出不确定性、子女教育支出不确定性、个体及家庭特征等4个方面构建影响农民工消费的理论分析框架，并分别提出如下研究假设。

第一，收入不确定性。绝大部分农民工虽然进城就业，但由于没有真正落户城镇，工作没有保障。由于农民工没有劳动合同或劳动合同不规范，经常面临工资拖欠，没有失业保险，缺乏劳动权益保障等问题，以工资性收入为主的农民工的收入不确定性较高（段学芬，2007）。本书用是否担心工资拖欠、是否有失业保险来衡量收入不确定性。因此，提出研究假设1：收入不确定性会对消费产生负向影响，即担心工资拖欠和没有失业保险的农民工的消费支出将较少。

第二，医疗支出不确定性。进城农民工难以享受到城镇居民的基本生活和工作福利保障。在劳动力市场分割的情况下，农民工的工作风险高，劳动保障少，医疗支出不确定性大。本书用是否有工伤保险和是否有医疗保险来衡量医疗支出不确定性。因此，提出研究假设 2：医疗支出不确定性会对消费产生负向影响，即没有工伤保险和没有医疗保险的农民工的消费支出将较少。

第三，子女教育支出不确定性。随着生活水平的不断提高，父母越来越重视子女的教育问题，甚至将子女的教育视为家庭的首要任务，农民工亦是如此。近年来，随着教育政策（如允许农民工随迁子女异地高考等）的逐步完善，为了让子女接受更好的教育，越来越多的农民工选择让子女在其务工城镇就学。由于户籍歧视，城镇学校往往对外籍学生进行配额限制或收取额外费用，农民工子女在城镇就学的支出面临较大的不确定性（王竹林，2007）。本书利用是否缴纳额外教育费用、是否缴纳额外教育费用与就学子女数量的交叉项来衡量子女教育支出不确定性。因此，提出研究假设 3：子女教育支出不确定性会对消费产生负向影响，即缴纳额外教育费用和就学子女数量多的农民工的消费支出将较少。

第四，个体及家庭特征因素。消费还受到个体及家庭特征的影响，将这些因素也引入模型进行控制。其中，个人收入是非常重要的决定因素，收入水平决定其预算约束从而影响消费。已有实证研究也表明，收入是影响农民工消费需求的最主要因素（刘伟，2011；李隆玲等，2016；李隆玲等，2017）。此外，其他主要影响因素还包括年龄、性别、受教育程度、就学子女数量、家庭负担系数、家庭资产、务工行业及务工地点等。

8.1.2 研究方法

1. 数据来源

本章使用 2014 年度的调查数据。2014 年的样本点为广东、浙江、山东、四川和北京五省份，共获得适用于本书的有效样本 3798 份。调查收集了个人和家庭的社会经济特征、家庭资源和生产情况、外出务工时间和居住情况、在工作地的日常消费情况（最近 1 个月）、最近 24 小时内用餐情况（早餐、午餐、晚餐、加餐和零食）、心理状况、市民化意愿以及对土地流转等问题的看法等。

2. 变量选取及数据描述

为了与食物消费（窄口径消费）进行对比，本章也对总消费（宽口径消费）一并进行研究，分析不确定性对总消费和食物消费影响的异同。变量的定义和赋值详见表8-1。

表8-1　　　　　　　　　　变量定义及统计描述

变量类型	变量名称	变量含义及赋值	均值	标准差
个体及家庭特征	工资收入	个人工资收入（元/年），取对数	10.654	0.468
	性别	女=1，男=0	0.423	0.494
	年龄	实际年龄（岁）	35.559	11.271
	初中及以下	受教育程度为初中及以下（参照组）	0.655	0.464
	高中或大专	受教育程度为高中或大专（是=1，否=0）	0.307	0.461
	本科及以上	受教育程度为本科及以上（是=1，否=0）	0.038	0.192
	就学子女	就学子女数量（个）	0.516	0.686
	负担系数	少儿抚养比与老年抚养比之和	0.343	0.339
	家庭资产	拥有住房数量（间）	5.662	3.377
	建筑业	务工行业为建筑业（参照组）	0.253	0.433
	制造业	务工行业为制造业（是=1，否=0）	0.37	0.483
	服务业	务工行业为服务业（是=1，否=0）	0.327	0.469
	其他行业	务工行业为其他行业（是=1，否=0）	0.05	0.217
	务工地点	是否在西部务工（是=1，否=0）	0.205	0.404
收入不确定性	工资拖欠	担心工资拖欠（是=1，否=0）	0.313	0.464
	失业保险	参加了失业保险（是=1，否=0）	0.209	0.407
医疗支出不确定性	工伤保险	参加了工伤保险（是=1，否=0）	0.378	0.485
	医疗保险	参加了城镇职工医疗保险（是=1，否=0）	0.185	0.388
子女教育支出不确定性	教育费用	缴纳额外教育费用（是=1，否=0）	0.034	0.182
	交叉项	额外教育费用*就学子女数量	0.042	0.247
被解释变量	总消费	个人消费支出总额（元/年），取对数	9.763	0.561
	食物消费	个人食物支出（元/年），取对数	8.922	0.863

注：负担系数=（14岁及以下人口数+65岁及以上人口数）/15~64岁人口数×100%，15~64岁指劳动人口年龄。

从调查情况来看，男性农民工占57.7%，女性农民工占42.3%。就年龄分布来看，16~25岁的占24.6%，26~35岁的占28.9%，36~45岁的占

25.3%，45 岁以上的占 21.2%，农民工以青壮年为主。就教育分布来看，初中及以下学历的农民工占 65.5%，高中或大专学历的占 30.7%，本科及以上学历的仅占 3.8%，农民工的受教育程度普遍不高。家里有 1 个孩子正在上学的农民工占 31.9%，家里有 2 个孩子正在上学的农民工占 8.1%，家里有 2 个以上孩子正在上学的农民工不足 1%。就家庭特征来看，老人和小孩占家庭人口的比例约为 1/3，家里平均有 5~6 间住房。农民工就业行业以建筑业、制造业和服务业为主，分别为 25.3%、37.0% 和 32.7%，其他行业约占 5.0%。就务工地点来看，在北京务工的占 19.3%，山东的占 20.2%，四川的占 20.1%，浙江的占 20.2%，广东的占 20.2%。外出打工最担心的是工资拖欠的农民工占到三成以上，参加失业保险、工伤保险和医疗保险的农民工占比分别为 20.9%、37.8% 和 18.5%，可见农民工的收入不稳定，基本生活和工作福利难以得到保障。由于进入城市学校门槛较高，绝大多数农民工子女只能进入农民工子弟学校学习，缴纳额外教育费用的比例相对较低。2014 年农民工人均工资收入（包括单位包吃包住折合的金额）为 42382 元，人均消费支出总额为 17378 元，食物支出为 7496 元，食物支出占消费支出总额的 43.1%。农民工消费仍以满足基本生活需求为主。

3. 模型构建

参照现有文献对于消费函数的定义（Carroll，1994；陈斌开等，2010），考虑不确定性因素的影响，对消费函数进行拓展和改进，设定如下双对数模型：

$$\ln C_i = \alpha_0 + \alpha_1 \ln Y_i + \alpha_2 UNI_i + \alpha_3 UNM_i + \alpha_4 UNE_i + \sum_{i=1}^{n} \beta_i X_i + \varepsilon \tag{8-1}$$

其中，C_i 表示第 i 个农民工的总消费支出（或食物消费支出），Y_i 表示第 i 个农民工的工资收入水平，UNI_i 表示第 i 个农民工面临的收入不确定性，UNM_i 表示第 i 个农民工面临的医疗支出不确定性，UNE_i 表示第 i 个农民工面临的子女教育支出不确定性，X_i 表示其他控制变量，包括性别、年龄、受教育程度、就学子女数量、家庭负担系数、家庭资产、务工行业和务工地点。ε 表示误差项。

考虑到不同农民工的消费行为之间存在着明显的异质性，由此导致的异方差将导致 OLS 估计的有效性降低，通常的处理方法是在 OLS 之后使用稳健估计量（Robust），或使用可行的广义最小二乘法（FGLS）进行估计。特别地，近年来发展起来的分位数回归方法（Quantile Regression）也可以对异方差问题进行有效处理（Koenker & Bassett, 1978）。此外，分位数回归的假设较弱，承载的信息能体现整个分布的信息，充分考虑到极端值的影响，可以拟合一簇曲线。所以本书采用稳健的 OLS 和分位数回归方法来处理异方差问题（Koenker & Bassett, 1978）。特别地，分位数回归方法还可以进一步考察不同分位数处不确定性对农民工消费的具体影响。

8.2 不确定性对农民工食物消费影响的实证分析

对方程（8-1）分别使用稳健的 OLS 和分位数回归进行估计，结果见表 8-2 和表 8-3。表 8-2 和表 8-3 分别报告了不确定性影响农民工总消费和食物消费的 OLS 和分位数回归结果。结果显示，分位数回归通过了水平为 1% 的准 LR 显著性检验，OLS 估计通过了水平为 1% 的 F 的显著性检验，说明模型的整体解释力较强。0.5 分位和 OLS 估计结果有差异，说明存在极端值的影响，分位数回归可以有效解决这一问题。

8.2.1 总消费模型

消费的收入弹性在分位数回归和 OLS 估计中的结果相似，0.25 分位、0.5 分位和 0.75 分位的估计结果分别为 0.344、0.298 和 0.293，OLS 的估计结果为 0.323，均通过了 1% 水平的显著性检验。由此可见，随着农民工消费的增加或收入水平的提高，消费的收入弹性不断降低并且均小于 1，说明了农民工的消费支出基本用于生活必需品，主要是为了满足生存需求。

担心工资拖欠在 0.25 分位、0.5 分位和 OLS 估计结果分别通过了水平为 1%、5% 和 10% 的显著性检验，并且系数均为负。这说明，担心工资拖欠对农民工消费有显著的抑制作用。通过比较系数大小可以发现，担心工资拖欠对低消费水平农民工的抑制作用更强，即担心工资拖欠对消费的抑制作用随着消费水平或收入水平的降低而不断增强。失业保险无论是在分位数回归还是在 OLS 回归中均不显著。综上所述，收入不确定性对农民工消费具有显著的抑制作用，并且消费水平越低或收入水平越低，抑制作用越强。因此，从长期来看降低收入不确定性可以有效释放农民工的消费潜力。

表 8-2　　不确定性对农民工总消费的影响

解释变量	0.25分位 系数	0.25分位 标准误	0.5分位 系数	0.5分位 标准误	0.75分位 系数	0.75分位 标准误	OLS 系数	OLS 标准误
工资拖欠	-0.074***	0.025	-0.055**	0.026	0.019	0.024	-0.033*	0.019
失业保险	0.036	0.037	-0.009	0.029	-0.012	0.043	0.000	0.029
工伤保险	0.055*	0.034	0.055***	0.023	0.033	0.032	0.054***	0.022
医疗保险	0.079***	0.032	0.080***	0.026	0.080**	0.037	0.075***	0.026
教育费用	-0.149	0.094	-0.180*	0.102	-0.203*	0.123	-0.180**	0.078
教育费用*就学子女	-0.235**	0.120	-0.233	0.159	-0.405***	0.154	-0.287***	0.104
工资收入	0.344***	0.032	0.298***	0.024	0.293***	0.028	0.323***	0.020
性别	-0.020	0.027	-0.058**	0.025	-0.056**	0.027	-0.044**	0.020
年龄	-0.011***	0.001	-0.008***	0.001	-0.006***	0.001	-0.009***	0.001
高中或大专	-0.015	0.029	0.020	0.021	0.079***	0.028	0.022	0.020
本科及以上	0.042	0.058	0.084**	0.042	0.087**	0.044	0.078*	0.046
就学子女	0.018	0.020	0.008	0.015	0.017	0.019	0.025*	0.014
负担系数	-0.069	0.049	-0.011	0.034	-0.034	0.035	-0.049*	0.027
家庭资产	0.011***	0.003	0.006**	0.003	0.007*	0.004	0.007***	0.003
制造业	-0.107***	0.035	-0.092***	0.028	-0.097***	0.034	-0.079***	0.026
服务业	0.004	0.037	0.000	0.031	-0.013	0.029	-0.009	0.026
其他行业	0.013	0.061	0.071	0.059	0.054	0.048	0.015	0.043
务工地点	-0.204***	0.032	-0.185***	0.026	-0.133***	0.029	-0.173***	0.022
常数	6.188***	0.348	6.952***	0.267	7.153***	0.313	6.654***	0.216
Adj-R^2	0.083		0.072		0.072		0.142	
准LR统计量	382.529		420.173		358.035		—	
准LR检验显著性	0.000		0.000		0.000		—	
F检验值	—		—		—		35.906	
Prob > F	—		—		—		0.000	

注：***、**和*分别表示在1%、5%和10%水平上统计显著；分位数回归报告的是自助法标准误（Bootstrap standard error）；OLS回归报告的是异方差稳健性标准误。

工伤保险在0.25分位、0.5分位和OLS估计结果分别通过了水平为10%、1%和1%的显著性检验，并且系数均为正。这说明，工伤保险显著促进了农民工的消费水平。医疗保险在0.25分位、0.5分位、0.75分位和OLS估计结果分别通过了水平为1%、1%、5%和1%的显著性检验，并且系数均为正。这说明，医疗保险也显著促进了农民工的消费水平。综上所述，医疗支出不确定性对农民工消费具有显著的抑制作用。据统计，被调查者中有工伤保险和医疗保险农民工的比例较少，分别为37.8%和18.5%。因此，提高农民工参加工伤保险和医疗保险的比例，降低支出不确定性，可以有效促进农民工的消费。

额外教育费用在0.5分位、0.75分位和OLS估计结果分别通过了水平为10%、10%和5%的显著性检验，并且系数均为负。这说明，为子女就学缴纳额外教育费用对消费水平较高或收入水平较高的农民工消费有显著的抑制作用。额外教育费用与就学子女数量的交叉项在0.25分位、0.75分位和OLS估计结果分别通过了水平为5%、1%和1%的显著性检验，并且系数均为负。又由系数比较可知，消费水平越高，抑制作用越强。综上所述，子女教育支出不确定性对农民工消费，特别是对高收入农民工消费具有显著的抑制作用。因此，减少或禁止对农民工子女收取额外教育费用，降低子女教育支出的不确定性，可以有效激发农民工的消费潜力。

性别、年龄、受教育程度、就学子女数量、负担系数、家庭资产、务工行业和务工地点对农民工消费的影响显著。男性比女性的消费水平高，较年轻的农民工的消费水平较高，受教育水平较高的农民工的消费水平较高，家庭就学子女数量较多的农民工的消费水平较高，家庭负担系数较小的农民工的消费水平较高。家庭资产对农民工消费有显著的促进作用，特别对低收入农民工消费的促进作用更强。相对于从事建筑业的农民工，从事制造业的农民工的消费水平较低。相对于在东部地区务工的农民工，在西部地区务工的农民工的消费水平较低，这主要与当地的经济发展水平和农民工的收入水平紧密相关。

8.2.2 食物消费模型

与总消费模型的估计结果类似，食物消费的收入弹性在0.25分位、0.5分位、0.75分位和OLS的估计结果分别为0.387、0.278、0.263和0.319，均通过了1%水平的显著性检验。说明了随着农民工消费的增加或收入水平的提高，食物消费的收入弹性不断降低并且均小于1（见表8-3）。

表8–3　　　　　　　　不确定性对农民工食物消费的影响

解释变量	0.25分位 系数	0.25分位 标准误	0.5分位 系数	0.5分位 标准误	0.75分位 系数	0.75分位 标准误	OLS 系数	OLS 标准误
工资拖欠	-0.139***	0.055	-0.089***	0.030	0.035	0.028	-0.061**	0.030
失业保险	0.027	0.077	-0.023	0.038	-0.055	0.045	-0.030	0.046
工伤保险	0.054	0.055	-0.001	0.036	0.043	0.036	0.037	0.036
医疗保险	0.102*	0.057	0.155***	0.033	0.103***	0.038	0.120***	0.042
教育费用	-0.025	0.361	-0.013	0.236	0.096	0.189	0.007	0.169
教育费用*就学子女	-0.238	0.259	-0.180	0.160	-0.129	0.182	-0.159	0.126
工资收入	0.387***	0.051	0.278***	0.032	0.263***	0.031	0.319***	0.032
性别	0.021	0.052	-0.003	0.033	-0.037	0.029	-0.001	0.032
年龄	-0.013***	0.002	-0.006***	0.001	-0.007***	0.001	-0.008***	0.001
高中或大专	-0.013	0.049	-0.008	0.029	-0.008	0.031	-0.002	0.032
本科及以上	0.077	0.096	0.039	0.069	0.019	0.052	0.041	0.074
就学子女	0.057	0.037	0.031*	0.018	0.019	0.023	0.048**	0.023
负担系数	0.024	0.058	-0.039	0.041	-0.004	0.047	0.020	0.044
家庭资产	0.013*	0.008	0.008**	0.004	0.005	0.004	0.004	0.004
制造业	-0.008	0.079	-0.157***	0.045	-0.153***	0.036	-0.064	0.042
服务业	-0.107	0.071	-0.209***	0.045	-0.178***	0.038	-0.115***	0.041
其他行业	-0.261**	0.131	-0.145**	0.076	-0.067	0.060	-0.061	0.069
务工地点	-0.161***	0.053	-0.159***	0.033	-0.039	0.032	-0.108***	0.036
常数	4.703***	0.557	6.293***	0.354	6.796***	0.329	5.666***	0.350
Adj-R²	0.034		0.036		0.033		0.050	
准LR统计量	157.020		245.011		197.745		—	
准LR检验显著性	0.000		0.000		0.000		—	
F检验值	—		—		—		12.160	
Prob > F	—		—		—		0.000	

注：***、**和*分别表示在1%、5%和10%水平上统计显著；分位数回归报告的是自助法标准误（Bootstrap standard error）；OLS回归报告的是异方差稳健性标准误。

在食物消费模型中，担心工资拖欠在0.25分位、0.5分位和OLS估计结果分别通过了水平为1%、1%和5%的显著性检验，并且系数均为负。失业保险无论是在分位数回归还是在OLS回归中均不显著。估计结果与总消费模型一致，说明了稳健性较好。

医疗支出不确定性的估计结果存在差异：医疗保险在0.25分位、0.5分位、0.75分位和OLS估计结果分别通过了水平为10%、1%、1%和1%的显著性检验，并且系数均为正。通过系数比较可知，医疗保险对农民工食物消费的促进作用强于总消费。是否参加工伤保险对农民工食物消费的影响不显著。

子女教育支出不确定性的估计结果存在差异：无论是在分位数回归还是在OLS回归中，额外教育费用、额外教育费用与就学子女数量的交叉项均不显著。可能的原因是食物消费是人最基本的生存需求，无论家庭是否有就学子女、是否需要交纳额外教育费用，都会首先解决温饱问题。

与总消费模型的估计结果类似，年龄、就学子女数量、家庭资产、务工行业和务工地点对农民工食物消费具有显著影响。而与总消费模型的估计结果不同的是，性别、受教育程度和家庭负担系数对农民工食物消费的影响不显著。相对于从事建筑业的农民工，从事制造业、服务业和其他行业的农民工的食物消费水平较低，这主要与工作强度有关。从事建筑业的农民工的工作强度大，体能消耗大，食物消费多，相应的食物消费支出也多。

8.3 本章小结

本章运用不确定性理论，实证分析了收入不确定性、医疗支出不确定性和子女教育支出不确定性对农民工消费和食物消费的影响。主要结论如下：

（1）收入不确定性对农民工消费和食物消费具有显著的抑制作用，并且消费水平越低或收入水平越低，抑制作用越强。因此，提高农民工的消费水平、改善农民工的生活质量，不仅要提高农民工尤其是低收入农民工的收入水平，还应该降低其面临的收入不确定性。应该制定和实施公平的就业政策，优化就业环境，规范劳动合同，完善政策措施，保障农民工在劳动报酬方面享有合法权益。

（2）医疗支出和子女教育支出不确定性对农民工消费和食物消费具有显著的抑制作用。缺乏社会保障，影响农民工的消费预期，进而影响其消费行为。满足农民工基本公共服务需求、降低生活成本、增强消费信心,是改善农民工消费预期,提高其生活质量的重要手段。

(3) 农民工比城乡居民的恩格尔系数高。根据调查数据,得出农民工的恩格尔系数为43.1%,而同期城镇户籍居民和农村居民的恩格尔系数分别为35.0%和37.7%。相对于城镇居民和农村居民,农民工的恩格尔系数较高,说明农民工食物消费占其总消费的比例较高。农民工进城务工以后,虽然收入水平提高了,但由于受到不确定性因素的影响,其用于生活消费支出的比例较小,大大影响了其消费水平和生活水平。

(4) 提高农民工市民化程度,可以减少农民工面临的不确定性,有效释放其消费潜力,进而提高其生活水平。研究发现,农民工收入和支出不确定性的根源在于以户籍制度为特征的城乡分割制度。因此,积极构建与人口自由迁徙目标相适应的户籍制度,在大城市稳步推进户籍制度改革,在中小城市实施灵活的户籍迁移政策,促进社会福利公平,减少农民工市民化的制度障碍,是稳定消费者生产和生活的重要手段,既可以有效激发农民工的消费潜力、拉动经济增长,又可以使农民工个人的生活水平得到更大提高。

第9章

基于农民工粮食需求视角的粮食贸易分析

近年来，我国粮食产量实现了"十六连丰"并稳定维持在6亿吨以上，与此同时，进口量也不断攀升。这对我国粮食安全造成了威胁，也对我国农业健康发展和农民收入增长产生了不利影响。在粮食连年增产的背景下，为什么进口量仍不断增加？生产和消费的结构不对称是我国农产品进口激增的重要因素之一。我国进口的粮食七成以上是大豆，另外三成是为了满足国内多样化需求进口部分优质稻谷和小麦以及饲料用玉米。同时，国内外粮食价差扩大，进口粮食的价格优势明显也是重要原因之一。国内生产成本和最低收购价的抬升、国际粮食价格的下跌、人民币汇率的升值以及因全球能源价格暴跌导致的货运价格下跌等因素共同催生了国内与国外、生产与加工领域间的粮食价格倒挂。那么，除了粮食生产与消费结构不对称、国内外粮食价格倒挂之外，农民工对粮食需求的拉动是否也是重要影响因素之一，本章从农民工粮食需求角度对中国粮食贸易状况进行分析。

9.1 粮食产量变化分析

9.1.1 粮食产量及主粮结构变化

新中国建立初期，我国粮食总产量只有1.1亿吨。在相当长一段时期内，随着人口的快速增长以及工业化和城镇化的推进，我国的粮食供应一度处于高度紧张状态。到1978年，虽然我国粮食总产量达到3.1亿吨，但由于同期总

第9章 基于农民工粮食需求视角的粮食贸易分析

人口大幅增长，人均粮食产量仍比较低。改革开放以来，家庭联产承包责任制极大地调动了农民的生产积极性，大大提高了农业生产力，全国粮食总产量和人均产量均稳步提升。20世纪90年代以来，我国粮食产量总体上呈现波动性上升趋势，波动幅度基本稳定在合理区间，除少数年份外，一般保持在±6%的范围之内[1]。如图9-1所示，从粮食总产量来看，1990~1998年，粮食产量总体呈上升趋势但伴随有小幅波动，某些年份有略微下降，期间粮食产量的累计增长率为14.80%，年均增长率为1.74%。1999~2003年，粮食产量"五连跌"期间，粮食产量大幅度下降，2003年跌至4.3亿吨左右，比1998年下降了15.93%。为了扭转粮食产量不断下跌的局面，政府开始制定实施了多项粮食补贴政策，2004年以来，我国粮食生产实现了"十六连丰"。特别是在2004~2015年我国粮食产量出现恢复性的增长态势，在此期间实现了粮食产量"十二连增"，累计增长率高达40.71%，年均增长率高达3.15%。2016年我国粮食产量66043.5万吨，比上一年减少16.8万吨，减少了0.03%。2017年我国粮食产量66160.7万吨，比上一年增加117.2万吨，增加了0.18%。2018年我国粮食产量65789.2万吨，比上一年减少371.5万吨，减少了0.56%。粮食

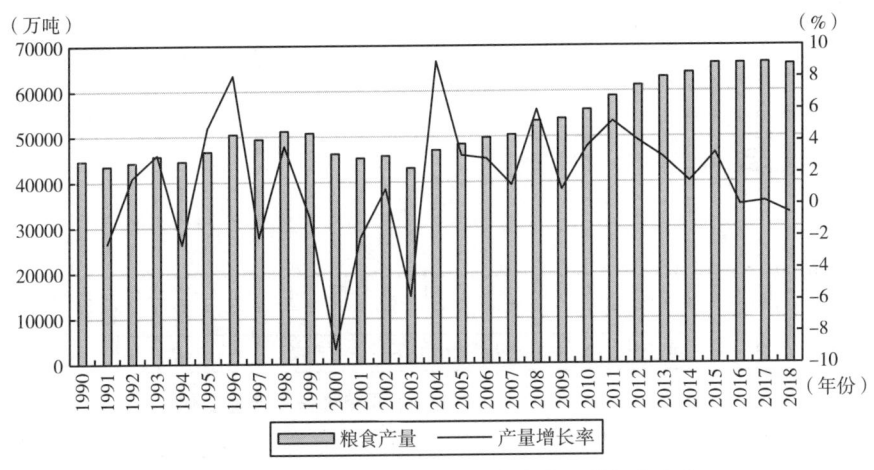

图9-1 1990~2018年我国粮食产量及增长率变化

资料来源：《中国统计年鉴2019》。

---

[1]《中国的粮食安全》白皮书，国务院新闻办公室网站 http://www.scio.gov.cn, 2019-10-14.

产量虽有小幅波动，但基本处于高位水平，主要原因是粮食生产结构的进一步调整和优化。国家统计局公布的最新数据显示，2019年我国粮食产量66384万吨，比上一年增加594万吨，增长0.9%，创历史最高水平。

分品种来看，稻谷和小麦产量呈小幅度的波动性增长，玉米产量基本呈现持续增长态势。如图9-2所示，稻谷产量在2000年之前基本保持在18000万吨左右，2000~2003年有所下降，2004年以后呈持续增长态势，2011年突破20000万吨，之后不断波动增长，2018年稻谷产量达到21212.9万吨。小麦产量在1995年之前基本上保持在10000万吨左右，1996~1999年升高到11000万吨左右，2000~2003年有所下滑，2004年之后持续增长，2015年突破13000万吨，2016年和2017年平稳增长，2018年略有下降。玉米产量基本上保持持续增长趋势，1995年之前基本上在10000万吨左右，1995~2005年在10000万吨至14000万吨徘徊，2006年突破15000万吨，2011年突破20000万吨，2015年攀升至26499.2万吨，2016~2018年有小幅回落。

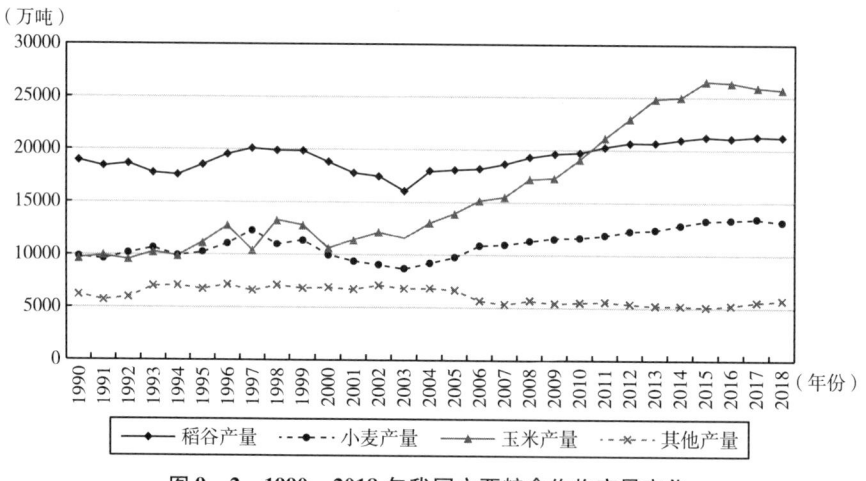

图9-2　1990~2018年我国主要粮食作物产量变化

资料来源：《中国统计年鉴2019》。

从稻谷、小麦和玉米占粮食总产量的比例来看，在2000年以前，稻谷产量占粮食总产量的比例基本保持在40%左右，之后逐渐下降，2018年这一比例降低至32.24%。玉米产量占粮食总产量的比例不断上升，1990年为21.70%，2011年上升至35.91%，并且超过了稻谷产量，成为占粮食总产量

第9章 基于农民工粮食需求视角的粮食贸易分析

比例最大的作物,取代了之前谷物的绝对优势地位。2015年玉米产量占粮食总产量的比例突破40%,之后略有下降,2018年玉米产量占比为39.09%。小麦产量占粮食总产量的比例年际间变化不大,基本上处于20%~22%,特别是2004年以来,小麦产量占粮食总产量的比例基本保持在20%左右。薯类和豆类等占粮食总产量的比例不断缩小,2018年减小至8.69%,原因是薯类和豆类的产量比较低,逐渐被玉米等高产作物所替代。目前,国家提出了马铃薯主粮化战略,预计2020年50%以上的马铃薯将作为主粮消费。由于马铃薯的产量较少,占主粮的比例依然很小。按照薯类和粮食5∶1的折算比例,2018年我国薯类产量2865.4万吨相当于573.1万吨粮食,占粮食总产量的0.87%。

9.1.2 粮食播种面积及种植结构变化

我国粮食总播种面积变化不大,个别年份波动较大。如图9-3所示,1990~1999年我国粮食的播种面积相对稳定,基本维持在11000万公顷以上,1998年达到阶段最高点11379万公顷。随后五年由于自然灾害、亚洲金融危机、粮食价格低迷、放开粮食购销改革等原因,致使播种面积不断下降,2003年粮食种植面积跌破10000万公顷。自2004年起,国内支持政策的出台和粮食价格的提高刺激了农民种粮积极性,粮食播种面积开始缓慢上升,2018年

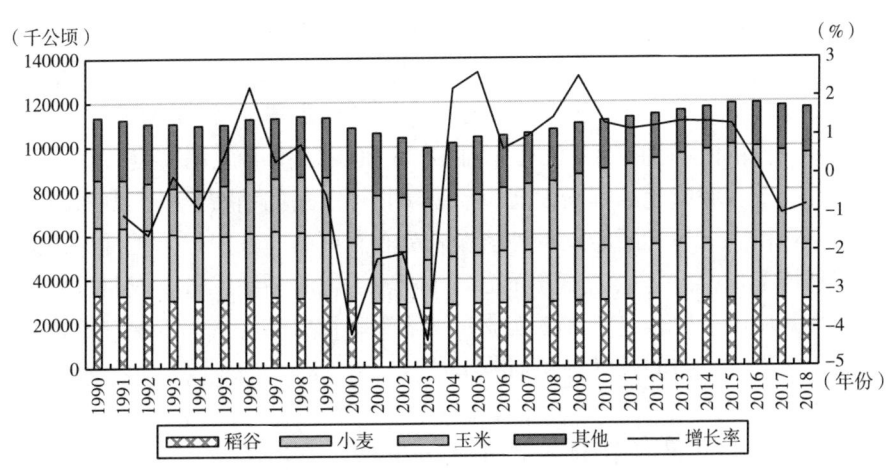

图9-3 1990~2018年我国主要粮食作物播种面积及增长率变化

资料来源:《中国统计年鉴2019》。

我国粮食播种面积达到11704万公顷。从总播种面积增长率来看，1991～1994年和1999～2003年播种面积分别出现两波负增长，其余年份均为正增长。1991～1994年的最低增长率为-1.56%，1999～2003年的增长率最低降至-4.31%。2010年以来的增长率基本在1%以上，自2014年起增长率逐年下降，2017～2018年出现第三波负增长，增长率分别为-1.04%和-0.81%，主要原因是近年来各地积极推进农业供给侧结构性改革，大力调整、优化农业生产结构，调减库存较多的稻谷和玉米种植，扩大大豆种植，因地制宜发展经济作物，适当减少粮食播种面积，增加优质高效农作物的播种面积。

主要粮食作物的种植结构变化差异较大，总体来讲，稻谷种植面积变化不大，小麦种植面积小幅度减少，玉米种植面积大幅度增加。稻谷种植面积变化不大，1990～1999年基本维持在3000万公顷到3300万公顷，2000年跌破3000万公顷，2003年进一步跌至2650万公顷，自2004年起稻谷种植面积开始小幅度增长，2018年达到3019万公顷，接近于20世纪90年代初的稻谷种植面积。小麦种植面积小幅度减少，90年代初基本在3000万公顷左右，2000年减少至2665万公顷，2004年进一步跌至2163万公顷，之后小麦种植面积逐年缓慢增长，2018年达到2427万公顷，主要原因是近年来小麦品种结构优化，优质小麦播种面积增加，小麦总播种面积变化不大。玉米种植面积大幅度增加，90年代初基本在2000万公顷左右，2007年突破3000万公顷，2013年突破4000万公顷，2015年达到最大种植面积4497万公顷，之后略有下降。2004年以来玉米种植面积累计增长65.57%，年均增长率高达3.67%。三大粮食作物以外的其他粮食作物播种面积呈下降趋势。我国稻谷和小麦的种植比例分别从1990年的29.14%和27.10%，下降到2018年的25.79%和20.73%，而同期玉米种植比例则从18.86%增加到36.00%。主要原因有两方面：一是从需求方面看，城镇化的不断发展拉动了动物性产品的消费，从而刺激以玉米为主的饲料粮需求的不断增加，种植玉米更有利可图，农户作为理性经济人会选择多种植玉米；二是从供给方面看，伴随城镇化的不断发展，农村青壮年劳动力转移到城市、进入非农领域就业，导致费时费力的小麦和水稻种植面积减少，而相对省时省力的玉米种植面积增加。

9.1.3 主要粮食作物单产水平变化

在快速城镇化过程中，我国粮食产量在播种面积基本稳定的情况下能够实

第9章 基于农民工粮食需求视角的粮食贸易分析

现"十六连丰",单产提高起到了关键作用。从图9-4可以看出,我国粮食平均单产水平整体波动性增长,增长趋势明显。1990年粮食单产水平为3932.8千克/公顷,1992年突破4000千克/公顷大关,1998年粮食单产水平达到4502.2千克/公顷。随后,粮食单产水平先波动性减小后波动性增加,基本在4200千克/公顷至5000千克/公顷。1990~2009年,粮食单产水平累计增长22.82%。2010年粮食单产水平突破5000千克/公顷大关,之后逐年稳步增长,2018年粮食单产水平高达5621.2千克/公顷。1990~2018年,粮食单产水平累计增长42.93%。这与我国近年来加大财政支农力度完善农业基础设施建设、增加科技投入使得农业科技进步水平不断提高以及农技服务的推广密切相关。

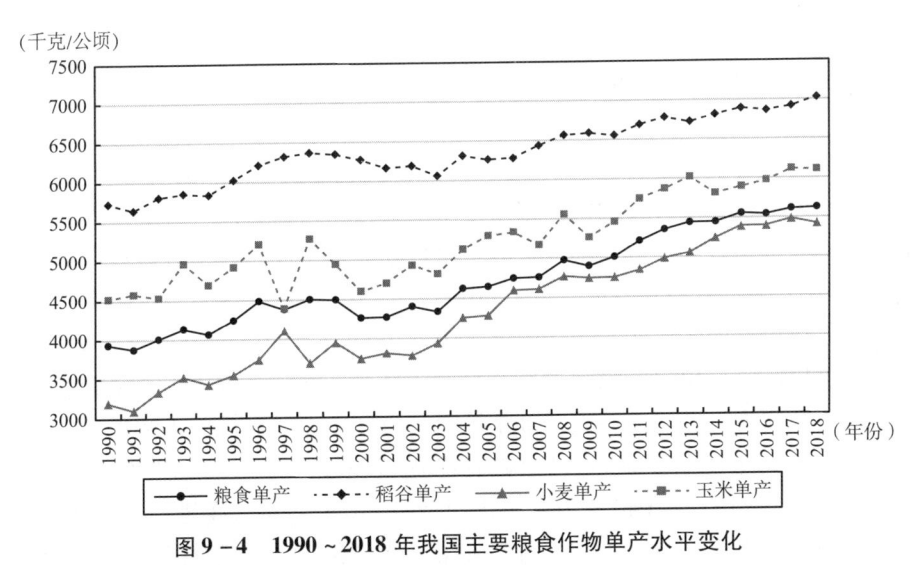

图9-4 1990~2018年我国主要粮食作物单产水平变化

资料来源:作者依据《中国统计年鉴2019》计算得出。

三大主要粮食作物中,稻谷单产水平最高、其次是玉米、小麦最低,但小麦和玉米的单产水平增速明显快于稻谷。1990年稻谷单产水平为5726.2千克/公顷,1995年突破6000千克/公顷大关,此后波动性增加,2018年稻谷单产突破7000千克/公顷大关,达到7026.7千克/公顷。1990~2018年,稻谷单产水平累计增长22.71%。1990年玉米单产水平为4524.0千克/公顷,1993年达到4963.3千克/公顷,1996年突破5000千克/公顷大关,1996~2000年,玉

149

米单产水平波动较大。2000年以后，玉米单产水平稳步上升，2013年突破6000千克/公顷大关，此后有小幅回落，2018年又增长至6104.3千克/公顷。1990~2018年，玉米单产水平累计增长34.93%。1990年小麦单产水平为3194.1千克/公顷，1993年达到3519.3千克/公顷，1997年突破4000千克/公顷大关，此后有小幅回落，然后稳步增长，2013年突破5000千克/公顷大关，随后稳步增长，2018年小麦单产水平为5416.6千克/公顷。1990~2018年，小麦单产水平累计增长69.58%。

9.2 粮食贸易量变化分析

9.2.1 贸易总量变化[①]

我国的粮食贸易随着国家粮食政策的变化而变化。20世纪50年代，我国实行鼓励出口、限制进口的粮食贸易政策。20世纪60年代，由于国内粮食供不应求，我国通过大量进口粮食缓解粮食短缺问题，此阶段粮食累计净进口量超过4000万吨，其中小麦进口量占80%以上。改革开放初期，我国仍以进口小麦和出口稻谷为主。20世纪80年代中期以后，我国玉米出口量显著增加，形成了进口小麦、出口玉米和稻谷的粮食贸易产品结构。近年来，随着我国粮食需求不断增加以及国内外粮食价差扩大，我国粮食贸易规模不断扩大，总体以进口为主，尤其是2009年以来粮食净进口量逐年攀升。如图9-5所示，1995年粮食进口量为2040.4万吨，出口量为64.9万吨，净进口量为1975.5万吨。1996~2003年粮食进口量波动性下降，出口量波动性增加。1996年粮食进口量为1084.0万吨，出口量为124.3万吨，净进口量为959.7万吨。2003年粮食进口量为208.7万吨，出口量为2201.4万吨，净出口量达到最大值为1992.7万吨。2004年粮食由净出口转变为净进口。2004年粮食进口量为974.8万吨，出口量为479.5万吨，净进口量为495.3万吨。2005~2008年粮食又以出口为主，出口量和进口量均呈波动性下降趋势。2009年

---

① 本书中的粮食具体指的是谷物，我国进口的大豆主要是作为油料作物，故此处的粮食贸易总量不包含大豆。

以来，粮食由净出口转变为净进口，进口量和净进口量逐年攀升，出口量逐年下降。2009 年粮食进口量为 315.1 万吨，出口量为 137.1 万吨，净进口量为 178.0 万吨。2012 年粮食净进口量首次超过 1000 万吨，达到 1296.7 万吨。2016～2018 年粮食进口量和净进口量波动性增长，出口量也呈现增长趋势。2017 年粮食进口量为 3509.0 万吨，出口量为 269.0 万吨，净进口量高达 3240.0 万吨。2018 年粮食进口量为 2752.0 万吨，出口量为 353.0 万吨，净进口量高达 2399.0 万吨。

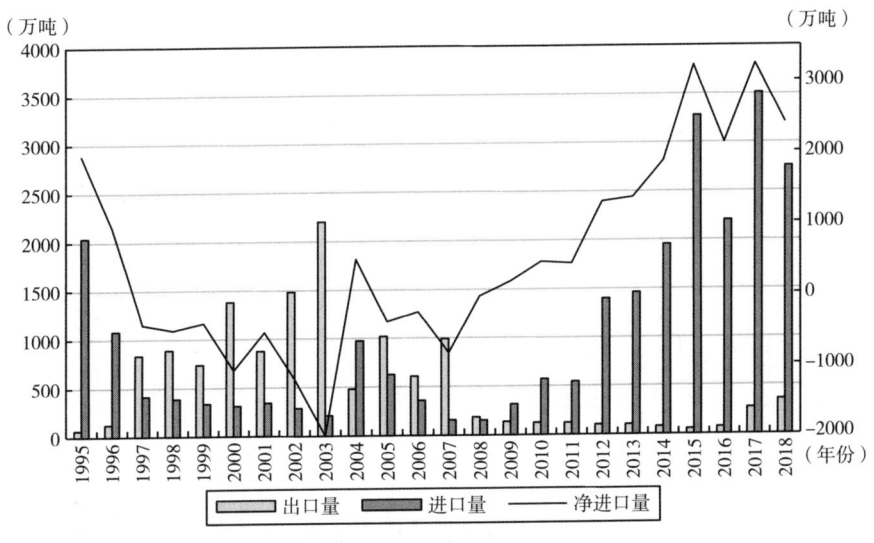

图 9-5 1995～2018 年我国粮食贸易量变化

资料来源：中国海关数据库，由于 WITS 数据库中没有谷物贸易量数据（仅有贸易额），因此这里使用中国海关数据库中的贸易数据。

9.2.2 主要粮食作物贸易量变化

分品种来看，20 世纪 90 年代以来，我国形成了出口稻谷和玉米，进口小麦的粮食贸易格局。2010 年我国玉米贸易由净出口变为净进口。2011 年我国稻谷贸易由净出口变为净进口。随着我国稻谷和玉米贸易由净出口转变为净进口，我国粮食进入全面净进口时代。下面对稻谷、小麦和玉米三个粮食品种的净进口量进行具体分析。

我国稻谷自 2011 年起由净出口变为净进口，并且净进口量呈波动性增长趋势。如图 9-6 所示，2011 年以前我国稻谷出口明显大于进口（1995 年和 1996 年除外），1998~2003 年出口量达到高位，1998 年出口量高达 373.7 万吨。2004~2010 年稻谷出口量先减小后增加再减小，而进口量呈现波动性减小趋势。2011 年稻谷由净出口转为净进口，当年进口量和净进口量分别为 57.8 万吨和 6.3 万吨。2012 年以来，稻谷进口量和出口量呈波动性增加态势，净进口量呈先减小后增加再减小的趋势。2015 年稻谷进口量和净进口量均突破 300 万吨，分别达到 335.0 万吨和 306.4 万吨。2017 年稻谷进口量为 399.3 万吨，出口量为 119.6 万吨，净进口量为 279.7 万吨。2018 年稻谷进口量减少至 303.5 万吨，出口量增加至 208.9 万吨，净进口量降低至 94.6 万吨。

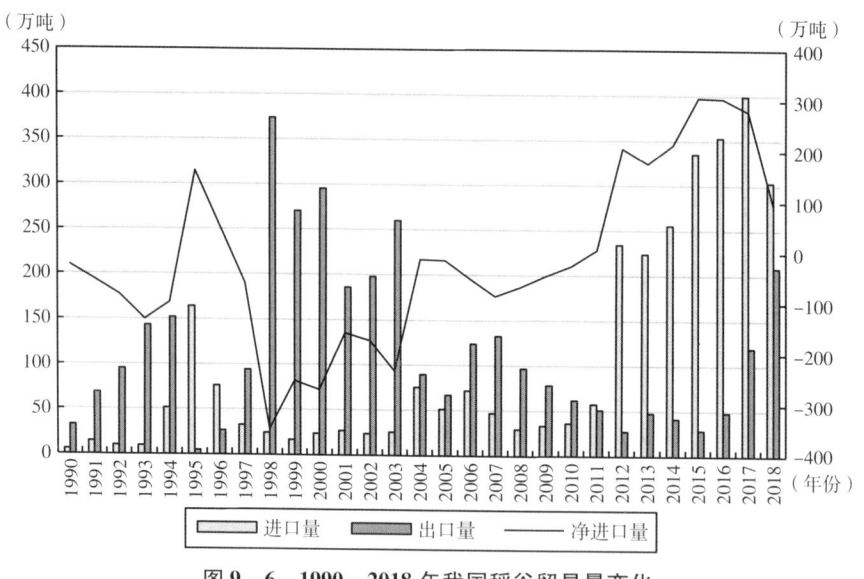

图 9-6　1990~2018 年我国稻谷贸易量变化

资料来源：WITS 数据库。

我国小麦总体上呈净进口状态，特别是 2009 年以来净进口量呈波动性增长趋势。如图 9-7 所示，1996 年以前小麦进口量较大，大多在 1000 万吨以上。随后小麦进口量大幅下降，2003 年进口量仅 42.4 万吨。接着，由于国内小麦连续三年减产，供需缺口较大，导致 2004 年小麦进口量激增至 723.3 万吨。2010 年以来，小麦进口量增幅较大，2013 年高达 550.67 万吨。之后进口

第9章 基于农民工粮食需求视角的粮食贸易分析

量有所回落,但仍保持在300万吨左右。自1990年以来,小麦出口量普遍非常小(个别年份除外),可以忽略不计。因而,小麦的净进口量与进口量的变化趋势基本一致。1996年以前小麦净进口量较大,此后不断下降。2002年首次转变为净出口,之后净出口和净进口交替变化。自2009年起,小麦始终保持净进口,并且净进口量呈波动性增长趋势。2013年小麦净进口量突破500万吨,达到2009年以来的最大值550.4万吨。2017年小麦净进口量为428.7万吨。2018年小麦净进口量有所回落,为286.9万吨。

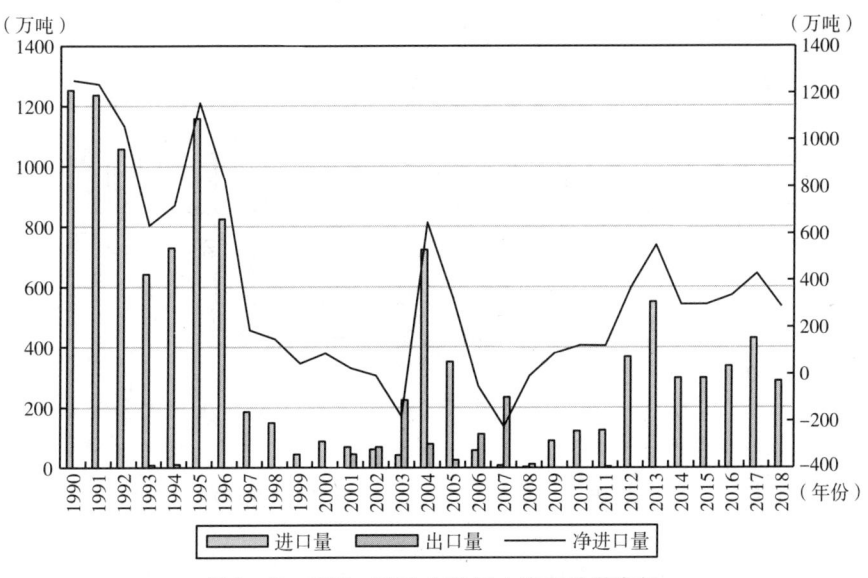

图9-7 1990~2018年我国小麦贸易量变化

资料来源:WITS数据库。

我国玉米自2010年起由净出口变为净进口,并且净进口量呈波动性增长趋势。如图9-8所示,2003年以前我国是玉米出口大国,其中,1992年、1993年、2000年、2002年和2003年的玉米出口量均超过1000万吨,而这期间的玉米进口量都很小,1995年的进口量最大为518.10万吨,其余年份的进口量大多都在10万吨以下。2010年以前我国玉米贸易基本上呈净出口状态,并且净出口量逐年波动性下降。2010年转为净进口,且规模不断扩大。2012年进口量高达520.7万吨,约占世界出口量的4.32%。随后玉米进口量也保持在250万吨以上,2015年为472.9万吨,2018年为352.2万吨。而自2010年起，我国玉米出口量很小，与大量的进口相比几乎可以忽略不计。2010年以来，我国玉米净进口量呈波动性增长趋势。2012年玉米净进口量达到2010年以来的最大值，为495.0万吨。2018年玉米净进口量为350.9万吨。

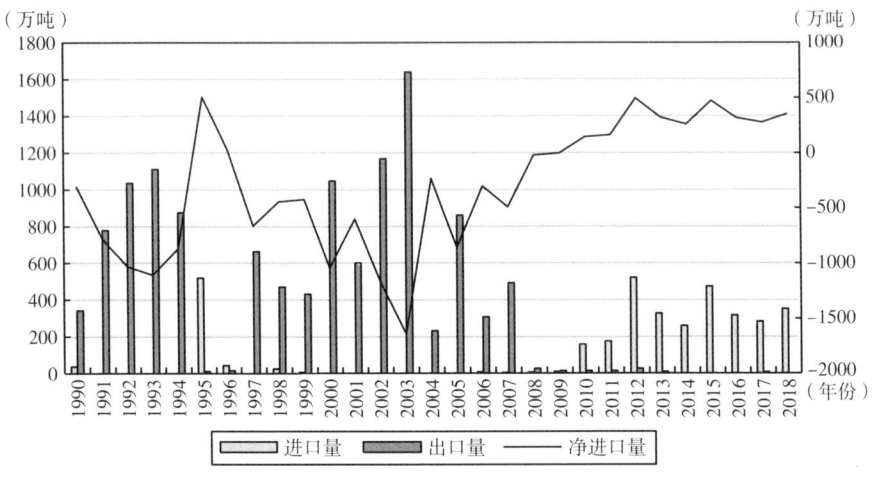

图9-8 1990~2018年我国玉米贸易量变化

资料来源：WITS数据库。

9.3 粮食产量与贸易量变化趋势分析

在我国粮食产量不断增长的情况下，我国粮食净进口量也呈现波动性增长趋势。如图9-9所示，从粮食产量曲线来看，1995~1998年粮食产量总体呈上升趋势但伴随有小幅波动，1999~2003年粮食产量大幅度下降，2004年以来粮食产量实现了"十六连丰"。从粮食净进口量曲线来看，1995~2008年粮食净进口量呈波动性下降趋势，2009年以来，粮食净进口量逐年攀升（2016年和2018年出现两次小波谷）。由此可见，自2009年起，我国粮食产量和净进口量整体上都呈现出增长趋势。2009年我国粮食产量和净进口量分别为53940.9万吨和178.0万吨。2015年我国粮食产量和净进口量分别为66060.3万吨和3218.3万吨。2018年我国粮食产量和净进口量分别为65789.2万吨和2399.0万吨。2009~2018年期间，我国粮食产量的年均增长率2.23%，而与此同时，我国粮食净进口量的年均增长率则高达33.51%。

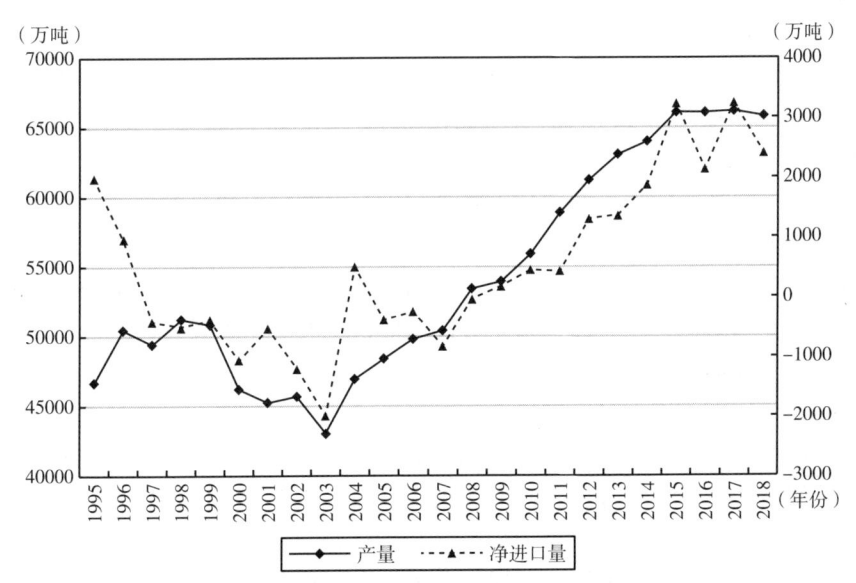

图9-9　1995~2018年我国粮食产量与净进口量变化

资料来源：粮食产量数据来自《中国统计年鉴2019》，粮食净进口量数据来自中国海关数据库。

9.4　粮食需求变化分析

近年来，我国粮食产量和净进口量均呈增长趋势，但统计上的粮食需求量并没有增加得那么快。由供求理论可知，产量+进口量=需求量+出口量，即产量+净进口量=需求量。由此公式来看，当国内粮食产量不能满足国内粮食需求时，就需要到国际市场上进口粮食来达到供需平衡。进一步从动态平衡角度来讲，当国内粮食产量增长速度不能满足国内粮食需求增长速度时，就需要不断增加进口量。也就是说，粮食产量和净进口量同时增加是由国内粮食产量的增长速度不能满足国内粮食需求增长的需要引起的。

从中国粮食产量和贸易量的统计方法来看，粮食产量和贸易量的统计数据比较科学。首先，我国粮食产量的统计是比较真实可靠的。我国粮食产量的统计有一套严格的方法，包括测量耕地面积、选择地块、试验田测量单产、普查、计算产量等，经过逐级上报，最后计算得出当年的粮食产量，是比较真实可靠的，基本不存在产量虚报的情况。其次，我国粮食贸易量的统计也是比较科学的。中国海关总署、FAO以及中国贸易伙伴国均有关于我国粮食贸易量的统计数据。可能由于产品标准划分不完全相同，不同国家和机构的统计数据会有一定差异，但总体来看，贸易统计数据还是比较准确可靠的。

需要引起注意的是，中国目前粮食需求量的统计方法不够准确。基于传统城乡"二元"结构视角的粮食需求估计方法并不能准确反映目前我国粮食需求的实际情况，原因是没有考虑约占我国1/5人口的农民工这一中间群体的特殊消费水平和结构。一方面，由于大部分农民工并非举家迁移，一般在务工地点集体住宿，但是在城镇居民粮食消费抽样统计中，调查对象为城市市区和县城关镇区的住户，因而尽管农民工人数算在了城市人口中，但抽样统计的城市户籍居民的人均消费并不能反映农民工的实际粮食需求情况。另一方面，在农村居民粮食消费抽样统计中，部分农民工虽然算在农村家庭常住人口中，但其消费水平和结构已不同于外出务工前，也不同于现在的农村留守人口。超过60%的农民工从事的是制造业、建筑业和批发零售业，在这些行业（尤其是建筑行业）中，农民工主要从事（重）体力工种，能量消耗大，其粮食需求既大于其进城务工前在农村务农时的消费量，也大于目前城镇户籍居民的粮食消费量。此外，随着农民工进城务工，其收入水平不断提高，会增加动物性产品等健康营养食物的需求，由此引致的饲料粮的需求也不断增加，从而对粮食需求形成更大压力。

已有研究表明，虽然我国粮食产量在不断增加，但始终赶不上实际需求的增长速度。根据国家发展和改革委员会公布的《国家粮食安全中长期规划纲要（2008～2020年）》的预测，2020年我国粮食需求总量达到5.725亿吨，其中口粮和饲料粮需求量分别为2.475亿吨（占粮食消费总量的比例为43%）和2.355亿吨（占粮食消费总量的比例为41%）。预计2020年粮食综合生产能力达到5.400亿吨以上。实际上，2010年我国粮食产量已达到5.465亿吨，2019年粮食产量更是达到6.638亿吨。尽管这样我们依然感到供求紧平衡，这在一定程度上也是为了满足需求的拉动，反映了我国粮食需求的强劲增长。

从粮食用途结构来讲，我国粮食需求包括传统需求（口粮、饲料粮、传统加工用粮、种子用粮和损耗）、生物质能源加工需求和投机需求（见图9-10）。

第9章 基于农民工粮食需求视角的粮食贸易分析

加工用粮、种子用粮、损耗以及投机需求所占比例比较小，而且年际间变化不大，大约占当年我国粮食需求总量的15%。粮食需求结构中变化较大的是口粮和饲料粮这两类粮食需求，并且这两者合计占我国粮食总需求的85%。依据城乡"二元"结构的统计方法，我国居民粮食需求量等于城镇居民粮食需求量与农村居民粮食需求量之和，其中，城镇居民粮食需求量等于城镇人口（包括城镇户籍居民和农民工）与城镇居民人均粮食消费量的乘积，农村居民粮食需求量等于农村人口与农村居民人均粮食消费量的乘积。将城乡居民粮食和食品消费量进行折算，可以得到城乡居民的粮食（原粮，包括口粮和饲料粮）需求量，并可以进一步折算得到全口径的粮食总需求量。利用《中国统计年鉴》（历年）中城乡居民粮食和食品消费数据，依据上述方法，可以计算得出我国历年的粮食需求量。

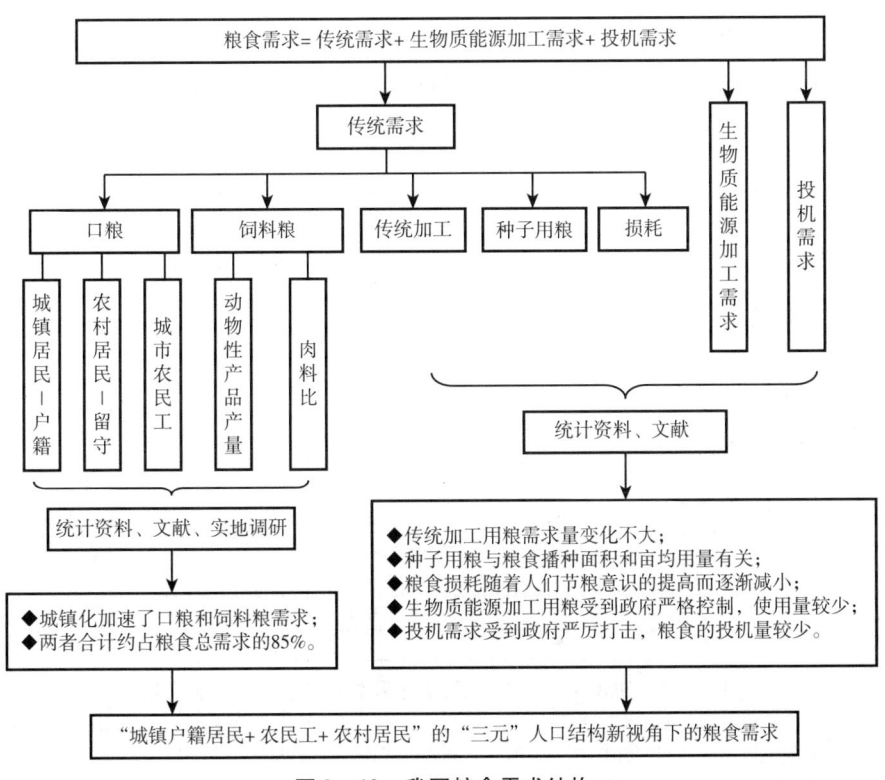

图 9-10 我国粮食需求结构

157

我国粮食需求量和表观消费量变化情况如图9-11所示①。总体来看，2010年以来我国粮食表观消费量与需求量的差额呈不断扩大趋势，2016~2018年出现小幅度波动性回落。2010年我国粮食表观消费量比需求量高4493.8万吨，2011年这一值达到7420.3万吨。2012年粮食表观消费量与需求量的差额突破1亿吨，扩大至10487.4万吨。2015年粮食表观消费量与需求量的差额突破2亿吨，进一步扩大至20543.8万吨。2016~2018年有所回落，分别为18865.8万吨、19985.1万吨和17409.0万吨。由此可见，从城乡"二元"结构视角的粮食需求统计来看，2010年以来，我国粮食需求量始终小于表观消费量（即产量与净进口量之和），并且两者之间的差距越来越大。这在一定程度上是由于需求的较快增长而拉动的。2013~2014年农民工比城镇居民的年人均粮食需求量高152.93千克，高出的比例为50.63%。若将农民工视为城镇户籍人口，按照2014年农民工数量2.74亿计算，则农民工粮食需求量被低估了4190.28万吨，高于我国同期的谷物进口量。因此，超过中国20%人口的农民工对粮食需求的拉动，是造成我国粮食连年丰产的同时，进口量也不断增加的重要原因之一。

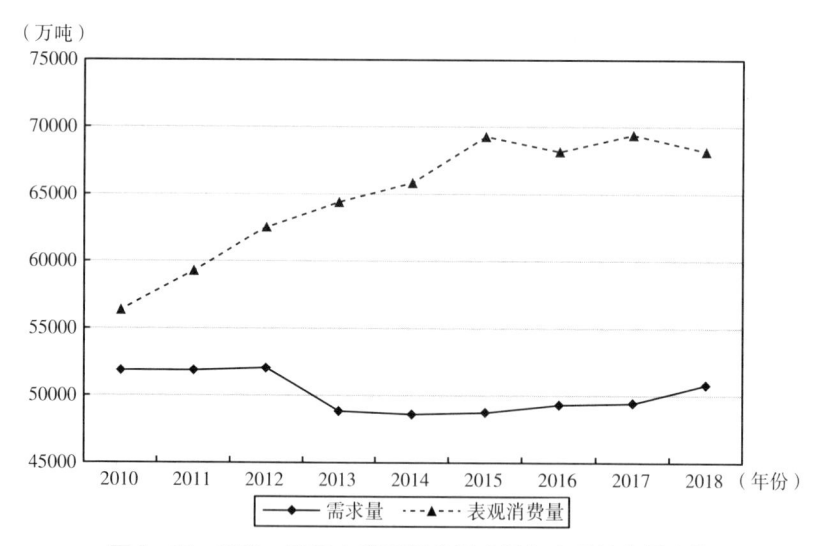

图9-11 2010~2018年我国粮食需求量与表观消费量变化

资料来源：需求量数据源于作者依据《中国统计年鉴》（历年）整理计算得出，表观消费量数据源于作者依据《中国统计年鉴2019》和中国海关数据库整理计算得出。

---

① 表观消费量=产量+净进口量。

9.5 本章小结

本章首先对我国粮食产量、贸易量以及产量与贸易量的变化趋势进行了分析，其次对我国粮食需求量与表观消费量的变化趋势进行了对比分析，最后分析了我国粮食连年丰产的同时，进口量也不断增加的深层次原因。主要得出以下研究结论：

（1）我国粮食总产量在波动中呈上升趋势，粮食贸易规模不断扩大，总体以进口为主。尤其是2009年以来，我国粮食产量不断增加的同时进口量也不断增加，粮食净进口量逐年攀升。

（2）超过中国20%人口的农民工对粮食需求的拉动，是造成我国粮食连年丰产的同时，进口量也不断增加的重要原因之一。基于城乡"二元"结构视角的粮食需求估计方法已经不能准确反映我国粮食需求的实际情况，原因是没有考虑城镇化的发展导致我国粮食需求刚性增加，而且需求的增长快于预期。依据统计数据估算的粮食需求看起来增长缓慢，实际上是农民工群体的粮食需求量被低估了，进而导致全国粮食需求预测偏低。

第 10 章

结论与展望

2004年以来，我国粮食生产实现了"十六连丰"，而粮食进口量也不断攀升。究其原因，除了由于结构性需要和价格性竞争之外，约占全国1/5人口的农民工对粮食需求的拉动也是重要原因之一。从中长期看，我国粮食的供求仍处于紧平衡态势。基于城乡"二元"结构视角的粮食需求估计方法并没有考虑我国农民工这一中间群体的特殊消费水平和结构。农民工进城后主要从事制造业、建筑业和批发零售业，在这些行业（尤其是建筑行业）中，主要是（重）体力工种，能量消耗大，其粮食需求既大于其进城务工前在农村时的消费量，也大于目前城镇户籍居民的粮食消费量。此外，随着农民工进城务工，其收入水平不断提高，增加了肉蛋奶等动物性产品的需求，由于动物性产品的消费而引起的粮食消耗也不断增加，从而对粮食需求形成更大压力。然而，约占全国20%人口的农民工对粮食需求的拉动，并未受到应有的重视。深入系统研究农民工粮食需求水平与结构，对科学揭示我国粮食需求持续增长的内在机制及精准制定粮食安全政策有重要意义。本书利用大样本的全国农民工抽样调查数据，测算农民工粮食需求水平与结构，实证检验影响农民工粮食需求的因素，探讨农民工与城乡居民、不同地区农民工的粮食需求差异，并进一步深入研究收入分布变化和不确定性对农民工粮食需求的影响。此外，本书从"城镇户籍居民+农民工+农村居民"的"三元"人口结构视角对我国粮食需求持续增长的内在机制进行研究，探讨我国粮食连年丰产的同时，进口量也不断增加的深层次原因。本章主要对全文的研究结论进行归纳和总结，在此基础上为政策决策提供建议。

第 10 章 结论与展望

10.1 主要结论

（1）农民工年人均粮食需求量为 455.00 千克，其中口粮和消费动物性产品引致的饲料粮需求分别为 238.96 千克和 216.04 千克；无论是从性别结构、年龄结构还是行业结构来看，口粮需求和消费动物性产品引致的饲料粮需求基本上各占一半，而不同地区农民工的年人均粮食需求水平和结构的差异较大。

农民工年人均主食消费量为 190.11 千克，动物性产品消费量为 73.60 千克。进一步将主食和动物性产品折算成原粮（口粮和饲料粮），综合口粮需求和动物性产品消费引致的饲料粮需求，可以得到农民工的粮食（原粮）总需求。总体来看，农民工年人均粮食需求量为 455.00 千克，其中，口粮需求量为 238.96 千克，由动物性产品消费引致的饲料粮需求量为 216.04 千克，占比分别为 52.52% 和 47.48%。无论是从性别结构、年龄结构还是行业结构来看，农民工口粮需求和消费动物性产品引致的饲料粮需求基本上各占一半。而不同地区农民工的年人均粮食需求量和需求结构的差异较大。广东农民工的年人均粮食需求量最大，浙江和河南农民工次之，北京农民工的年人均粮食需求量最小。

（2）无论是粮食需求总量，还是口粮和消费动物性产品引致的饲料粮需求量，农民工的需求水平明显高于城镇居民和农村居民；农民工的粮食需求结构介于农村居民与城镇居民之间。

农民工的粮食需求量（包括口粮需求量和消费动物性产品引致的饲料粮需求量）明显高于城镇居民和农村居民。一方面，这与农民工从事的工种有关，农民工主要从事（重）体力工种，能量消耗大，其粮食需求量自然也多。另一方面，随着农民工收入水平的不断提高，农民工增加了对动物性产品等健康营养食物的需求，由此引致的饲料粮需求也不断增加。农民工的口粮消费量和消费动物性产品引致的饲料粮需求量基本上差不多，城镇居民消费动物性产品引致的饲料粮需求量比口粮消费量多，而农村居民的口粮消费量比消费动物性产品引致的饲料粮需求量多。农民工的粮食消费结构介于农村居民与城镇居民之间。一方面，这与收入水平相关，农民工进城务工后，其收入水平不断提高，并基本上介于农村居民与城镇居民之间，收入水平决定了消费水平，因而农民工的粮食消费结构也介于农村居民与城镇居民之间。另一方面，由于

"示范效应"，农民工的消费行为受周围城镇居民消费水准的影响，其粮食消费结构越来越接近城镇居民。

（3）农民工转移到城市，人均粮食需求增加了94.99千克，增加的比例为31.13%，进而得出2.74亿农民工转移到城市使粮食需求量增加了2602.73万吨，约占我国同期粮食产量的4.07%。

利用农民工与农村居民的人均粮食需求差异，乘以2014年全国农民工数量2.74亿，得出由于农民工进城而导致的粮食需求的增加量为4105.89万吨，约占我国同期粮食总产量的6.42%。研究发现，进城农民工以男性居多，并且大多是青壮年的劳动力，而农村留守居民大多是老年人和妇女儿童。为了对两个群体的粮食消费情况进行更加准确可靠的比较，对两个群体进行了进一步的控制，选择农民工中与目前农村人口类似的样本（即老年或妇女），将其与农村居民的平均粮食消费情况进行重新对比，这能够在一定程度更加准确合理地反映城镇化对粮食需求的拉动作用。利用女性农民工或50岁以上农民工与农村居民的人均粮食需求差异，乘以2014年全国农民工数量，得出农民工转移到城市使粮食需求量增加了2602.73万吨，约占我国同期粮食产量的4.07%。

（4）农民工比城镇居民的年人均粮食需求量高152.93千克，高出的比例为50.63%，则2.74亿农民工的粮食需求量被低估了4190.28万吨，也即全国粮食需求量被低估了4190.28万吨，相当于同期粮食产量的6.55%，高于我国当期的谷物进口量。

在城镇居民的抽样统计中，由于多数农民工并非举家迁移，因而尽管农民工人数算在了城市人口中，但抽样统计的城镇居民的人均消费并不能反映农民工的实际粮食需求情况。根据相关数据计算得出，农民工比城镇居民的年人均粮食需求量高152.93千克，高出的比例为50.63%。若将农民工视为城镇户籍人口，按照2014年的农民工数量2.74亿计算，则农民工粮食需求量被低估了4190.28万吨，也即全国粮食需求量被低估了4190.28万吨，相当于同期粮食产量的6.55%，高于我国当期的谷物进口量。因此，农民工的粮食需求被低估，从而导致我国粮食的实际需求量大于估计量，我国粮食需求实际增长快于预期。

（5）从地区差异来看，东部比中西部农民工粮食需求量略多。从粮食需求结构来看，东部农民工的口粮和消费动物性产品引致的饲料粮需求基本上各占一半，而中西部农民工的口粮和消费动物性产品引致的饲料粮需求占比约为55%和45%。

就主食消费量而言，中西部比东部农民工的消费量大。就主食消费结构而言，中西部和东部农民工在性别结构和年龄结构上基本类似，而从事不同行业的中西部农民工比东部农民工的三种主食消费比例差异大。就动物性产品消费量而言，东部比中西部农民工的消费量大，对肉禽及制品、蛋及制品、奶及制品和水产品的需求量均较多。就动物性产品消费结构而言，中西部农民工的肉禽及制品的需求比例较大，东部农民工水产品需求比例较大，蛋及制品和奶及制品需求比例二者基本相同。从粮食需求总量来看，东部农民工比中西部农民工的粮食需求量略多，平均每人年均需求量多5.12千克。从粮食需求结构来看，东部农民工口粮和消费动物性产品引致的饲料粮需求基本上各占一半，而中西部农民工口粮和消费动物性产品引致的饲料粮需求占比约为55%和45%。这可能与东部和中西部地区农民工的收入水平差距和消费习惯不同有关。农民工消费动物性产品引致的饲料粮需求差异主要来自于其对收入的敏感度不同所带来的差异。在低分位点处，需求差异主要是由地域不同造成的；在高分位点处，需求差异主要是由个体差异造成的。

（6）从收入分布情况来看，不同收入组的收入分布格局发生变化时，农民工各类食物消费支出额和消费量均发生较大变化。

高收入组、中收入组和低收入组农民工食物消费收入弹性分别为0.292、0.756、0.126。收入分布格局不变，农民工收入水平提高时，食物消费支出额和各类食物消费量会显著增加；仅低收入农民工收入水平或仅高收入农民工收入水平提高时，食物消费支出额和各类食物消费量也会增加，但增幅较小；中等收入农民工收入水平提高时，食物消费支出额和各类食物消费量的增长幅度最大。

（7）从不确定性来看，收入不确定性对农民工消费和食物消费具有显著的抑制作用，并且消费水平越低或收入水平越低，抑制作用越强；医疗支出和子女教育支出不确定性对农民工消费和食物消费具有显著的抑制作用。

城镇户籍居民、农民工和农村居民的恩格尔系数分别为35.0%、43.1%和37.7%，农民工的恩格尔系数最高，说明农民工食物消费占其总消费的比例较高。农民工进城务工以后，一方面收入水平提高了，另一方面受不确定性因素的制约，其用于生活消费支出的比例相对较小，大大影响了其消费水平和生活质量。收入不确定性对农民工消费和食物消费具有显著的抑制作用，并且消费水平越低或收入水平越低，抑制作用越强。医疗支出和子女教育支出不确定性对农民工消费和食物消费具有显著的抑制作用。

（8）超过中国20%人口的农民工对粮食需求的拉动，是造成我国粮食连年丰产的同时，进口量也不断增加的重要原因之一。

我国粮食产量和净进口量均呈增长趋势，但从现有粮食需求统计的角度来看，我国粮食需求量并没有像产量和进口量增加得那么快。我国粮食产量的统计比较真实可靠，贸易量的统计也比较科学，问题出现在粮食需求量的统计上。基于传统城乡"二元"结构视角的粮食需求估计方法已经不能准确反映我国粮食需求的实际情况，原因是没有考虑城镇化的发展导致我国粮食需求刚性增加，而且需求的增长快于预期。依据统计数据估算的粮食需求看起来增长缓慢，实际上是农民工群体的粮食需求量被低估了，进而导致全国粮食需求预测偏低。

10.2 政策建议

（1）依靠国内市场，确保口粮绝对安全，从注重数量转变为数量与质量并重。从农民工与城乡居民的口粮需求的对比可知，农民工比城镇居民的人均口粮消费量高119.71千克，高出的比例为100.39%。农民工比农村居民的人均口粮消费量高65.91千克，高出的比例为38.09%。农民工进城务工导致口粮需求增加了。口粮安全是粮食安全的核心，要确保口粮绝对安全，稻谷和小麦自给率基本达到100%。谷物要确保基本自给，自给率达到联合国粮农组织确定的95%以上。由于受资源环境和生产成本提高等方面的约束，我国粮食生产面临更大的不确定性和风险性，首先要确保口粮绝对安全，这个必须依靠国内市场。同时，口粮生产的目标一定要从注重数量转变为数量与质量并重。比如稻谷和小麦的亩产可以低一些，但是必须要保证质量。亩产的降低可以通过扩大种植面积来弥补，减少因为品种调剂引起的进口。而其他被挤掉的作物，比如棉油糖以及玉米，则可以充分利用国际市场。此外，随着经济发展水平的提高，人们的食物消费结构不断发生变化，口粮消费将会逐步下降，而对杂粮、蔬菜、瓜果、畜禽产品、水产品等的消费将会不断提高。在新形势下，需要树立食物安全的观念，在更高层次保障居民食物和营养需求，促进食物消费结构多样化。

（2）充分利用国际市场，饲料粮要实现多元化。从农民工与城乡居民消费动物性产品引致的饲料粮需求来看，城乡居民对动物性产品的消费呈上升趋势，同时，农民工消费动物性产品引致的饲料粮需求比城镇居民高18.17%，比农村居民高63.54%。饲料粮需求快速增长，需要充分利用国际市场，实现多元化。第一,饲料原料要多元化,既可以进口玉米也可以进口大麦、高粱或者DDGS等。第二,产品要多元化,既可以进口饲料原料也可以适当进口畜产品,同时,进口的畜产品也可以多元化,比如多进口牛肉或其他畜产品等。第三,在推进"一带一路"建设中,要加强农业国际投资和合作,尤其是粮食科技、生产、加工、储运和服务国际合作。要积极培育一批大型跨国粮食生产、加工和贸易企业集团,建立一批稳定的海外粮食生产和供应基地。要优化粮食贸易结构,促进粮食进口市场多元化,提高粮食进口的安全性。

(3)在制定粮食安全政策时,既要考虑农民工与城乡居民食物消费的差异,也要充分考虑农民工收入分布格局的变化。在城镇化不断深入和快速发展的阶段,农民工的收入水平将不断提高,收入分布格局也将发生深刻变化。随着农民工收入水平的提高,特别是中等收入水平农民工收入的提高,全社会的食物消费支出和各类食物消费量将会显著增加,这将对我国的粮食安全产生影响。因此,在制定粮食安全政策时,既要考虑农民工与城乡居民食物消费的差异,也要充分考虑农民工收入分布格局的变化。粮食安全的根本解决之道是科技。生产的约束性和需求的扩张性,要求我国农业必须特别关注两点,一是走出去充分利用国际市场和国际资源;二是必须依靠科技,提高粮食生产率和单产水平,这是中国农业未来的必由之路。

(4)加强培训,合理引导农民工行业间和地区间转移。制造业、建筑业和批发零售业是农民工从业人数最多的行业,三个行业的农民工比例分别为31.3%、22.3%和11.4%,合计占比65%。在这些行业(尤其是建筑行业)中,农民工主要从事(重)体力工种,能量消耗大,粮食需求量也大。从事建筑业农民工的年人均口粮需求量为263.91千克,比农民工整体平均水平高10.44%。政府应适时加强对这些行业农民工的培训,促进其向机械化程度较高、工作强度较小、技术含量较高的产业有序流动与转移。中西部农民工比东部农民工的粮食需求总量略多。在粮食需求结构上,东部农民工的口粮消费和消费动物性产品引致的饲料粮需求基本上各占一半,而中西部农民工的二者所占比例约为55%和45%。在新型城镇化战略背景下,在我国各地产业升级的情况下,原先从中西部到东部务工的农民工逐步回流,这将会对我国的口粮需求造成更大压力。为此,政府应合理引导农民工向中西部流动,在农村地区或县城适度发展加工和服务业等粮食需求较少的行业,促进回流农民工就近就业。

(5)制定和实施公平的就业政策,完善社会保障体系,降低农民工面临的收入和支出的不确定性，提高其生活质量。农民工作为城市建设、市场繁荣、产业升级等经济活动中的主力军，其生活质量直接影响到行业劳动力的质量与可持续供给，进而关系到行业长远的竞争力，因此，需要提高农民工的生活质量。要改善农民工的生活质量，不仅要提高农民工尤其是低收入农民工的收入水平，还应该降低其面临的收入不确定性。应制定和实施公平就业政策，优化就业环境，规范劳动合同，完善政策措施，保障农民工在劳动报酬方面的合法权益。缺乏社会保障，影响农民工的消费预期，进而影响其消费行为和生活质量。满足农民工基本公共服务需求、降低生活成本、增强消费信心，是改善农民工消费预期，提高其生活质量的重要手段。

（6）促进户籍制度改革，促进社会福利公平，提高农民工市民化程度。提高农民工市民化程度，可以减少农民工面临的不确定性，有效释放其消费潜力，进而提高其生活水平。研究发现，农民工收入和支出不确定性的根源在于以户籍制度为特征的城乡分割制度。因此，积极构建与人口自由迁徙目标相适应的户籍制度，在大城市稳步推进户籍制度改革，在中小城市实施灵活的户籍迁移政策，促进社会福利公平，减少农民工市民化的制度障碍，是稳定消费者生产和生活的重要手段，既可以有效激发农民工的消费潜力、拉动经济增长，又可以使农民工个人的生活水平得到更大提高。

10.3 有待进一步研究的问题

本书在以下两个方面存在拓展的可能：第一，在农民工与城乡居民粮食需求的分析中，仅对城乡居民的粮食需求进行了时间趋势上的纵向分析，对城镇居民和农村居民的粮食需求量和需求结构的变化进行了分析。由于关于农民工的食物消费情况只有两年的数据，本书并没有对农民工的粮食需求进行纵向分析，进而对农村居民、农民工和城镇户籍居民粮食需求结构的趋同性进行分析。第二，在收入分布变化对农民工食物消费影响的分析中，若能综合各种因素，依据现实情况来设定收入分布情景模式，得出来的结论可能会更具有指导意义，未来有待进一步研究。

附 录

附表 1　农民工食物消费分类及代码

1 米及制品	2 面及制品	3 肉禽及制品	4 蛋及制品	5 奶及制品	6 水产品	7 菜类	8 杂粮
101 米饭	201 素面条（面和方便面等）	301 纯肉	401 鸡蛋、茶蛋等	501 牛奶	601 鱼类	701 叶菜类	801 米类（小米、高粱等）
102 稀饭和粥	202 肉面条	302 肉类炒菜	402 蛋汤	502 酸奶	602 虾类	702 茄果类	802 豆类
103 蛋炒饭	203 含蛋面条	104 肉类炒饭	103 蛋炒饭	503 豆奶、花生奶、奶茶	603 其他海鲜	703 根茎类	803 薯类
104 肉类炒饭	204 肉类面条	202 肉类面条	203 含蛋面条	504 其他奶类		704 其他菜类	804 其他杂粮
105 其他炒饭	205 素包子	205 肉馅包子	208 鸡蛋饼				
106 河粉、米线、凉粉、凉皮	206 含蛋包子	209 肉饼	403 鸡蛋炒菜				
107 其他米类	207 馒头、馍、面饼	303 火腿、火腿肠等	212 蛋馅饺子				
	208 鸡蛋饼	211 肉馅饺子	404 其他蛋类				
	209 肉饼	304 其他肉类					
	210 油条、油饼						
	211 肉馅饺子						
	212 蛋馅饺子						
	213 素菜饺子						
	214 其他面类						

167

附表2　　　　　　　　　　农民工食物消费折算系数

编号	折算系数	内容	目的	来源
1	主副食折算系数	米及制品──→稻谷 面及制品──→面粉 其他谷类制品──→其他谷类 炒菜等──→动物性产品	折算初加工粮食及生鲜食物原料	厨师+食物专家
2	成品粮原粮转换系数	稻谷──→水稻 面粉──→小麦 其他谷类──→杂粮	折算口粮（原粮）	有关文献+相关规定
3	动物性产品耗粮系数	动物性产品──→饲料粮	折算饲料粮（原粮）	畜牧专家+经济学家

附表3　　　　　　　　　　动物性产品耗粮系数

专家姓名	猪肉	牛肉	羊肉	禽肉	鸡蛋	牛奶	水产品	年份
动物营养专家								
LDF	2.70	5.60	7.00	1.70	2.20	0.73		2014
JIC	2.60	6.00	6.00	1.80	2.10	0.50		2014
LFC	3.25	6.00	6.00	2.00	2.50	0.33		2014
营养专家平均	2.85	5.87	6.33	1.83	2.27	0.52		
经济学专家								
ZFN	4.60	3.60	3.60	3.20	3.60		2.00	2013
QF	3.00	2.80	2.80	2.00	2.20		0.80	2013
WJM	3.30							1999
TWM	3.00							2000
CNL	2.40	2.40	2.40	2.40	1.60	0.37		2008
经济学家平均	3.26	2.93	2.93	2.53	2.47	0.37	1.40	
总平均	3.06	4.40	4.63	2.18	2.37	0.45	1.40	
最终使用系数	肉禽及制品		蛋及制品		奶及制品		水产品	
	3.57		2.37		0.45		1.40	

附表4　　　　　东部农民工口粮需求影响因素模型估计结果

变量	0.25分位 系数	0.25分位 标准误	0.5分位 系数	0.5分位 标准误	0.75分位 系数	0.75分位 标准误
性别	0.153***	0.054	0.134***	0.030	0.154***	0.025
年龄	0.037**	0.017	0.022***	0.009	0.012*	0.008
年龄的平方	-0.001***	0.000	-0.001***	0.000	-0.001**	0.000
婚姻状况	0.246***	0.079	0.148***	0.038	0.098**	0.043
与配偶一起	-0.112*	0.061	-0.046*	0.032	0.009	0.030
民族	-0.031	0.058	0.041	0.040	0.095**	0.039
受教育程度	0.042**	0.020	0.016*	0.011	0.014*	0.009
BMI指数	-0.004	0.009	-0.003	0.004	-0.005	0.004
养老保险	-0.063	0.047	0.001	0.029	0.002	0.025
工资收入	0.028	0.025	0.020*	0.012	0.004	0.007
务工人数	0.064***	0.026	0.027**	0.013	0.023**	0.011
住房数量	0.021***	0.008	0.011***	0.003	0.011***	0.003
制造业	0.075	0.060	0.116***	0.038	0.141***	0.036
建筑业	0.088	0.080	0.184***	0.042	0.115***	0.037
交通运输	-0.058	0.127	0.055	0.062	0.082*	0.048
批发零售	0.086	0.086	0.088**	0.046	0.114***	0.038
住宿餐饮	0.112*	0.080	0.109**	0.050	0.103**	0.046
中体力劳动	0.136**	0.059	0.116***	0.032	0.088***	0.030
重体力劳动	0.157*	0.085	0.084**	0.041	0.042	0.039
务工年限	0.009**	0.004	0.006***	0.002	0.006***	0.002
务工类型	0.038	0.105	-0.070	0.057	-0.122***	0.050
单位包吃	0.147***	0.045	0.034*	0.025	0.016	0.023
单位包住	0.055	0.046	0.027	0.026	0.044**	0.021
常数	0.694**	0.360	2.042***	0.188	2.377***	0.173
时间	已控制		已控制		已控制	
籍贯	已控制		已控制		已控制	
N	5547		5547		5547	
Adj-R^2	0.128		0.119		0.122	

注：***、**和*分别表示在1%、5%和10%水平上统计显著；分位数回归报告的是自助法标准误（Bootstrap standard error）；OLS回归报告的是异方差稳健性标准误。

附表5　　　　　中西部农民工口粮需求影响因素模型估计结果

变量	0.25 分位 系数	标准误	0.5 分位 系数	标准误	0.75 分位 系数	标准误
性别	0.239***	0.056	0.171***	0.041	0.117***	0.036
年龄	0.041***	0.017	0.037***	0.013	0.022**	0.012
年龄的平方	-0.001***	0.000	-0.001***	0.000	-0.001*	0.000
婚姻状况	0.109*	0.083	-0.052	0.046	-0.007	0.053
与配偶一起	-0.059	0.058	-0.025	0.041	0.006	0.045
民族	-0.118	0.118	-0.059	0.113	-0.054	0.099
受教育程度	-0.031*	0.022	-0.026*	0.018	-0.017	0.014
BMI指数	0.001	0.010	0.007*	0.005	-0.000	0.004
养老保险	-0.001	0.064	-0.081	0.046	-0.002	0.045
工资收入	0.071	0.053	0.070*	0.039	0.025	0.032
务工人数	0.038*	0.022	0.022	0.020	0.018	0.17
住房数量	0.007	0.006	0.012***	0.011	0.006*	0.003
制造业	-0.024	0.069	0.038	0.060	0.023	0.047
建筑业	0.014	0.070	0.028	0.069	0.046	0.058
交通运输	-0.215*	0.128	-0.076	0.079	-0.162*	0.099
批发零售	0.036	0.089	-0.000	0.061	-0.075	0.065
住宿餐饮	0.081	0.078	0.079	0.080	0.034	0.060
中体力劳动	0.024	0.062	0.045	0.043	0.034	0.042
重体力劳动	0.046	0.060	0.099*	0.063	0.025	0.050
务工年限	-0.008**	0.004	-0.007***	0.003	-0.007***	0.002
务工类型	-0.153	0.135	-0.109	0.090	-0.221***	0.094
单位包吃	0.002	0.050	0.024	0.035	0.122***	0.037
单位包住	0.098	0.054	0.067	0.042	0.043	0.039
常数	1.846***	0.579	1.964***	0.4010	3.158***	0.331
时间	已控制		已控制		已控制	
籍贯	已控制		已控制		已控制	
N	1752		1752		1752	
Adj-R^2	0.197		0.184		0.172	

注：***、**和*分别表示在1%、5%和10%水平上统计显著；分位数回归报告的是自助法标准误（Bootstrap standard error）；OLS回归报告的是异方差稳健性标准误。

附表6　　　　　　东部农民工粮食需求影响因素模型估计结果

变量	0.25 分位 系数	标准误	0.5 分位 系数	标准误	0.75 分位 系数	标准误
性别	0.170***	0.030	0.206***	0.022	0.203***	0.021
年龄	0.009*	0.007	0.004	0.005	0.003	0.005
年龄的平方	-0.000	0.000	-0.000	0.000	-0.000	0.000
婚姻状况	0.131***	0.039	0.081***	0.026	0.077***	0.030
与配偶一起	-0.065***	0.025	-0.031**	0.017	-0.014	0.019
民族	0.114***	0.047	0.030	0.041	0.037	0.045
受教育程度	0.014*	0.010	0.010*	0.007	0.003	0.008
BMI 指数	0.007*	0.004	0.007***	0.003	0.006**	0.002
养老保险	0.037*	0.021	0.051***	0.017	0.047***	0.015
工资收入	0.004	0.008	0.005	0.007	0.006	0.007
务工人数	0.016*	0.010	0.008	0.008	0.022***	0.008
住房数量	0.001	0.003	0.005*	0.003	0.006**	0.003
制造业	0.040	0.028	0.039*	0.026	0.012	0.022
建筑业	0.030	0.032	0.032	0.027	0.047*	0.027
交通运输	-0.016	0.063	0.005	0.038	0.057	0.045
批发零售	-0.032	0.045	-0.010	0.036	0.024	0.036
住宿餐饮	-0.152***	0.064	-0.068*	0.038	-0.012	0.035
中体力劳动	0.012	0.024	0.001	0.020	0.028*	0.018
重体力劳动	0.035	0.029	0.075***	0.026	0.046*	0.028
务工年限	0.000	0.001	0.000	0.001	0.000	0.001
务工类型	0.074*	0.040	0.007	0.027	0.006	0.029
单位包吃	0.060***	0.021	0.020	0.016	0.034**	0.017
单位包住	0.039*	0.023	0.033	0.020	0.037**	0.018
常数	1.804***	0.163	2.423***	0.140	2.816***	0.124
时间	已控制		已控制		已控制	
籍贯	已控制		已控制		已控制	
N	5547		5547		5547	
Adj-R^2	0.145		0.190		0.214	

注：***、**和*分别表示在1%、5%和10%水平上统计显著；分位数回归报告的是自助法标准误（Bootstrap standard error）；OLS回归报告的是异方差稳健性标准误。

附表7　　　　　　　　中西部农民工粮食需求影响因素模型估计结果

变量	0.25 分位 系数	0.25 分位 标准误	0.5 分位 系数	0.5 分位 标准误	0.75 分位 系数	0.75 分位 标准误
性别	0.224***	0.040	0.171***	0.038	0.129***	0.032
年龄	0.037***	0.010	0.033***	0.010	0.021***	0.008
年龄的平方	-0.001***	0.000	-0.001***	0.000	-0.001***	0.000
婚姻状况	0.017	0.056	0.021	0.053	-0.014	0.041
与配偶一起	-0.026	0.038	-0.016	0.040	0.008	0.038
民族	-0.146*	0.097	-0.118*	0.066	-0.016	0.084
受教育程度	-0.000	0.019	-0.021	0.016	-0.029***	0.012
BMI 指数	0.004	0.005	0.002	0.005	0.007*	0.004
养老保险	0.005	0.045	0.008	0.040	-0.030	0.033
工资收入	-0.012	0.010	0.005	0.012	0.013	0.014
务工人数	0.027*	0.019	0.010	0.013	-0.003	0.010
住房数量	0.001	0.004	0.002	0.004	0.001	0.005
制造业	0.004	0.065	0.019	0.053	0.041	0.048
建筑业	0.011	0.070	0.040	0.056	0.017	0.046
交通运输	0.028	0.075	-0.055	0.081	-0.003	0.087
批发零售	0.006	0.062	-0.058	0.059	-0.039	0.045
住宿餐饮	-0.101	0.083	0.017	0.064	-0.012	0.067
中体力劳动	0.061*	0.043	0.010	0.040	0.013	0.034
重体力劳动	0.135***	0.054	0.078*	0.051	0.031	0.042
务工年限	-0.002*	0.002	-0.005***	0.002	-0.004***	0.002
务工类型	-0.091	0.070	-0.086*	0.058	-0.101***	0.040
单位包吃	0.012	0.037	0.003	0.033	0.072***	0.026
单位包住	0.063*	0.037	0.077**	0.036	0.027	0.030
常数	2.405***	0.280	2.762***	0.256	3.059***	0.210
时间	已控制		已控制		已控制	
籍贯	已控制		已控制		已控制	
N	1752		1752		1752	
Adj-R^2	0.253		0.278		0.286	

注：***、** 和 * 分别表示在1%、5%和10%水平上统计显著；分位数回归报告的是自助法标准误（Bootstrap standard error）；OLS回归报告的是异方差稳健性标准误。

参 考 文 献

[1] 白军飞, 闵师, 仇焕广, 等. 人口老龄化对我国肉类消费的影响 [J]. 中国软科学, 2014 (11): 17-26.

[2] 白重恩, 李宏彬, 吴斌珍. 医疗保险与消费: 来自新型农村合作医疗的证据 [J]. 经济研究, 2012 (2): 41-53.

[3] 曹慧, 钟永玲. 小麦进口急剧增加, 国内优质麦供应任重道远 [J]. 中国食物与营养, 2010 (12): 42-44.

[4] 陈斌开, 陆铭, 钟宁桦. 户籍制约下的居民消费 [J]. 经济研究, 2010 (S1): 62-71.

[5] 陈祺琪, 李君, 梁保松. 河南省粮食单产影响因素分析及变化趋势预测 [J]. 河南农业大学学报, 2012, 46 (2): 219-222.

[6] 陈永福, 韩昕儒, 朱铁辉, 等. 中国食物供求分析及预测: 基于贸易历史, 国际比较和模型模拟分析的视角 [J]. 中国农业资源与区划, 2016 (7): 15-26.

[7] 陈永福, 罗万纯, 钱小平, 等. 中国扩大进口泰国大米的原因分析及展望 [J]. 农业展望, 2007 (1): 24-28.

[8] 陈永福. 中国粮食供求预测与对策探讨 [J]. 农业经济问题, 2005 (4): 8-13.

[9] 陈永福. 中国食物供求与预测 [M]. 北京: 中国农业出版社, 2004.

[10] 程国强, 陈良彪. 中国粮食需求的长期趋势 [J]. 中国农村观察, 1998 (3): 3-8.

[11] 代晓静, 谌新民. 收入差异分布分解方法比较 [J]. 统计与决策, 2015 (8): 71-73.

[12] 邓婷鹤. 人口老龄化进程中的食物消费变化研究——基于CHNS问卷调查 [D]. 中国农业大学. 2017.

[13] 丁晨芳. 我国粮食供需区域平衡及预测 [D]. 中国农业科学院, 2007.

[14] 董国新. 21世纪我国沿海地区城镇居民食品消费需求分析 [J]. 农机化研究, 2006 (12): 85-87.

[15] 段学芬. 农民工的城市生活资本与农民工的市民化 [J]. 大连理工大学学报 (社会科学版), 2007, 28 (3): 70-77.

[16] 方福前, 孙文凯. 政府支出结构, 居民消费与社会总消费——基于中国2007~2012年省级面板数据分析 [J]. 经济学家, 2014, 10 (10): 35-44.

[17] 甘犁, 刘国恩, 马双. 基本医疗保险对促进家庭消费的影响 [J]. 经济研究, 2010 (S1): 30-38.

[18] 高梦滔, 姚洋. 农户收入差距的微观基础: 物质资本还是人力资本 [J]. 经济研究, 2006 (12): 71-80.

[19] 高颖, 郑志浩, 吕明霞. 中国大豆进口需求实证研究 [J]. 农业技术经济, 2012 (12): 82-87.

[20] 高云, 陈伟忠, 詹慧龙, 等. 中国粮食增产潜力影响因素分析 [J]. 中国农学通报, 2013, 29 (35): 132-138.

[21] 顾大男. 婚姻对中国高龄老人健康长寿影响的性别差异分析 [J]. 中国人口科学, 2003 (3): 32-40.

[22] 郭天宝, 郝庆升, 于洁. 中国大豆进出口贸易失衡的影响因素探析 [J]. 对外经贸实务, 2013 (11): 27-30.

[23] 郭新华, 夏瑞洁. 我国城镇居民食品消费行为变动 [J]. 消费经济, 2009 (4): 7-9.

[24] 国家人口和计划生育委员会流动人口服务管理司. 中国流动人口发展报告2012 [M]. 北京: 中国人口出版社, 2012.

[25] 国务院发展研究中心课题组, 韩俊, 徐小青. 我国粮食生产能力与供求平衡的整体性战略框架 [J], 改革, 2009 (6): 5-35.

[26] 韩长赋. 中国农民工发展趋势与展望 [J]. 经济研究, 2006 (12): 4-12.

[27] 韩俊. 多少粮食才安全 [J]. 瞭望, 2005 (27): 56-56.

[28] 韩昕儒. 全球化背景下中国玉米的供求、贸易与预测 [D]. 中国农业大学, 2016.

[29] 何兴强, 史卫. 健康风险与城镇居民家庭消费 [J]. 经济研究, 2014 (5): 34-48.

[30] 何秀丽, 张平宇, 刘文新. 东北地区粮食单产的时序变化及影响因素分析 [J]. 农业现代化研究, 2006, 27 (5): 360-363.

[31] 贺晓丽. 我国城乡居民食品消费差异现状分析 [J]. 农业经济问题, 2001 (5): 30-34.

[32] 黄季焜, S. Rozelle, Mark Rosegrant, 二十一世纪的中国粮食问题 [J]. 中国农村观察, 1996 (1): 27-29, 64.

[33] 黄季焜, S. Rozelle, 技术进步和农业生产发展的原动力——水稻生产力增长的分析 [J]. 农业技术经济, 1993 (6): 21-29.

[34] 黄季焜, S. Rozelle, 迈向21世纪的中国粮食经济 [M]. 北京: 中国农业出版社, 1998.

[35] 黄季焜, 王晓兵, 智华勇, 等. 粮食直补和农资综合补贴对农业生产的影响 [J]. 农业技术经济, 2011 (1): 4-12.

[36] 黄季焜. 社会发展, 城市化和食物消费 [J]. 中国社会科学, 1999 (4): 102-116.

[37] 黄季焜. 食品消费的经济计量分析 [J]. 数量经济技术经济研究, 1995 (2): 54-62.

[38] 黄静, 屠梅曾. 房地产财富与消费: 来自于家庭微观调查数据的证据 [J]. 管理世界, 2009 (7): 35-45.

[39] 黄佩民, 俞家宝. 2000~2030年中国粮食供需平衡及其对策研究 [J]. 管理世界, 1997 (2): 153-159.

[40] 黄小兵, 黄静波. 消费行为与农民工社会融合 [J]. 华南农业大学学报 (社会科学版), 2015, 14 (2): 37-49.

[41] 计晗, 何琦, 高俊, 等. 基于LES模型的北京市进城农民工食物消费状况研究 [J]. 数学的实践与认识, 2015, 45 (11): 45-51.

[42] 计晗. 进城农民工食物消费及其影响因素的实证分析 [D]. 中国农业科学院, 2013.

[43] 贾伟, 秦富. 我国粮食需求预测 [J]. 中国食物与营养, 2013, 19 (11): 40-44.

[44] 姜百臣. 中国农村居民食品消费需求实证分析——基于吉林省的微观消费数据 [J]. 中国农村经济, 2007 (7): 37-44.

[45] 蒋明慧. 我国农民工市民化研究 [D]. 云南财经大学. 2012.

[46] 金京淑, 刘妍. 吉林省粮食单产影响因素分析 [J]. 吉林农业科学,

2010, 35 (3): 57-59.

[47] 孔祥利, 粟娟. 我国农民工消费影响因素分析——基于全国28省1860个样本调查数据 [J]. 陕西师范大学学报 (哲学社会科学版), 2013, 42 (1): 24-33.

[48] 黎东升, 查金祥. 农村居民食物消费的基本特征分析 [J]. 农村经济, 2003 (10): 50-52.

[49] 黎东升, 曾靖. 经济新常态下我国粮食安全面临的挑战 [J]. 农业经济问题, 2015 (5): 42-47.

[50] 李春琦, 张杰平. 中国人口结构变动对农村居民消费的影响研究 [J]. 中国人口科学, 2009 (4): 14-22.

[51] 李国景, 陈永福, 焦月, 等. 中国食物自给状况与保障需求策略分析 [J]. 农业经济问题, 2019 (6): 94-104.

[52] 李国祥. 2020年中国粮食生产能力及其国家粮食安全保障程度分析 [J]. 中国农村经济, 2014 (5): 4-12.

[53] 李军, 沈政, 宣轩. 农民工肉类消费现状及影响因素分析——基于山东省农民工的调查数据 [J]. 农村经济, 2015 (8): 42-46.

[54] 李隆玲, 田甜, 武拉平. 城镇化、不确定性与消费行为研究——基于2014年全国五省农民工调查数据的实证分析 [J]. 哈尔滨工业大学学报: 社会科学版, 2017, 19 (1): 128-134.

[55] 李隆玲, 田甜, 武拉平. 城镇化进程中农民工收入分布变化对其食物消费的影响 [J]. 农业现代化研究, 2016, 37 (1): 57-63.

[56] 李隆玲, 武拉平. 城镇化、不确定性与农民工消费行为 [J]. "三农"决策要参, 2016 (39): 1-10.

[57] 李涛, 陈斌开. 家庭固定资产, 财富效应与居民消费: 来自中国城镇家庭的经验证据 [J]. 经济研究, 2014 (3): 62-75.

[58] 李通屏, 李建民. 中国人口转变与消费制度变迁 [J]. 人口与经济, 2006 (1): 1-6.

[59] 李文星, 徐长生, 艾春荣. 中国人口年龄结构和居民消费: 1989-2004 [J]. 经济研究, 2008 (7): 118-129.

[60] 李晓峰, 王晓方, 高旺盛. 基于ELES模型的北京市农民工消费结构实证研究 [J]. 农业经济问题, 2008 (4): 52-57.

[61] 李艳君. 我国粮食贸易特点和发展趋势 [J]. 农业展望, 2012, 8

(2)：78-80.

[62] 李艳君. 我国玉米进口贸易现状及前景展望 [J]. 农业展望, 2011, 7 (6)：47-50.

[63] 李哲敏. 近50年中国居民食物消费与营养发展的变化特点 [J]. 资源科学, 2007, 29 (1)：27-35.

[64] 李哲敏. 中国居民食物消费与营养发展历程分析 [J]. 中国食物与营养, 2006 (10)：6-9.

[65] 李哲敏. 中国城乡居民食物消费及营养发展研究 [D]. 中国农业科学院, 2007.

[66] 李志强, 吴建寨, 王东杰. 我国粮食消费变化特征及未来需求预测 [J]. 中国食物与营养, 2012, 18 (3)：38-42.

[67] 廖永松, 黄季焜. 21世纪全国及九大流域片粮食需求预测分析 [J]. 南水北调与水利科技, 2004, 2 (1)：29-32.

[68] 廖直东, 宗振利. 收入不确定性、乡城移民消费行为与城镇化消费效应——基于微观数据的审视 [J]. 现代财经：天津财经学院学报, 2014 (4)：27-36.

[69] 林毅夫, 陈锡文, 梅方权, 等. 中国粮食供需前景 [J]. 中国农村经济, 1995 (8)：3-9.

[70] 林毅夫. 我国主要粮食作物单产潜力与增产前景 [J]. 中国农业资源与区划, 1995 (3)：4-7.

[71] 刘成玉. 我国城乡居民食物消费的特点、形成原因及利弊分析 [J]. 经济科学, 1989 (4)：41-48.

[72] 刘华, 钟甫宁. 食物消费与需求弹性——基于城镇居民微观数据的实证研究 [J]. 南京农业大学学报：社会科学版, 2009, 9 (3)：36-43.

[73] 刘灵芝, 潘瑶, 王雅鹏. 不确定性因素对农村居民消费的影响分析——兼对湖北省农村居民的实证检验 [J]. 农业技术经济, 2011 (12)：61-69.

[74] 刘伟. 基于WLS的中国农民工消费影响因素分析 [J]. 统计与决策, 2011 (13)：109-111.

[75] 刘泽莹. 中国粮食贸易现状及发展趋势 [J]. 农业展望, 2014, 10 (6)：49-52.

[76] 陆伟国. 我国粮食消费量中长期预测模型研究 [J]. 统计研究, 1996 (4)：50-54.

[77] 陆文聪, 黄祖辉. 中国粮食供求变化趋势预测: 基于区域化市场均衡模型 [J]. 经济研究, 2004 (8): 94-104.

[78] 陆文聪, 李元龙, 祁慧博. 全球化背景下中国粮食供求区域均衡: 对国家粮食安全的启示 [J]. 农业经济问题, 2011 (4): 16-26.

[79] 陆文聪, 梅燕. 收入增长中城乡居民畜产品消费结构趋势实证研究——以浙江省为例 [J]. 技术经济, 2008, 27 (2): 81-85.

[80] 吕开宇, 张雪梅, 邢鹂. 不同收入等级农村居民粮食消费的演变——基于住户收入分布函数的模拟分析 [J]. 农业经济问题, 2012 (6): 44-48, 111.

[81] 罗楚亮. 经济转轨、不确定性与城镇居民消费行为 [J]. 经济研究, 2004 (4): 100-06.

[82] 骆建忠. 基于营养目标的粮食消费需求研究 [D]. 中国农业科学院, 2008.

[83] 麻吉亮, 陈永福, 钱小平. 气候因素, 中间投入与玉米单产增长——基于河北农户层面多水平模型的实证分析 [J]. 中国农村经济, 2012 (11): 11-20.

[84] 马冠生, 崔朝辉, 胡小琪, 等. 中国居民食物消费和就餐行为分析 [J]. 中国食物与营养, 2006 (12): 4-8.

[85] 马骥. 不同类型农村居民膳食营养水平评价与比较分析 [J]. 中国食物与营养, 2006 (11): 52-56.

[86] 马建蕾, 徐锐钊, 韩一军. 2012 年中国大米贸易特点及原因分析 [J]. 世界农业, 2013 (6): 151-156.

[87] 马双, 臧文斌, 甘犁. 新型农村合作医疗保险对农村居民食物消费的影响分析 [J]. 经济学 (季刊), 2011 (1): 249-270.

[88] 茅锐, 徐建炜. 人口转型、消费结构差异和产业发展 [J]. 人口研究, 2014, 38 (3): 89-103.

[89] 孟繁盈, 许月卿, 张立金. 中国城乡居民食物消费演变及政策启示 [J]. 资源科学, 2010, 32 (7): 1333-1341.

[90] 明娟, 曾湘泉. 农村劳动力外出与家乡住房投资行为——基于广东省的调查 [J]. 中国人口科学, 2014 (4): 110-120.

[91] 明娟, 曾湘泉. 农民工家庭与城镇住户消费行为差异分析——来自中国城乡劳动力流动调查的证据 [J]. 中南财经政法大学学报, 2014 (4):

3-9.

[92] 倪国华,郑风田.粮食安全背景下的生态安全与食品安全[J].中国农村观察,2012(4):52-58.

[93] 彭代彦.农业机械化与粮食增产[J].经济学家,2005,3(3):50-54.

[94] 钱文荣,李宝值.不确定性视角下农民工消费影响因素分析——基于全国2679个农民工的调查数据[J].中国农村经济,2013(11):57-71.

[95] 乔金亮.粮食"三量齐增"怪象从何而来[J].黑龙江粮食,2015(9):16-17.

[96] 秦晓娟.城市对中国农民工消费行为影响的实证分析[J].经济问题,2014(9):77-81.

[97] 施建淮,朱海婷.中国城市居民预防性储蓄及预防性动机强度:1999-2003[J].经济研究,2004(10):66-74.

[98] 孙致陆,李先德.中国谷物贸易及其国际竞争力演变趋势[J].华南农业大学学报(社会科学版),2014(3):62-75.

[99] 唐华俊,钱小平,刘志仁,等.食物供求、农业结构调整与可持续发展[M].北京:气象出版社,2003.

[100] 唐华俊.新形势下中国粮食自给战略[J].农业经济问题,2014(2):4-10.

[101] 唐振柱,陈兴乐,韩彦彬,等.广西居民营养与健康状况的调查研究[J].广西预防医学,2005,11(5):257-263.

[102] 田甜,李隆玲,黄东,武拉平.未来中国粮食增产将主要依靠什么?——基于粮食生产"十连增"的分析[J].中国农村经济,2015(6):13-22.

[103] 田甜.国际粮食市场波动及利用研究[D].中国农业大学.2017.

[104] 万广华,史清华,汤树梅.转型经济中农户储蓄行为:中国农村的实证研究[J].经济研究,2003(5):3-12.

[105] 万广华,张茵,牛建高.流动性约束、不确定性与中国居民消费[J].经济研究,2001(11):35-44.

[106] 王川,李志强.不同区域粮食消费需求现状与预测[J].中国食物与营养,2007(6):34-37.

[107] 王恩涛.我国农村居民食物消费的发展特点及对策建议[J].中国

食物与营养，2007（4）：30-33.

[108] 王吉春. 我国城镇居民食品消费偏好的实证研究 [J]. 中国市场，2006（52）：4-5.

[109] 王金营，付秀彬. 考虑人口年龄结构变动的中国消费函数计量分析——兼论中国人口老龄化对消费的影响 [J]. 人口研究，2006，30（1）：29-36.

[110] 王美青，卫新，胡豹，等. 浙江省粮食单产影响因素分析 [J]. 中国农学通报，2006，22（8）：617-620.

[111] 王宁. 1978~2007年中国小麦进出口对国内小麦供求市场的影响 [J]. 世界农业，2008（8）：35-39.

[112] 王宁. 消费与认同——对消费社会学的一个分析框架的探索 [J]. 社会学研究，2001（1）：12-13.

[113] 王韬，毛建新. 流动人口家庭与城镇家庭的消费差异——基于分位数回归的分析 [J]. 人口与经济，2015（4）：60-68.

[114] 王燕青，武拉平. 农民外出务工后食物消费的变化——以北京为例 [J]. 农业展望，2014（6）：69-73.

[115] 王洋，余志刚. 中国粮食市场的供需结构、趋势及政策需求分析 [J]. 中国农学通报，2015，31（4）：280-285.

[116] 王茵，何秀荣. 教育如何产生健康收益？——来自食物和营养摄入角度的证据 [J]. 西北工业大学学报（社会科学版），2016（3）：37-43，104.

[117] 王宇鹏. 人口老龄化对中国城镇居民消费行为的影响研究 [J]. 中国人口科学，2011（1）：64-73.

[118] 王竹林. 基于农民工市民化特征的城市化战略研究 [J]. 大连理工大学学报（社会科学版），2007，28（3）：64-69.

[119] 魏斌. 中国粮食进出口现状及未来增加进口可行性分析 [J]. 农业展望，2014（1）：53-60.

[120] 魏丹，王雅鹏. 技术进步对三种主要粮食作物增长的贡献率研究 [J]. 农业技术经济，2010（12）：94-99.

[121] 吴乐. 中国粮食需求中长期趋势研究 [D]. 华中农业大学，2011.

[122] 席利卿，彭可茂，彭开丽. 中国务农人口老龄化对粮食增产的影响分析 [J]. 北京社会科学，2014（5）：116-123.

[123] 向晶, 钟甫宁. 人口结构变动对未来粮食需求的影响: 2010~2050 [J]. 中国人口资源与环境, 2013, 23 (6): 117-121.

[124] 谢彦明, 高淑桃. 粮食单产影响因素的计量分析 [J]. 新疆农垦经济, 2005 (12): 5-8.

[125] 辛良杰, 王佳月, 王立新. 基于居民膳食结构演变的中国粮食需求量研究 [J]. 资源科学, 2015, 37 (7): 1347-1356.

[126] 星焱, 胡小平. 中国新一轮粮食增产的影响因素分析: 2004~2011年 [J]. 中国农村经济, 2013 (6): 14-26.

[127] 徐春春, 李凤博, 周锡跃, 等. 近期我国大米进口量大幅增加及其影响分析 [J]. 中国稻米, 2012 (5): 1-3.

[128] 徐国鑫, 金晓斌, 宋佳楠, 等. 耕地集约利用对粮食产量变化影响的定量分析 [J]. 地理研究, 2012, 31 (9): 1621-1630.

[129] 徐上. 农民工食物消费特征及其影响因素研究 [D]. 中国农业大学. 2014.

[130] 徐鑫. 2000~2010年我国农村居民食品消费情况分析 [J]. 调研世界, 2011 (12): 23-26.

[131] 许世卫. 中国食物发展与区域比较研究 [M]. 北京: 中国农业出版社, 2001.

[132] 闫琰, 王志丹, 刘卓. 我国粮食消费现状、影响因素及趋势预测 [J]. 安徽农业科学, 2013, 41 (35): 13775-13777.

[133] 杨汝岱, 陈斌开. 高等教育改革, 预防性储蓄与居民消费行为 [J]. 经济研究, 2009 (8): 113-124.

[134] 易行健, 王俊海, 易君健. 预防性储蓄动机强度的时序变化与地区差异——基于中国农村居民的实证研究 [J]. 经济研究, 2008 (2): 119-131.

[135] 殷培红, 方修琦, 张学珍, 等. 中国粮食单产对气候变化的敏感性评价 [J]. 地理学报, 2010, 65 (5): 515-524.

[136] 尹靖华, 顾国达. 我国粮食中长期供需趋势分析 [J]. 华南农业大学学报: 社会科学版, 2015, 14 (2): 76-83.

[137] 于浩淼. 中国粮食生产与贸易现状及政策选择 [J]. 生产力研究, 2010 (3): 17-18.

[138] 张大永, 曹红. 家庭财富与消费: 基于微观调查数据的分析 [J]. 经济研究, 2012 (S1): 53-65.

[139] 张金艳, 谢红红. 中国大米进口波动成因分析: 基于 1992~2012 年的数据 [J]. 战略决策研究, 2013 (6): 88-96.

[140] 张蕾. 城乡居民食品消费差异现状分析 [J]. 农村经济, 2010 (6): 75-78.

[141] 张利庠, 彭辉, 靳兴初. 不同阶段化肥施用量对我国粮食产量的影响分析——基于 1952~2006 年 30 个省份的面板数据 [J]. 农业技术经济, 2008 (4): 85-94.

[142] 张庆萍, 朱晶. 世界小麦出口市场格局变动对中国小麦进口来源结构的影响 [J]. 世界农业, 2016 (10): 121-128.

[143] 张伟进, 胡春田, 方振瑞. 农民工迁移, 户籍制度改革与城乡居民生活差距 [J]. 南开经济研究, 2014 (2): 30-53.

[144] 张雯丽, 沈贵银, 曹慧, 等. "十三五"时期我国重要农产品消费趋势、影响与对策 [J]. 农业经济问题, 2016 (3): 11-17.

[145] 张小飞, 蔡乐, 赵科颖, 等. 云南省不同少数民族居民饮食习惯及肥胖比较分析 [J]. 中国公共卫生, 2014, 30 (9): 1120-1123.

[146] 张燕林. 中国未来粮食安全研究 [D]. 西南财经大学, 2010.

[147] 张玉梅, 李志强, 李哲敏, 等. 基于 CEMM 模型的中国粮食及其主要品种的需求预测 [J]. 中国食物与营养, 2012, 18 (2): 40-45.

[148] 赵进文, 邢天才, 熊磊. 我国保险消费的经济增长效应 [J]. 经济研究, 2010 (S1): 39-50.

[149] 赵丽云, 房玥晖, 何宇纳, 等. 1992~2012 年中国城乡居民食物消费变化趋势 [J]. 卫生研究, 2016, 45 (4): 522-526.

[150] 赵婉男, 李晓峰, 尹金辉. 北京市农民工消费结构及变化趋势分析 [J]. 农业经济问题, 2016 (12): 103-108.

[151] 郑志浩, 高颖, 赵殷钰. 收入增长对城镇居民食物消费模式的影响 [J]. 经济学 (季刊), 2015, 15 (1): 263-288.

[152] 郑志浩, 赵殷钰. 收入分布变化对中国城镇居民家庭在外食物消费的影响 [J]. 中国农村经济, 2012 (7): 40-50.

[153] 中国农业大学国家农业农村发展研究院, 中国农业大学经济管理学院粮食经济研究团队. 中国农民工粮食需求研究——基于全国六省市的调研 [M]. 北京: 中国农业出版社, 2017.

[154] 钟甫宁, 向晶. 城镇化对粮食需求的影响——基于热量消费视角

的分析［J］. 农业技术经济，2012（1）：4-10.

［155］周津春. 农村居民食物消费的 AIDS 模型研究［J］. 中国农村观察，2006（6）：17-22.

［156］朱高林. 1992 年以来我国城镇居民居住消费的变化趋势［J］. 当代中国史研究，2007（14）：108-128.

［157］朱高林. 我国城乡居民食品消费差距分析［J］. 华南农业大学学报，2006（4）：55-60.

［158］朱晶，李天祥，林大燕，等."九连增"后的思考：粮食内部结构调整的贡献及未来潜力分析［J］. 农业经济问题，2013（11）：36-43.

［159］朱信凯，骆晨. 消费函数的理论逻辑与中国化：一个文献综述［J］. 经济研究，2011（1）：140-153.

［160］朱旭红. 老年人消费状况及其性别差异——以浙江省为例［J］. 浙江社会科学，2012（2）：136-145.

［161］Abler D., Demand Growth in Developing Countries［J］. OECD Food, Agricultural and Fisheries Working Paper No. 29, 2010.

［162］Abolade T., Effect of Paleoclimatic Changes on Livelihoods and Rural Dwellers Food Consumption Patternin Nigeria［J］. Quaternary International, 2012, 279: 10.

［163］Babu S., Gajanan S. N., Sanyal P., Food Security, Poverty and Nutrition Policy Analysis: Statistical Methods and Applications［M］. Academic Press, 2014.

［164］Bai J. F., Wahl T. I., Lohmar B. T., et al., Food away from Home in Beijing: Effects of Wealth, Time and "Free" Meals［J］. China Economic Review, 2010, 21（3）：432-441.

［165］Brown L. R., Who will Feed China?［J］. The Futurist, 1996, 30（1）：14.

［166］Campbell J. Y., Household Finance［J］. The Journal of Finance, 2006, 61（4）：1553-1604.

［167］Cao X., Wu M., Zheng Y., et al., Can China Achieve Food Security Through the Development of Irrigation? Regional Environmental Change, 2018（2）：465-475.

［168］Carroll C. D., Hall R. E., Zeldes S. P., The Buffer-stock Theory of

Saving: Some Macroeconomic Evidence [J]. Brookings Papers on Economic Activity, 1992 (2): 61-156.

[169] Carroll C. D., How does Future Income Affect Current Consumption? [J]. The Quarterly Journal of Economics, 1994, 109 (1): 111-147.

[170] Deaton A., Understanding Consumption [M]. Oxford University Press, 1992.

[171] Dong F. X., The Outlook for Asian Dairy Markets: The Role of Demographics, Incomes, and Prices [J]. Food Policy, 2006, 31 (3): 260-271.

[172] Dreger C., Reimers H., Consumption and Disposable Income in the EU Countries: the Role of Wealth Effects [J]. Empirical, 2006, 33: 5-44.

[173] Evans G. H., Fields R. A., Nutrient Consumption of Migrant Farmworkers in The Midwest: Indiana [J]. Journal of the American Dietetic Association, 1998, 98 (9): A71.

[174] Ferng J. J., Effects of Food Consumption Patterns on Paddy Field Use in Taiwan [J]. Land Use Policy, 2009, 26 (3): 772-781.

[175] Food and Agriculture Organization of the United Nations. The Impact on Demand of Changes in Income Distribution [J]. Agricultural Economy and Statistics, 1972, 21 (3): 1-11.

[176] Gale H., Huang K., Demand for Food Quantity and Quality in China [J]. Economic Research Report, No. 32, January, 2007.

[177] Gould B. W., Villarreal H. J., An Assessment of the Current Structure of Food Demand in Urban China [J]. Agricultural Economics, 2006, 34 (1): 1-16.

[178] Guo X., Mroz T. A., Popkin B. M., et al., Structural Change in the Impact of Income on Food Consumption in China, 1989-1993 [J]. Economic Development and Cultural Change, 2000, 48 (4): 737-760.

[179] Halbrendt C., Gempesaw C., Dolk-Etz D., et al., Rural Chinese Food Consumption: the Case of Guangdong [J]. American Journal of Agricultural Economics, 1994, 76 (4): 794-799.

[180] Hassan R. M., Babu S. C., Measurement and Determinants of Rural Poverty: Household Consumption Patterns and Food Poverty in Rural Sudan [J]. Food policy, 1991, 16 (6): 451-460.

[181] Hertel T. W., Eales J. S., Preckel P. V., Changes in the Structure of Global Food Demand [J]. American Journal of Agricultural Economics, 1998, 80 (5): 1042 – 1050.

[182] Horioka C. Y., The Causes of Japan's 'Lost Decade': The Role of Household Consumption [J]. Japan and the World Economy, 2006, 18 (4): 378 – 400.

[183] Hovhannisyan V., Gould B. W., Quantifying the Structure of Food Demand in China: An Econometric Approach [J]. Agricultural Economics, 2011, 42 (s1): 1 – 18.

[184] Insik M., Cheng F., Qi L., Investigation of Patterns in Food-away-from-home Expenditure for China [J]. China Economic Review, 2004, 15 (4): 457 – 476.

[185] Jiang L., Seto K. C., Bai J., Urban Economic Development, Changes in Food Consumption Patterns and Land Requirements for Food Production in China [J]. China Agricultural Economic Review, 2015, 7 (2): 240 – 261.

[186] Karamba W. R., Quiñones E. J., Winters P., Migration and Food Consumption Patterns in Ghana [J]. Food Policy, 2011, 36 (1): 41 – 53.

[187] Kelley A. C., Demographic Impacts on Demand Patterns in the Low-income Setting [J]. Economic Development and Cultural Change, 1981, 30 (1): 1 – 16.

[188] Koenker R., Bassett Jr G., Regression Quantiles [J]. Econometrica: Journal of the Econometric Society, 1978: 33 – 50.

[189] Landes R., Westcott P., Wainio J., International Agricultural Baseline Projections to 2005: Oilseeds and Products [J]. Agricultural Economic Report: USDA Economic Research Service, 1997.

[190] Lee, Everett., A Theory of Migration [J]. Demography, 1966, 3: 47 – 57.

[191] Lewis P., Andtews N., Household Demand in China [J]. Applied Economics, 1989, 21 (6): 793 – 807.

[192] Lewis W. A., Economic Development with Unlimited Supplies of Labor [J]. The Manchester School, 1954, 22 (2): 139 – 191.

[193] Liu H., Wahl T. I., Seale J. L., et al., Household Composition,

[193] ... Income, and Food-away-from-home Expenditure in Urban China [J]. Food Policy, 2015, 51: 97-103.

[194] Long H., Ge D., Zhang Y., et al., Changing Man-land Interrelations in China's Farming Area under Urbanization and Its Implications for Food Security. Journal of Environmental Management, 2018 (3): 440-451.

[195] Ma H., Huang J., Fuller F., et al., Getting Rich and Eating Out: Consumption of Food away from Home in Urban China [J]. Canadian Journal of Agricultural Economics/Revue Canadienne d'agroeconomie, 2006, 54 (1): 101-119.

[196] Machado J. A. F., Mata J., Counterfactual Decomposition of Changes in Wage Distributions Using Quantile Regression [J]. Journal of Applied Econometrics, 2005, 20 (4): 445-465.

[197] Manrique J., Jensen H. H., Working Women and Expenditures on Food away-from-home and at-home in Spain [J]. Journal of Agricultural Economics, 1998, 49 (3): 321-333.

[198] McCracken V. A., Brandt J. A., Household Consumption of Food-away-from-home: Total Expenditure and by Type of Food Facility [J]. American Journal of Agricultural Economics, 1987, 69 (2): 274-284.

[199] Meenakshi J. V., Ray R., Impact of Household Size and Family Composition on Poverty in Rural India [J]. Journal of Policy Modeling, 2002, 24 (6): 539-559.

[200] Melly B., Decomposition of Differences in Distribution using Quantile Regression [J]. Labour Economics, 2005, 12 (4): 577-590.

[201] Melly B., Estimation of Counterfactual Distributions using Quantile Regression [J]. 2006.

[202] Min I., Fang C., Li Q., Investigation of Patterns in Food-away-from-home Expenditure for China [J]. China Economic Review, 2004, 15 (4): 457-476.

[203] Min S., Bai J., Seale Jr J., et al., Demographics, Societal Aging, and Meat Consumption in China [J]. Journal of Integrative Agriculture, 2015, 14 (6): 995-1007.

[204] Nguyen M. C., Winters P., The Impact of Migration on Food Consumption Patterns: The Case of Vietnam [J]. Food Policy, 2011, 36 (1): 71-87.

[205] Nicklas T. A. , O'Neil C. E. , Zanovec M. , et al. , Contribution of Beef Consumption to Nutrient Intake, Diet Quality, and Food Patterns in the Diets of the US Population [J]. Meat Science, 2012, 90 (1): 152-158.

[206] Nicolaou M. , Doak C. M. , van Dam R. M. , et al. , Cultural and Social Influences on Food Consumption in Dutch Residents of Turkish and Moroccan Origin: A Qualitative Study [J]. Journal of Nutrition Education and Behavior, 2009, 41 (4): 232-241.

[207] OECF. Prospects Grain Supply, Demand and Agricultural Development Policy in China. OECF Discussion Papers No.6, Overseas Economic Cooperation Fund, Tokyo, Japan, 1995.

[208] Pinstrup-Andersen P. , Caicedo E. , The Potential Impact of Changes in Income Distribution on Food Demand and Human Nutrition [J]. American Journal of Agricultural Economics, 1978, 60 (3): 402-415.

[209] Pollak R. A. , Wales T. J. , Demographic Variables in Demand Analysis [J]. The Econometrica, 1981, 49 (6): 1533-1511.

[210] Prochaska F. J. , Schrimper R. A. , Opportunity Cost of Time and other Socioeconomic Effects on away-from-home Food Consumption [J]. American Journal of Agricultural Economics, 1973, 55 (4_Part_1): 595-603.

[211] Prättälä R. , Paalanen L. , Grinberga D. , et al. , Gender Differences in the Consumption of Meat, Fruit and Vegetables are Similar in Finland and the Baltic Countries [J]. European Journal of Public Health, 2006, 17 (5): 520-525.

[212] Regmi A. , Changing Structure of Global Food Consumption and Trade: An Introduction [J]. Changing Structure of Global Food Consumption and Trade. Anita Regmi, 2001: 1.

[213] Rosegrant M. W. , Agcaoili-Sombilla M. C. , Perez N. D. , Global Food Projections to 2020: Implications for Investment [M]. Diane Publishing, 1995.

[214] Rosegrant M. W. , Cai X. , Cline S. A. , World Water and Food to 2025: Dealing with Scarcity [M]. Intl Food Policy Res Inst, 2002.

[215] Roux C. , Le Couedic P. , Durand-Gasselin S. , et al. , Consumption Patterns and Food Attitudes of A Sample of 657 Low-income People in France [J]. Food Policy, 2000, 25 (1): 91-103.

[216] Saleh H., Sisler D., A Note Concerning the Effect of Income Distribution on Demand [J]. Journal of Agricultural Economics, 1977, 28 (1): 63-68.

[217] Samuelson L., Information-Based Relative Consumption Effects [J]. Econometrica, 2004, 72 (1): 93-118.

[218] Sheng Y., Song L., Agricultural Production and Food Consumption in China: A Long-term Projection. China Economic Review, 2019 (2): 15-29.

[219] Sjastaad, Larry, The Cost and Returns to Human Migration [J]. Journal of Political Economy, 1962, 70: 80-93.

[220] Stark O., Bloom D., The New Economics of Labor Migration [J]. The American Economic Review, 1985, 75: 173-178.

[221] Timmer C. P., Falcon W. P., Pearson S. R., et al., Food Policy Analysis [M]. Baltimore: Johns Hopkins University Press, 1983.

[222] Todaro M. P., A Model of Labor Migration and Urban Unemployment in Less Developed Countries [J]. The American Economic Review, 1969, 59 (1): 138-148.

[223] Wang Z., Chern W. S., Effects of Rationing on the Consumption Behavior of Chinese Urban Households during 1981-1987 [J]. Journal of Comparative Economics, 1992, 16 (1): 1-26.

[224] Yen S. T., Working Wives and Food Away from Home: the Box-Cox Double Hurdle Model [J]. American Journal of Agricultural Economics, 1993, 75 (4): 884-895.

[225] Yu X., Abler D., The Demand for Food Quality in Rural China [J]. American Journal of Agricultural Economics, 2009, 91 (1): 57-69.

[226] Zheng Z., Henneberry S. R., An Analysis of Food Demand in China: A Case Study of Urban Households in Jiangsu Province [J]. Review of Agricultural Economics, 2009, 31 (4): 873-893.

[227] Zheng Z., Henneberry S. R., An Analysis of Food Grain Consumption in Urban Jiangsu Province of China [J]. Journal of Agricultural and Applied Economics, 2010, 42 (2): 337-355.

[228] Zheng Z., Henneberry S. R., Household Food Demand by Income Category: Evidence from Household Survey Data in An Urban Chinese Province [J]. Agribusiness, 2011, 27 (1): 99-113.

[229] Zheng Z. , Henneberry S. R. , The Impact of Changes in Income Distribution on Current and Future Food Demand in Urban China [J]. Journal of Agricultural and Resource Economics, 2010: 51 -71.

[230] Zheng Z. , Henneberry S. R. , Zhao Y. , et al. , Income Growth, Urbanization, and Food Demand in China [C]. Selected Paper Prepared for Presentation at the Agricultural & Applied Economics Association's (AAEA) Annual Meeting, San Francisco, CA. 2015.

[231] Zheng Z. H. , Henneberry S. R. , The Impact of Changes in Income Distribution on Current and Future Food Demand in Urban China [J]. Journal of Agricultural and Resource Economics, 2010, 35 (1): 51 -71.

[232] Zhuang R. , Abbott P. , Price Elasticities of Key Agricultural Commodities in China [J]. China Economic Review, 2007, 18 (2): 155 -169.

后　　记

　　本书是在我的博士论文基础上完善而成的。2018年，我进入西北政法大学博士后科研流动站后，仍然将农民工问题作为自己的主要研究方向，并获得了中国博士后科学基金的资助。本书的出版得到了多方面的支持和帮助。

　　感谢我的博士导师中国农业大学武拉平教授，在选题和写作中给予我极大的帮助、支持和指导。武老师渊博的专业知识，严密的思维能力，优秀的科研素养，一丝不苟的工作作风，勤恳踏实的治学态度，宽以待人的高尚品格让我受益匪浅。

　　感谢我的硕士导师中国农业大学任金政教授，带领我初次接触和开展科研，培养了我对科研的兴趣，教会了我很多经济学研究方法。

　　感谢我的博士后合作导师西北政法大学王瀚教授，在科研和工作中给予我极大支持和帮助。王老师渊博的学识、敏锐的思维和精深的学术造诣一次次引导我深入思考，给我深刻启发，使我豁然开朗。

　　本书所使用的数据来自由中国农业大学农业农村发展研究院与中国农业大学经济管理学院粮食经济研究团队合作开展的调查项目——我国城镇外来务工人员就业和消费需求调查项目的调查数据，特此感谢！同时，感谢接受调研的农民工朋友们，他们不仅为本书提供了鲜活的资料，也为本书提供了许多学术灵感。

　　感谢中国博士后科学基金会和西北政法大学提供的资助，使本书能够在较短的时间内顺利出版。

　　感谢经济科学出版社的程晓云老师、李晓杰老师等多位编辑和工作人员的辛勤付出。

　　在本书写作过程中，引用和参阅了大量国内外学者的研究成果（详见注释和参考文献），在此一并致谢！

　　最后，感谢我的家人！是他们的支持、理解和帮助，给了我前行的勇气和

后　记

动力。

　　由于受本人学识水平所限，且时间仓促，疏漏和错误在所难免，恳请专家学者批评指正。

李隆玲

2020 年 5 月于西安